Yo, pero mejor

OLGA KHAZAN

Yo, pero mejor

Cambia tu personalidad y conviértete
en quien te gustaría ser

Traducción de
Ana Isabel Domínguez Palomo
y M.ª del Mar Rodríguez Barrena

Grijalbo

Papel certificado por el Forest Stewardship Council®

Título original: *Me, But Better*

Primera edición: mayo de 2025

© 2025, Olga Khazan
Publicado por acuerdo con el editor original, Simon Element, un sello de Simon & Schuster, LLC
© 2025, Penguin Random House Grupo Editorial, S. A. U.
Travessera de Gràcia, 47-49. 08021 Barcelona
© 2025, Ana Isabel Domínguez Palomo
y M.ª del Mar Rodríguez Barrena, por la traducción

Penguin Random House Grupo Editorial apoya la protección de la propiedad intelectual. La propiedad intelectual estimula la creatividad, defiende la diversidad en el ámbito de las ideas y el conocimiento, promueve la libre expresión y favorece una cultura viva. Gracias por comprar una edición autorizada de este libro y por respetar las leyes de propiedad intelectual al no reproducir ni distribuir ninguna parte de esta obra por ningún medio sin permiso. Al hacerlo está respaldando a los autores y permitiendo que PRHGE continúe publicando libros para todos los lectores. De conformidad con lo dispuesto en el artículo 67.3 del Real Decreto Ley 24/2021, de 2 de noviembre, PRHGE se reserva expresamente los derechos de reproducción y de uso de esta obra y de todos sus elementos mediante medios de lectura mecánica y otros medios adecuados a tal fin. Diríjase a CEDRO (Centro Español de Derechos Reprográficos, http://www.cedro.org) si necesita reproducir algún fragmento de esta obra.
En caso de necesidad, contacte con: seguridadproductos@penguinrandomhouse.com

Printed in Spain – Impreso en España

ISBN: 978-84-253-7006-9
Depósito legal: B-4.739-2025

Compuesto en M. I. Maquetación, S. L.

Impreso en Black Print CPI Ibérica, S. L.
Sant Andreu de la Barca (Barcelona)

GR 70069

Para Rich, mi personalidad preferida

Índice

INTRODUCCIÓN 11

1. El océano interior
   ¿Qué es la personalidad? 27

2. Romper el volante de inercia
   El «cómo» del cambio de personalidad 47

3. Baila como si todo el mundo te estuviera mirando
   Extroversión 63

4. Del agobio al om
   Neuroticismo 99

5. Estar abierto a lo que sea
   Disposición a experimentar 135

6. Juega bien con los demás
   La capacidad de ser amable 167

7. Hazlo
   Diligencia 207

8. Aguantar versus llegar al final
   Cómo saber cuándo abandonar 239

9. Busca tu playa
   Cómo seguir cambiando 267

Agradecimientos 287
Anexo 291
Notas 293

Introducción

Solo los que tienen personalidad y emociones
saben lo que significa querer escapar de ellas.

T. S. Eliot

En diciembre de 2021 estaba esperando a que me sirvieran el almuerzo en un restaurante vegano de Miami cuando recibí una llamada de la directora de arte de la revista donde trabajo. Quería que un fotógrafo me hiciera fotos para acompañar un artículo mío que iba a entrar en imprenta.

Al principio me dio un vuelco el corazón. Fue como un halago increíble. «¡Fotos! ¡Mías!». Todas las que tenemos *Sexo en Nueva York* como referencia hemos soñado con ver nuestra foto junto a nuestras palabras. En resumen, que las palabras «sesión de fotos» crearon una versión resplandeciente de mí misma. Una versión que aparecería en las páginas de la revista, guapísima y al mismo tiempo con pinta de inteligente. En la calle brillaba el sol y me parecía que cualquier cosa era posible en South Beach. «¡Sándwich BLT de tofu!», gritó el camarero desde la barra.

Nada de todo esto sugiere un problema. Y si este mundo fuera distinto, y yo fuera una persona diferente, aquí acabaría la historia. Habría vuelto a casa sonriendo, con mi sándwich y la satisfacción de saber que había vencido a todos los que me odiaban. Habría conducido sin incidentes hasta el lugar donde tendría lugar mi primera (y seguramente única) sesión de fotos profesional, me lo habría pasado bien y durante los siguientes días solo habría sentido alegría, gratitud y, sobre todo, serenidad, porque mi vida iba por buen camino.

Sin embargo, yo no era esa persona. O no lo era todavía. Al contrario, poseía una capacidad única para encontrar algo por lo que sufrir incluso en la mejor de las circunstancias. Hacía tiempo que deseaba tener una personalidad un pelín distinta, y esa tendencia era uno de los principales motivos.

La directora de arte me contó por teléfono que había encontrado un fotógrafo en la zona y que ya estaba todo organizado. Se había encargado de que se aplicaran los protocolos de seguridad COVID. Y se le habían ocurrido varias poses. Yo solo tenía que comprarme una camisa negra, cuyo coste me reembolsaría la empresa. Quizá intuía que debía tranquilizarme, como se tranquiliza a un caballo asustadizo, y por eso me dijo que sería algo fácil y divertido.

Le di las gracias y colgué. Y en ese momento apareció mi vieja amiga, la ansiedad, que se coló en mi día para envenenarlo con el mal rollo de los «¿Y si...?». Me fui a casa para seguir preocupándome. Aunque tenía claro que era una oportunidad increíble, la realidad es que odio que me hagan fotos, y esas las verían cientos de miles de personas. Con tiempo de sobra, maquillaje a mi disposición y unas copas, soy capaz de hacer algo con mi cara para que quede pasable, pero el proceso es más psicodinámico que cosmético.

Estaba en Miami para disfrutar de una especie de vacaciones de trabajo y me alojaba en un antiguo edificio de estilo *art déco* con suelo de baldosas y pasillos perfumados. «Me arreglaré mucho y todo saldrá bien», me dije mientras examinaba mis poros en los espejos de las paredes del Airbnb.

Llevaba el pelo demasiado largo y tenía las puntas abiertas, pero el único momento que me quedaba libre para cortármelo era justo antes de la sesión de fotos. «Pues vale», me dije. Estuve mirando peluquerías y reservé cita en una con buenas críticas para la mañana de la sesión.

Entré en la peluquería en plan optimista, pero cuando la peluquera se presentó, me percaté con cierta alarma de que estaba calva (no me atreví a preguntarle el motivo). Pedí lo de siempre: un corte con capas discretas. Me dijo algo así como «Quieres una melena corta con textura que te dé forma en la cara», y yo, bloguera política con un gusto terrible, solté un rápido e indeciso «Sí».

Una media hora más tarde me estaba secando el pelo después de cortármelo en forma de champiñón vanguardista con capas. Cuando me preguntó si me gustaba, murmuré un «Ajá» y evité el contacto visual. Después crucé corriendo la calle hasta un Chipotle, me bebí una cerveza Dos Equis y me pregunté si era legalmente posible demandar a alguien por un corte de pelo.

Conduje hasta el estudio, donde conocí al fotógrafo, un hombre delgado y vestido a la última, con una energía desbordante. Me preguntó enseguida si quería «arreglarme el pelo». Luego anunció que iba a hacerme unas fotos de perfil.

«Te pago lo que quieras ahora mismo para que no lo hagas», le dije.

Odio que me hagan fotos, sobre todo si son de perfil. ¿Es por culpa del antisemitismo que llevo interiorizado por haber crecido siendo la única judía en el pueblo menos judío de Texas? Seguramente. Sin embargo, ¿es una fobia muy real y fuerte? Por supuesto. Intenté contener el pánico que trepaba por mi garganta. «¡Tranquilízate! —me dije—. ¡No es para tanto! De todas formas, ¡los antisemitas no leen *The Atlantic*!».

El fotógrafo dijo: «Claro, como quieras» y empezó a hacerme un montón de fotos de perfil. El propósito de las fotos exigía que no sonriera. En cambio, debía mirar a media distancia con mi habitual expresión avinagrada mientras las luces acentuaban mis peores ángulos. Cuando terminó, el fotógrafo me enseñó lo que me pareció la foto del «antes» de un cirujano plástico.

«Está genial», mentí con decisión.

La sesión terminó justo cuando empezaba la hora punta. Mi madre llegaba en avión esa tarde, pero antes de que aterrizara tenía que pasarme por el supermercado y comprar comida especial para la dieta que ella seguía por su gastritis. Mientras me enfrentaba al tráfico, mi jefe me mandó un mensaje sobre otro artículo que estaba en proceso de edición. Respondí tocando la pantalla con un dedo y al hacerlo me salté la salida de la autovía. Acabé en un túnel que conducía a una islita desde la que zarpan los cruceros, lo que le añadió media hora más al trayecto.

En mi cabeza se batían en duelo dos voces. Una me recordaba que no pasaba nada, porque todavía faltaban horas para que mi madre llegase y mi jefe sabía que estaba ocupada con la sesión de fotos. Otra, más chillona, insistía en que estaban a punto de despedirme y me decía que iba a dejar tirada a mi madre en el Aeropuerto Internacional de Miami.

Al final, llegué al supermercado Publix. Compré el salmón, las batatas y otras cosas que encontré recomendadas en un sitio que se llamaba «Cura la gastritis de forma natural» o algo por el estilo. Llevé el carro lleno de comida hasta el coche, o lo intenté. Había aparcado en un nivel superior del garaje y casi ni veía todavía el techo gris de mi Prius cuando las ruedas del carro se bloquearon de repente. Me quedaban unos doce metros de distancia. Miré el coche. Miré la compra. Era demasiado para llevarla a mano. Empecé a tirar del carro atascado, arrastrándolo por el suelo de cemento del sofocante garaje con la ropa que me había puesto para la sesión de fotos. Un hombre que me vio gritó: «¿Se ha atascado?».

Ya de vuelta en el coche, miré el teléfono. El editor me había enviado más comentarios. Me preguntaba si podía abrir el documento y arreglar el párrafo que había señalado. El sudor me corría por la cara mientras echaba el asiento hacia atrás, abría el portátil y compartía los datos del móvil. Hice las correcciones y le devolví el documento al editor mientras el helado se convertía en una sopa en el maletero.

El tráfico había empeorado de camino al Airbnb. Cogí la compra y entré con los brazos cargados de alimentos a temperatura ambiente aptos para la gastritis. Mi novio, Rich, lo guardó todo. Y una membrana en mi interior se rompió. Sin saber muy bien por qué, yo también me derretí.

«¡Mi vida es una tortura estresante! —grité—. ¡La odio! ¡Odio a todo el mundo! No lo soporto más. —Y luego, sin que viniera a cuento, añadí—: ¡Y no vamos a tener hijos, joder!».

Me serví una copa de vino hasta arriba y me la bebí entre sollozos. Me sentía fatal por estar llorando, pero no podía parar. ¿Por qué tenía la sensación de que todas las cosas buenas de mi vida acababan pudriéndose? ¿Por qué parecía que siempre en vacaciones caían chaparrones aunque no fuese época de lluvias, en todos los proyectos emocionantes sonaba una alarma avisándome del peligro y todas mis nuevas amistades tenían una fecha de caducidad secreta?

¿O estaba exagerando? ¿Estaba uniendo unos cuantos incidentes desafortunados y convirtiéndolos erróneamente en un patrón repetitivo de infortunios? «¡Uf!, ¿por qué no puedo dejar de hacerlo?».

Rich me miraba desconcertado. No sé si se debe a su condición de estadounidense, de hombre, de no judío, o a la mezcla de las tres cosas, pero no sabe lo que es la ansiedad. Eso, sumado a su calva y a unos enormes ojos azules, hace que parezca un bebé de dibujos animados, siempre tranquilo e inocente.

Intentó consolarme. ¡Mi pelo no estaba tan mal! ¡Él iría a recoger a mi madre! ¡No tenía por qué quedarme embarazada si no quería! Pero aquello funcionó tan bien como si soplara flojito para apagar un conato de incendio en la cocina.

Por supuesto, nada de lo que yo decía era cierto. Sabía que estaba exagerando mientras protestaba. En realidad, estaba analizando de la peor manera posible una serie de reveses sin importancia. Mientras lloraba tenía claro que en realidad era más víctima de mí misma que de las circunstancias. Quien hablaba y proyectaba las cosas de esa forma tan aterradora era mi personalidad, pequeña y asustada.

Aquel día en concreto mi neuroticismo extremo me jugó una mala pasada. Según los científicos, el neuroticismo, la tendencia de una persona a sentirse ansiosa y negativa, no solo avivó mi arrebato etílico, sino que también nubló mi capacidad para tomar decisiones en el momento. El neuroticismo convierte lo rutinario en una emergencia, y si yo fuera menos neurótica podría haber encontrado la manera de liberar la tensión que se acumulaba en mi interior. Si mi cerebro no hubiera estado dando tumbos por la preocupación, podría haber pensado en hacer la compra por internet y que me la llevaran a casa. Podría haberle dicho a mi editor que no estaba disponible en ese momento. Y, tal y como mi atónito novio me repitió varias veces a lo largo del día, podría haberme recordado que, «al final, todo ha salido bien». Aquel día veía a todo el mundo (el peluquero, el fotógrafo, el supermercado) como al enemigo. Pero en realidad el enemigo siempre estuvo dentro de mí.

Ver a través del espejismo

Ese no fue un incidente aislado. Tenía momentos así a menudo, en los que arrancaba la insatisfacción de las fauces de la felicidad.

Al fin y al cabo, mi vida es y era objetivamente fantástica. Tengo una relación sentimental estable, un trabajo interesante y un lugar donde vivir. Pero el neuroticismo me impedía disfrutar de esa abundancia, y cuando me golpeaba alguna calamidad (una temporada sin trabajar, un susto de salud), me venía abajo más rápido que la mayoría de la gente. Mi personalidad me impedía ver de qué manera podía ampliar mi vida y mejorarla todavía más, o simplemente ser consciente de mi buena suerte y valorarla.

Junto al neuroticismo, la personalidad se compone de otros cuatro «factores» o rasgos: la extroversión (que es, básicamente, la sociabilidad); la capacidad de ser amable (o simpatía); la disposición a experimentar (resumámoslo en la creatividad); y la diligencia (o meticulosidad). Juntos, esos cinco rasgos predicen cómo responderás a diversas situaciones según la proporción que tengas de cada uno. Por ejemplo, si te va a encantar una sesión de fotos especial en un paraíso tropical o si supondrá una crisis épica.

Siempre me había sentido extrañamente neurótica, introvertida y poco agradable. Con el tiempo me coloqué esas etiquetas con orgullo, y la mayoría de las veces vivía de acuerdo con ellas, incluso cuando hacerlo me provocaba infelicidad. Evitaba cualquier cosa que no encajara con mi personalidad. Por ejemplo, durante años me negué casi por instinto a socializar. Rich tuvo que invitarme un montón de veces a que me uniera al grupo con el que quedaba durante la *happy hour* antes de que accediera a hacerlo. «Eres introvertida, ¡que no se te olvide!», me decía a mí misma viendo la tele sola otro día más. Mientras me deleitaba con una nueva temporada de un famoso concurso de cocina, me preguntaba por qué casi nunca tenía a nadie con quien hablar y por qué dependía tanto de Twitter para la interacción social.

También sabía que la ansiedad me devoraba, pero lo veía como algo bueno. Cualquier indicio de inestabilidad en mi trabajo lo interpretaba como una señal de que debía trabajar más horas todavía. El consiguiente dolor de espalda y las citas con el fisioterapeuta eran como las perversas medallas del éxito. «Haces bien en estar ansiosa —me decía—. La ansiedad te mantiene a salvo».

Sin embargo, gracias a mi trabajo me topé con una investigación científica que demostraba que se pueden cambiar los rasgos de la personalidad si te comportas tal como haría la persona que quieres ser. Si no deseas estar tan ansioso o aislado, puedes vivir de otra manera. Descubrí que una personalidad nueva y un poco mejorada puede hacerte más feliz y ayudarte a tener más éxito y a que te sientas más realizado. Puede ayudarte a disfrutar de tu vida en vez de que la soportes sin más.

Hice un test científico de personalidad cuyos resultados arrojaron que la combinación de mis rasgos estaba relacionada con la infelicidad y la disfuncionalidad.[1] Se supone que los rasgos de personalidad te ayudan a conseguir objetivos, pero los míos me estaban poniendo obstáculos en el camino. Empecé a preguntarme si podría despegarme esas etiquetas de personalidad y tirarlas a la basura. ¿A quién me gustaría parecerme si pudiera elegir? Aunque había probado con terapia y con varios tratamientos farmacológicos, decidí intentar algo más radical, y posiblemente más duradero: cambiar mi propia personalidad.

Me pasé un mes realizando una serie de actividades para el artículo de la revista *The Atlantic* en el que se basa este libro (el que incluye la foto que me hicieron en Miami) y que cambiaron mi personalidad. A lo largo de ese verano intenté hacer nuevos amigos. Medité a regañadientes y llevé un diario en plan adolescente marginada durante el baile de graduación. Al cabo de tres meses el sitio web del test de personalidad reveló que mi experimento había funcionado, más o menos. Me había vuelto un poco más extrovertida y menos neurótica. (Sí, eso significa que mi arrebato en el Airbnb reflejaba la versión un poco mejorada de mi personalidad). Mientras trabajaba en el artículo, había ido puliendo la sociabilidad, la diligencia y la capacidad de ser amable, y mi personalidad había cambiado un poquito. En el ámbito científico se consideraría como un pequeño estudio piloto, un estudio de viabilidad que podía dar resultados o no.

Tras la publicación del artículo, guardé el diario de gratitud y el cojín de meditación, y volví a ser una misántropa inestable durante un tiempo. «¿Quién necesita meditar cuando tiene alcohol?», me pregunté. Y, como era de esperar, retrocedí tal como se demostró aquel día de invierno en Miami.

Sin embargo, se produjeron una serie de transiciones que me llevaron a intentar de nuevo el cambio de personalidad, con más seriedad en esa ocasión. Pese a lo que dije durante el arrebato posterior a la sesión de fotos, Rich y yo queríamos ser padres. Pero sabía que las dificultades diarias de criar a un niño serían mucho peores que la suma de la mala iluminación durante una sesión de fotos, un carrito de la compra con las ruedas atascadas y las exigencias del trabajo. La maternidad requiere la capacidad de no convertir cada grano de arena en una montaña y de no perder la perspectiva de las cosas, dos cualidades que yo no poseía.

Además, mi puntuación en simpatía, el rasgo asociado a la amabilidad y la benevolencia, era baja, y las personas simpáticas son mejores padres. Quería parecerme más al simpático Rich, con su carácter tranquilo y cariñoso que atrae a los niños.

Rich y yo nos conocimos cuando estudiaba en Los Ángeles y me mudé a la habitación que él había ocupado en una casa de estudiantes. En aquel entonces me quedó claro que rebosaba bondad. Debido a una confusión con el papeleo, después de dejar su habitación, se encontró sin un sitio donde vivir durante unos meses, así que, mientras yo dormía en su antigua cama, él lo hacía en el sofá del salón.

En una de mis primeras noches en la casa, la víspera de un examen muy importante, empezó a sonar el detector de humo de mi/su habitación y me desperté sobresaltada. No tenía ni idea de qué hacer y, hasta la fecha, mis intentos por obtener algún tipo de ayuda en Los Ángeles habían acabado en un timo o en una bronca. De las siete personas que vivían en la casa, me parecía que Rich era quien más dispuesto estaría a ayudarme. Me acerqué con sigilo al sofá mientras él roncaba y susurré: «Rich, el detector de humos está pitando».

Sin mediar palabra, se levantó de un salto, entró en la habitación y, estirando un poco ese cuerpo que tiene de uno noventa, silenció el detector. Luego me permitió (siendo una completa desconocida) que volviera a dormir en su cama mientras él regresaba al sofá. Ya en aquel entonces su presencia me pareció un gran apoyo, una viga que sostenía mi desvencijada estructura.

Tanto por su generosidad como por su tolerancia a que lo despertaran de madrugada, sabía que Rich sería un gran padre. Pero por el bien de ese Hipotético Hijo Futuro, tal como habíamos empezado a llamarlo, pensé también que yo debía ser menos cortante y crítica, y más cariñosa y relajada. Esperaba adoptar la actitud de esas madres de Instagram que publican fotos de desastres domésticos. Pensé que me gustaría más la maternidad si aprendía a considerar a mi hijo como un amigo que sufre de una gran descoordinación, en vez de como un enemigo irracional.

Además, estaba cansada de ver mi vida a través del sucio cristal del neuroticismo, ese rasgo asociado a la depresión y la ansiedad. Con el tiempo, empecé a darme cuenta de que, en vez de protegerme, el neuroticismo me frena. No me permite acercarme a opciones que me harían feliz, me roba la alegría de los logros y me mantiene tan preocupada por la supervivencia que el futuro acaba siendo insondable. Otra razón por la que todavía no había intentado tener un hijo era la tendencia neurótica al miedo. Me aterrorizaba ser una mala madre.

Por otro lado, esperábamos poder mudarnos a Florida de forma permanente. Nos gustaba la idea de vivir allí, pese a los largos días de pequeños momentos estresantes. Durante años, mi extrema introversión me había mantenido atrapada en Washington D.C., una ciudad en la que en realidad nunca había querido vivir. Siempre supuse que los pocos amigos que había hecho allí eran los únicos que tendría en la etapa adulta y que no había forma de conocer gente nueva después de la universidad, por lo que no debía mudarme. Sin embargo, mientras escribía el artículo, mi breve experimento con la extroversión me llevó a pensar que se puede cultivar una vida social a cualquier edad. Había despertado la creencia en las segundas oportunidades.

Me enfrenté a mi proyecto de personalidad como si fuera una puesta a punto para la mediana edad. Esperaba aprender a socializar sin miedo, y quizá incluso sin bebidas alcohólicas. Quería que me describieran como una «buena amiga» (¡aunque solo fuera una vez!). Pensé en el glorioso verano entre el instituto y la universidad, cuando todo el mundo se reinventa y regresa al mundo proyectando cómo le gustaría que lo vieran. ¿Quién dice que no se puede hacer eso a los treinta y seis años?

¿Y si hubiera dedicado más tiempo a mi experimento de cambio de personalidad?, me pregunté. ¿Habría podido manejar mejor los días ligeramente estresantes como el de Miami? ¿Y si hubiera encontrado actividades que me gustaran lo suficiente como para dedicarme a ellas? ¿Y si hubiera conseguido superar la leve incomodidad y me hubiera adentrado en el terreno de la incomodidad total, como la de dirigir un grupo de Meetup, entrar en una sesión de meditación ya empezada u obligarme a considerar nuevas formas de vivir? ¿Y si, en vez de intentar que en el mundo todo salga como yo quiero, cambiara mi forma de responder al mundo?

Decidí dedicar al menos un año a intentar cambiar mi personalidad. Ya había completado mi breve estudio piloto anterior, pero a esas alturas, y siguiendo con la metáfora científica, quería ese gran experimento que hace que el técnico de laboratorio se quite las gafas de golpe por el asombro. Decidí comportarme como las personas más sanas, felices y con más éxito, que son las que tienen las «mejores» personalidades desde el punto de vista científico. Este libro es para quienes hayan pensado alguna vez en hacer algo parecido. Aunque las circunstancias de nuestra vida sean diferentes, y también lo sean los rasgos de personalidad con los que luchemos, el estrés, la soledad, la ira, la confusión, la impulsividad y el miedo son universales, y pueden cambiarse.

Durante el año siguiente, cada vez que pasaba el cursor por encima de la inscripción para una actividad que me parecía abrumadora, me obligaba a hacer clic en «enviar». Me comportaba como la clase de persona que quería hacer esa actividad. Hice mías las palabras de Jorge Luis Borges, que escribió en su ensayo «La nadería de la personalidad»: «Pienso probar que la personalidad es una trasoñación, consentida por el engreimiento y el hábito, mas sin estribaderos metafísicos ni realidad entrañal».[2] Espero ser un ejemplo para quienes anhelan liberarse de la trasoñación de su propia personalidad.

Pero ¿por qué el cambio de personalidad?

El cambio de personalidad no es un concepto muy intuitivo. Cuando le conté a una conocida que estaba trabajando en un libro sobre el cambio de personalidad, me preguntó: «¿Te refieres a un daño cerebral?». Otra amiga me dijo que, en vez de cambiarme a mí misma, debería centrarme en luchar contra el patriarcado, la verdadera fuente de todos nuestros problemas.

Cuando oí hablar por primera vez de algunos de estos estudios sobre el cambio de personalidad, yo también me mostré un poco escéptica. Para empezar, había partes de mi personalidad que me resultaban útiles. Siempre consideré que la ansiedad era mi arma secreta, la ventaja que una chica inmigrante como yo tenía sobre mis compañeros ricos y con pedigrí. Sí, ellos iban a Yale, pero yo podía sufrir un ataque de pánico a causa de mi carrera y luego trabajar todo el fin de semana como si nada. Sabía que no era perfecta, pero me preocupaba la posibilidad de perder el empuje, la intuición y la determinación si mi personalidad cambiaba.

Sin embargo, más tarde descubrí que hay formas de mantener los rasgos positivos, o incluso los aspectos positivos de ciertos rasgos, y modificar los que no sirven. La introversión, por ejemplo, no es necesariamente una cualidad negativa; muchos introvertidos son reflexivos, ingeniosos y sensibles. Pero en mi caso, la introversión se estaba convirtiendo cada vez con más frecuencia en una excusa para retirarme de la vida. No solo a veces, para recargarme, sino todo el tiempo. Esperaba que ser un poco más extrovertida me hiciera más feliz, aunque siguiera considerándome «introvertida».

Cuando sufro ansiedad, a mi psiquiatra le gusta decir que tengo un «yo verdadero» y un «yo ansioso» dentro de mí. Es decir, mi ansiedad (también conocida como neuroticismo) no es mi verdadero yo. La Verdadera Olga es la que conoce sus verdaderas capacidades. Puedes pensar en tus rasgos de personalidad menos deseados como falsos yoes cuyas voces te engañan. Mi intención era hacerle caso a lo mejor de mi personalidad y aprender a pasar de lo peor de ella.

Cuando empecé este proyecto, Rich a veces me recordaba que no tenía por qué cambiar mi personalidad, que a él le gustaba tal como era. A diferencia de en las relaciones anteriores, con él nunca tuve que poner en práctica la paradoja de la «rana hervida», que consistía en crear una personalidad falsa y relajada que poco a poco iba dejando ver la personalidad real, con la esperanza de que el chico no se diera cuenta meses después de que llevaba del brazo a otra chica triste más en busca de un compromiso serio. Ya desde el principio a Rich no parecían molestarle mis arrebatos de llanto ni mi sincera pasión por el periodismo político de control. De hecho, sentirme amada en mi relación fue lo que me llevó a amarme a mí misma. A veces veía que mis propios defectos se suavizaban cuando él me miraba prendado.

En parte gracias a nuestra relación, llegué a darme cuenta de que tengo algunas virtudes: soy muy trabajadora, puedo ser leal, y mi lado analítico es indispensable a la hora de elegir un plan de salud o de hacer la declaración de la renta. Lejos de implicar que no te gustes, aprender nuevas formas de ser puede interpretarse como un acto de amor propio, igual que aprender a cocinar puede ser una forma de nutrirse. Los rasgos de personalidad son un espectro; querer aumentar la capacidad de ser amable, por ejemplo, no significa que seas un gruñón que se odia a sí mismo; solo significa que hay algo en ese rasgo que podría mejorar tu vida, y quieres probarlo.

Si sientes que no necesitas hacer el menor cambio en tu vida, te felicito y te pregunto humildemente qué inhibidor selectivo de la recaptación de la serotonina estás tomando. Sin embargo, los estudios indican que la mayoría de las personas (alrededor del 90 por ciento) sí desea cambiar al menos uno de los rasgos de su personalidad.[3] Incluso en algunas encuestas globales realizadas en países con distintos estilos de vida, alrededor del 60 por ciento de las personas afirma que está intentando cambiar su personalidad.[4] El cambio de personalidad parece ser algo que muchos desean emprender, aunque no siempre lo hagan de forma consciente. (No me refiero al trastorno de identidad disociativo, que antes se llamaba trastorno de personalidad múltiple, una enfermedad mental que lleva a las personas a desarrollar distintas personalidades. Aunque es un tema interesante, pertenece a un libro distinto).

El cambio de personalidad puede parecer una propuesta abrumadora, y yo tuve el privilegio de dedicar cientos de horas a este proyecto, en parte porque pedí una excedencia en el trabajo y porque no tenía hijos. Casi nadie puede hacer todo esto, y no tiene por qué hacerlo. Algunas de las actividades que describo son breves. Meditaciones cortas, conversaciones rápidas con conocidos, una tarde dedicada a tirar pertenencias innecesarias. En los estudios que cito, la mayoría de las acciones solo requiere unos minutos al día, pero son suficientes para crear un cambio significativo en la personalidad.

No es necesario que dejes tu vida en suspenso para cambiar tu personalidad. Puedes introducir pequeños hábitos que, juntos, supongan una gran diferencia.

Sin embargo, la razón más importante para cambiar tu personalidad es que puede hacerte más feliz. Encontrar la felicidad, o al menos la satisfacción, necesita a menudo un cambio en la forma de pensar y de comportarse en el día a día, que son, mira por dónde, los dos elementos de la personalidad. Las investigaciones psicológicas indican que la capacidad de acción (la noción de que puedes provocar un cambio positivo en el mundo, o al menos en tu vida) se relaciona con la reducción de los niveles de depresión e impotencia. «La capacidad de acción genera progreso —ha afirmado Martin Seligman, pionero de la psicología positiva— y su falta causa estancamiento».[5] La capacidad de acción te infunde la sensación de que puedes hacer algo respecto a tus problemas.

Lo que me gusta de la idea del cambio de personalidad es precisamente eso, que te permite tomar las riendas de tu propio destino. En las sencillas y claras palabras de mi (recién descubierta) profesora de meditación: «A veces pasan cosas que no nos gustan». Sin embargo, siempre puedes vivir de un modo que sí te guste. Puedes utilizar la ciencia, el esfuerzo y un número exagerado de apps del iPhone para comportarte de forma diferente y, con el tiempo, para pensar de forma diferente. Puedes cambiar tu vida aunque no cambie nada en ella.

1
El océano interior: ¿Qué es la personalidad?

Confieso que antes de convertirme en escritora científica no estaba segura de lo que era exactamente la personalidad. En el instituto hice un test de Myers-Briggs que indicaba que era juiciosa y que, por tanto, debía estudiar para jueza. Pero ¿mi personalidad no era «INTJ»? ¿Y qué pasaba con algunas de esas teorías freudianas que se aprenden en psicología básica y que me llevaron a pensar que tenía una fijación oral porque me encantaba mascar chicle y morderme las uñas? ¿Formaba eso parte de mi personalidad?

La definición profana de personalidad se asemeja a «cómo eres naturalmente por dentro», pero también he oído que el término se utiliza como sinónimo de lo que le gusta y lo que no le gusta a una persona, de su estado de ánimo general o incluso de si tiene cosas interesantes que decir. (En realidad, todo eso describe partes de la personalidad, no su totalidad).

Sabía que la personalidad era en parte genética, un detalle inoportuno para mis esfuerzos de cambio. Mi padre, por ejemplo, es tan ansioso que una vez se negó a comprar un coche fabricado cerca de Hiroshima, Japón, porque le preocupaba que una partícula de la radiación residual de la bomba atómica lanzada en 1945 pudiera haberse metido en la guantera y, cuando el coche llegara al concesionario de Texas, saltara y le provocara un cáncer instantáneo y mortal. Teniendo en cuenta el nivel de neuroticismo tan tremendo que me corría por las venas, ¿sería yo capaz de hacer algo con respecto a mi personalidad? ¿Cómo se puede cambiar algo que se hereda?

Poco a poco me di cuenta de que para comprender la personalidad hay que entender las historias de dos destacados psicólogos: Gordon Allport y Sigmund Freud. El concepto científico moderno de la personalidad surgió el día que estos dos hombres se conocieron, y discreparon, en 1920.

Allport era entonces un joven estadounidense de veintidós años del Medio Oeste con un interés incipiente por la personalidad. Había estudiado asignaturas de psicología en la universidad y descubrió que le gustaba «ayudar a la gente con sus problemas», según escribió. Desde el principio de su carrera estuvo obsesionado con una pregunta: «¿Cómo se escribe una historia psicológica de la vida?».[1] Parecía estar rebuscando entre los fragmentos de cerámica de la psicología primitiva, preguntándose: «¿Qué es la personalidad?».

Allport acababa de volver de Constantinopla, donde había pasado un año enseñando inglés durante el ocaso del sultanato otomano, y se dirigía a Boston, donde le esperaba un programa de doctorado en Harvard. Por el camino hizo una parada en Viena y, con el descaro característico de un veinteañero, le escribió a Freud solicitándole un encuentro.

Freud, por su parte, era un hombre de barba blanca de unos sesenta años que ya había influido de forma significativa en la ciencia de la mente. Creía que nuestro comportamiento era consecuencia de los conflictos subconscientes entre el ego que busca el placer, el superego moralista y el ego realista. Para él, estas batallas tenían sus raíces en la infancia y a menudo eran de naturaleza sexual. Su famosa «terapia parlante», o psicoanálisis, ya había arrasado en la Europa continental, y acabaría colonizando también los barrios ricos estadounidenses.[2] En resumen, Freud era un gigante y Allport era un chavalín.

Aun así, Freud accedió a encontrarse con él y, el día acordado, Allport entró en la «habitación decorada con arpillera roja y cuadros de sueños en la pared» de Freud, como la describió más tarde.[3] Para él, fue una entrevista «crucial».[4]

Al principio, Freud lo miró en absoluto silencio.

En un intento por entablar conversación, Allport le contó una anécdota que pensó que le interesaría. Durante el trayecto en tranvía había visto a un niño de cuatro años que se negaba a sentarse. El niño no paraba de decir que todo estaba *schmutzig*, sucio. Parecía sufrir fobia a la suciedad, dijo Allport.

Cuando terminó su relato, Freud lo miró con «esos ojos bondadosos y terapéuticos» y le preguntó: «¿Ese niño eras tú?».[5]

Allport se sorprendió de que hubiera malinterpretado tanto la situación. ¡Por supuesto que no era él! Para Freud, todo parecía tratarse de neurosis reprimidas. Allport pensaba que esa era una explicación demasiado simplista del comportamiento humano. La experiencia, escribió luego, «me enseñó [...] que los psicólogos harían bien en darle la importancia debida a los motivos manifiestos antes de sondear el inconsciente». En otras palabras, no todo tiene un significado oculto. A veces las personas saben cómo son.

Lo que hacía que las personas tuvieran personalidades diferentes, concluiría más tarde Allport, no era si albergaban deseos secretos de casarse con su madre o de matar a su padre, como concebía Freud. El hecho de que todos tengamos rasgos diferentes es lo que determina cómo perseguimos objetivos, cómo pensamos sobre el mundo y cómo reaccionamos ante la adversidad. Con el tiempo, este punto de vista (la teoría de los rasgos) llegaría a definir la psicología de la personalidad y daría lugar al modelo de los cinco rasgos de la personalidad que la mayoría de los psicólogos utiliza hoy en día. (Son los mismos cinco que aparecían en aquel test online de personalidad que hice y que me impulsó a intentar cambiar la mía).

Sin embargo, los investigadores no llegaron con facilidad a estos cinco rasgos. La psicología es una ciencia joven (Harvard no tuvo un departamento independiente de psicología hasta 1936) y no se hablaba mucho del concepto moderno de «personalidad» antes de finales del siglo XIX.[6] Mucho antes, algunos filósofos de la antigua Grecia, como Aristóteles y Teofrasto, pontificaron sobre la naturaleza humana de forma interesante, pero no muy precisa. En un momento dado, Teofrasto esbozó lo que consideraba los treinta tipos diferentes de «caracteres», entre ellos el «hombre arrogante», que «no acostumbra a recibir visitas cuando se está ungiendo, bañando o comiendo» y el «hombre grosero», que «le escupe al copero desde el otro lado de la mesa».[7]

Sin embargo, después llegó el cristianismo primitivo y, con él, un efecto escalofriante sobre el estudio de la individualidad humana. «Según la visión religiosa de las sociedades de aquella época, la raza humana era intrínsecamente defectuosa, y así había sido desde el pecado original de Adán y Eva», escribe Frank Dumont en *A History of Personality Psychology* [«Historia de la Psicología de la Personalidad»].[8] No tenía sentido sondear la naturaleza humana, dado que pensaban que la recompensa de los humanos estaba en el cielo, no en la mejora personal en la tierra.

Ese punto de vista empezó a cambiar con pensadores de la Ilustración como Gottfried Leibniz, que a principios del siglo XVIII especuló con la idea de que las personas tienen pensamientos subliminales (los denominó «pequeñas percepciones») que motivan su comportamiento. Lo que hoy conocemos como «personalidad» llegó más tarde, con el auge de Freud, del psicoanálisis y el creciente interés por las diferencias entre las personas.

De todas formas, los primeros psicólogos intentaron —y a menudo fracasaron— medir la personalidad de forma fiable. En la década de 1920 el psicoanalista Carl Jung argumentó que el mundo está formado por distintos «tipos» de personas: pensadoras y sentimentales, introvertidas y extrovertidas. (Sin embargo, el mismo Jung advirtió de que «no existe un extrovertido puro ni un introvertido puro. Un hombre así estaría en el manicomio»).[9]

Las categorías de Jung resultaron muy interesantes a un dúo de madre e hija, Katharine Briggs e Isabel Briggs Myers, que aprovecharon sus ideas para desarrollar el test de personalidad Myers-Briggs, tan típico en las jornadas con el orientador del instituto.[10] Aunque carecían de formación científica, esperaban crear un test que ayudara a la gente a buscar las profesiones que más se adecuaran a su naturaleza. «Cuanto mejor sepas cómo es una persona, mejor podrás trabajar con ella o a sus órdenes, o asignarle el trabajo adecuado», escribió Isabel Briggs Myers.[11]

El test despegó gracias al trabajo de Isabel en recursos humanos, tal como describe Merve Emre en *The Personality Brokers* [«Las intermediarias de la personalidad»]. Pero con el tiempo se vio que no tenía sentido.[12] La mayoría de la gente no es ENTJ o ISFP, sino que se sitúa entre dos categorías. Los rasgos de personalidad no son un «tipo», sino un espectro. El psicólogo organizacional Adam Grant comparó una vez el test Myers-Briggs con preguntarle a la gente si le gustan más los cordones de los zapatos o los pendientes.[13]

Otros pensaron que la mejor forma de medir la personalidad era ofrecerle a la gente una imagen confusa y juzgar su reacción. El psiquiatra suizo Hermann Rorschach les preguntaba a sus pacientes qué veían cuando les enseñaba distintas manchas de tinta. Además del diván y el sillón, la mancha de tinta se convirtió en un clásico de la psicología. Sin embargo, muchos científicos critican ahora el test de Rorschach por ser demasiado subjetivo e inexacto. Hay muchas personas normales que al ver un reflejo o una magdalena en las manchas acaban con la etiqueta errónea de egoístas o dependientes. Un detractor llegó a decir que los psicólogos mejor harían en leer los posos del té.[14]

Aquí es donde cobró impulso la visión de la personalidad de Allport como una constelación de actitudes manifiestas, más que de impulsos ocultos. Más tarde, Allport regresó a Harvard como profesor de psicología, decidido a estudiar la personalidad. Llevado por su rigor y meticulosidad, examinó con detenimiento la edición de 1925 del *Webster's New International Dictionary* [«Nuevo diccionario internacional Webster»] en busca de palabras que pudieran «distinguir el comportamiento de un ser humano del de otro».[15] Al final identificó cuatro mil quinientos rasgos de ese tipo, incluidos vocablos como «despreocupado» y «entusiasta».

Más tarde, unos cuantos investigadores se basaron en este trabajo y fueron reduciendo los cuatro mil quinientos rasgos hasta quedarse con el menor número posible de rasgos distintos e independientes. (Algunos de los rasgos de la lista de Allport, como «taciturno» y «callado», eran sinónimos). Este periodo, más o menos a mediados del siglo XX, fue un poco como Babel, según Lewis Goldberg, profesor emérito de la Universidad de Oregón. «Cada teórico de la personalidad tenía su propia teoría de la personalidad. No había una teoría unificada», me dijo.

Raymond Cattell, psicólogo británico-estadounidense, redujo la lista de rasgos de Allport a ciento setenta uno, y luego a dieciséis.[16] Entró en escena en 1949 con su Test de Dieciséis Factores de Personalidad, que incluía rasgos como la «discreción» y el «perfeccionismo». A lo largo de las siguientes décadas, Goldberg, el psicólogo de Oregón, y otros investigadores decidieron que, en realidad, los dieciséis rasgos de Cattell podían reducirse a cinco rasgos principales.[17] Goldberg había estado probando los test de personalidad con sus alumnos y descubrió que describían «los Cinco Grandes», como se les suele llamar: la disposición a experimentar, que es lo receptivo que te muestras a nuevas ideas y actividades; la diligencia, o lo autodisciplinado y organizado que eres; la extroversión, o lo sociable y dinámico que eres; la capacidad de ser amable, o lo cariñoso y empático que eres; y el neuroticismo, o lo deprimido y ansioso que estás.

Los rasgos pueden recordarse con el acrónimo OCEAN (por sus siglas en inglés):

O – *Openness* o disposición a experimentar
C – *Conscientiousness* o diligencia
E – *Extroversion* o extroversión
A – *Agreeableness* o capacidad de resultar amable
N – *Neuroticism* o neuroticismo

Cuando Goldberg les presentó esa idea a otros investigadores de la personalidad, parecieron estar de acuerdo. Al fin y al cabo, el «entusiasmo» y la «tensión», que aparecían en teorías anteriores, son sinónimos de la extroversión y el neuroticismo. El hecho de que el sistema de los Cinco Grandes despegara, y otros no, indica que «Hay en él evidencias reales —me dijo Goldberg—, de las que carecían los demás».

A partir de la década de 1970 el psicoanálisis freudiano empezó a perder brillo, y se produjo el ascenso de los teóricos de los rasgos (los sucesores de Allport).[18] Aunque en cierto modo fue un visionario, muchas de las ideas de Freud sobre el desarrollo psicosexual infantil (que las personalidades se fijan oral o analmente) no resistieron el rigor de la investigación moderna. Los estudios posteriores demostraron que la personalidad no puede atribuirse por entero a la infancia. Salvo en caso de maltrato o en ciertos contextos anómalos, los padres no parecen moldear a sus hijos como si fueran trozos de arcilla. De ser así, los hermanos y hermanas criados juntos se parecerían, cuando en realidad es habitual que tengan lo mismo en común que dos desconocidos elegidos al azar en la calle.[19] (Lo sé de primera mano, pues soy la hermana alérgica, agresiva y enamorada del sol de un niño casero y tranquilo al que le encantan los gatos).

Entonces ¿qué es la personalidad? Es hábito, pero también es reflejo. «La personalidad es lo que haces habitualmente, de forma automática, sin pensar. Tu forma de pensar sobre las cosas, el efecto que las cosas ejercen sobre ti o cómo las haces», dice Brent Roberts, destacado psicólogo de la personalidad de la Universidad de Illinois.

Tu personalidad afecta a tu forma de afrontar la vida. ¿Te tomas los pequeños inconvenientes con calma o los ves como un ataque personal? Cuando te topas con una idea nueva, ¿retrocedes o te emocionas? La personalidad abarca tus preferencias, tu estado de ánimo, tu forma de relacionarte y también la textura de tu alma.

Roberts compara la personalidad con un tapiz. Una composición compleja en la que cada puntada es importante, pero que no se deshace por completo si tiras de un solo hilo. Tus amigos, tu trabajo, tu matrimonio, tu ciudad natal y tus genes conforman tu personalidad, pero no es el resultado de ninguna de esas fuerzas por sí sola.

«Irradio Alegría»

Un fin de semana de julio Rich y yo hicimos una escapada a la playa, a Ocean City, Maryland. La ciudad, que recibe el nombre de su única cualidad positiva, está abarrotada de caravanas, campos de minigolf y universitarios vestidos de rojo chillón en su etapa de descubrimiento de la cerveza y la carne de cangrejo. La mayor parte de la acción se concentra a lo largo de la carretera principal, con la playa a un lado y hoteles subiditos de precio al otro. Hay un restaurante «bonito» y otros muchos menos bonitos que sirven un cóctel de vodka, Sprite y zumo de naranja en un vaso con boquilla. No es Saint-Tropez...

También es la playa más cercana a Washington D.C., y por eso la ciudad entera se escapa allí los fines de semana estivales. La noche en un destartalado hotel Best Western nos salía por trescientos dólares, y la habitación era de esas en las que intentas no rozar la moqueta cuanto vas descalzo. El primer día nos sentamos en la playa durante una hora. Y luego empezó a llover. Unas gotas gruesas y calientes que hicieron que todo el mundo huyera a los bares.

Ojalá yo fuera una de esas personas capaces de disfrutar de los días lluviosos durante unas vacaciones en la playa. Pero qué va, me enfado con Dios, que nunca me responde haciendo que salga el sol. En vez de buscar cosas que hacer bajo techo (como visitar el Museo de las Aves Silvestres en el Arte), me castigaba por no haber comprobado si el Niño estaba activo ese año antes de reservar una habitación no reembolsable.

Todo ello me llevó a preguntarme si mis rasgos de personalidad estarían contribuyendo a mi tendencia a la ira irracional por cosas que no puedo controlar. Decidí matar el tiempo haciendo mi primer test de personalidad para tener una primera referencia de mi yo interior. Sentada en la repugnante colcha del hotel, entré en PersonalityAssessor.com, un sitio web de test de personalidad creado por Nathan Hudson, profesor de psicología de la Universidad Metodista del Sur. El sitio analiza tu personalidad comparando tus respuestas con las de un millón de personas que han realizado sus test.

Hice clic en una serie de pantallas con preguntas y respuestas de opción múltiple y contesté a montones de preguntas sobre si me gusta la poesía, si me gustan las fiestas, si «actúo de forma desinhibida y alocada» o si trabajo mucho. La pregunta sobre si «irradio alegría» obtuvo un «muy en desacuerdo». Igual que la de «deberíamos mostrarnos duros con la delincuencia» o la de «intento no pensar en los necesitados». Sin embargo, estuve «de acuerdo» (aunque no rotundamente) en que «creo que soy mejor que los demás».

El objetivo de estas preguntas era identificar mi puntuación en cada uno de los Cinco Grandes rasgos. Obtuve un percentil 23 en extroversión: «muy bajo», sobre todo en lo referido a ser amable o alegre. Me pareció plausible. No suelo decir cosas que a menudo oigo que dicen otras mujeres como «me alegro mucho por ti» o «estoy emocionadísima». Los extrovertidos se sienten cómodos rodeados de mucha gente y hacen amigos con facilidad. Les gusta ser el centro de atención y tener relaciones sexuales.[20] Experimentan más emociones positivas y siempre están entusiasmados por una cosa u otra, algo envidiable. Los introvertidos como yo también nos entusiasmamos, por supuesto, pero, por ejemplo, cuando leemos unas memorias o nos sumergimos en un proyecto con la lana y las agujas. Nos da repelús cuando alguien dice «karaoke».

Sin embargo, obtuve una puntuación «muy alta» en diligencia y disposición a experimentar, siendo mis dos puntos fuertes la capacidad de organización y la actitud de «solo se vive una vez». A las personas meticulosas les gusta hacer planes y cumplirlos. Son autodisciplinadas y se fijan objetivos. Lo mejor que te puede pasar es que una persona concienzuda planifique tus vacaciones, pero sin que sea necesario que te acompañe. La disposición a experimentar, el rasgo más difuso, implica apreciar el arte complicado, ser liberal en política y sentir escalofríos en la nuca cuando ves u oyes algo muy bonito. Las personas abiertas a experimentar son creativas, imaginativas y tolerantes.

En la capacidad de ser amable, obtuve una puntuación «media», ya que mis altos niveles de empatía hacia otras personas compensan mis bajos niveles de confianza en ellas. Las personas amables son cariñosas y altruistas y les suelen gustar los niños.[21] Se llevan bien con casi todo el mundo.

A final llegué al origen de la mitad de mis rupturas sentimentales, de todas mis horas de terapia y de la mayoría de mis problemas en general. Estaba en el percentil 94 de neuroticismo. «Extremadamente alto».

Las personas neuróticas se sienten aturdidas por el estrés y las amenazas, reales o percibidas. «Un neuroticismo elevado le infunde sufrimiento a todo», afirma el científico conductual Daniel Nettle.[22] (Es posible que las personas emocionalmente estables, lo opuesto a los neuróticos, ni siquiera estén familiarizadas con la sensación de ansiedad, ¡afortunadas ellas!). El neuroticismo es la avanzadilla de todo un equipo de relevos de trastornos, desde la depresión hasta la ansiedad, pasando por la bipolaridad.

Las personas con tendencia a ser más felices y sanas obtienen una puntuación alta en los cinco rasgos.[23] En la categoría del neuroticismo, esto significa que tienen muy desarrollada la estabilidad emocional. Lo ideal sería que todos fuéramos extrovertidos amistosos, fiables y abiertos de mente, y no lleváramos encima ansiolíticos de emergencia. Mis resultados demostraron que yo distaba mucho de ese modelo en muchos aspectos.

Como era de esperar, el test de los Cinco Grandes también tiene sus puntos débiles. Por ejemplo, en realidad solo puede aplicarse en los países occidentales industrializados. Sin embargo, pese a sus limitaciones, los cinco rasgos constituyen por lo menos una norma común, un lenguaje compartido para documentar nuestras inclinaciones y aficiones. Los investigadores de la personalidad han usado los Cinco Grandes en muchos estudios distintos, y es el modelo de personalidad que utilizan con más frecuencia.

En vez de sentirme restringida por el desglose de los cinco rasgos, su reglamentación me tranquilizó. Me gustó que el test me permitiera hacer un seguimiento de cada elemento de mi personalidad a lo largo del tiempo, en vez de perseguir objetivos vagos como «ser más feliz» o «reducir el estrés».

Hacer el test de personalidad me recordó a la primera vez que me dijeron que tenía ansiedad; no es normal sentirse en estado de alerta todo el tiempo. Ningún médico me diagnosticó nada cuando era pequeña. Lo que sí tuve fue un profesor de instituto que un día se burló de mí en clase porque me preocupaba demasiado. («Seguro que Olga está en plan: "¡Ay, que no voy a poder terminarlo a tiempo!"», les dijo a mis compañeros mientras guiñaba un ojo. En Texas no tienen muy en cuenta esa cosa de «los traumas»). Nunca me había planteado que fuera posible preocuparse «demasiado». Era como entrar en un sótano oscuro y encender una linterna. Sí, lo que ves está cubierto de polvo y necesita una limpieza urgente, pero por lo menos eres capaz de verlo. Comprenderte a ti mismo puede ser liberador, aunque el primer paso hacia la libertad sea darte cuenta de que estás atrapado.

El yeso se ablanda

Pues ya tenía mi puntuación de los Cinco Grandes: un notable bajo en el mejor de los casos. Pero todavía quería cambiar mi puntuación, no solo conocerla. Y cuando empiezas a explorar la idea del cambio de personalidad, te topas enseguida con un gigante inflexible, de hace ciento ochenta años, que descartó la idea de que la personalidad pudiera cambiar, y tuvo una influencia enorme. Se llama William James.

James, reconocido hoy como uno de los primeros psicólogos estadounidenses, nació en el seno de una familia neoyorquina rica y cosmopolita; quizá hayas oído hablar de su hermano, el novelista Henry James. Sin embargo, sus primeros años de vida familiar, a mediados del siglo XIX, fueron caóticos. Su padre se dedicaba a escribir largos libros, que apenas logró que la gente leyera, y trasladaba a la familia de un lado para otro constantemente.[24] A los dieciséis años, James había vivido en dieciocho casas distintas, sin contar las estancias en varios hoteles.

Durante los primeros años de su vida adulta también se movió mucho. Primero estudió arte, luego se embarcó en una malograda expedición al Amazonas y después se dedicó a la medicina. Más tarde sufrió una grave depresión («neurastenia», como se llamaba entonces), que lo llevó a plantearse el sentido de la vida y lo que significaba ser libre.

Al final se interesó más por la filosofía que por la medicina, y en 1890 publicó una influyente obra filosófica, *Principios de psicología*, un libro que adopta, en ocasiones, una visión sombría de la humanidad. «El hábito es, pues, el enorme volante de inercia de la sociedad —escribió—. Mantiene al pescador y al marinero en el mar durante todo el invierno. Retiene al minero en la oscuridad y ancla al campesino a su cabaña de madera y a su solitaria tierra de labor durante los meses de nieve». Según insinuó, todos estamos paralizados en el ámbar de nuestras rutinas.

Quizá su infancia itinerante lo impulsara a buscar la estabilidad. Quizá por eso en *Principios de psicología* incluye una idea que ha estado rondando a la ciencia de la personalidad desde entonces. «En casi todos nosotros el carácter se endurece como el yeso a los treinta años y ya nunca volverá a ablandarse», afirmó.[25] Parecía pensar que la personalidad no cambiaba; al contrario, se solidificaba.

Durante años, los psicólogos de la personalidad pensaron que James estaba en lo cierto. En algunos estudios de psicología de la personalidad importantes se llegó incluso a utilizar en el título la expresión «fraguar como el yeso», señal de que los autores se quitaban el sombrero ante su depresivo antecesor. Los investigadores creían que había pocas esperanzas de que la personalidad cambiara una vez que se llegaba a la edad adulta.

Sin embargo, y por suerte para la gente como yo, la hipótesis del «yeso» resultó ser errónea. Esto es obvio para cualquiera que haya consultado alguna vez un estado de Facebook que publicó hace diez años y se haya sorprendido leyendo las palabras de un desconocido. La personalidad cambia con el tiempo aunque no intentes cambiarla. Y si lo intentas, cambia todavía más rápido.

La gente se vuelve naturalmente menos neurótica y más agradable y diligente con la edad, una tendencia llamada «principio de madurez».[26] Después de enterarme de esto, me acordé de cuando en la universidad me ponía a medianoche con un trabajo que debía entregar al día siguiente (señal de poca diligencia) y luego me asustaba pensando que la nota resultante hundiría para siempre mis perspectivas profesionales (señal de neuroticismo alto). Pero con el tiempo evolucioné. Hoy en día me pongo a trabajar en cuanto recibo una tarea, y solo me preocupa que el resultado lastre mi carrera... a veces. He madurado, en cierto modo.

Cambiamos un poco durante la adolescencia, bastante a los veinte años, y seguimos evolucionando cuando nos casamos y conseguimos trabajo. Un estudio de 1950, que evaluó las personalidades de un grupo de estudiantes de secundaria y volvió a hacerlo cincuenta años después, descubrió que a los sesenta años el 98 por ciento de los participantes había cambiado en al menos un rasgo de personalidad.[27] Otro, que siguió a cientos de californianos a lo largo de cuarenta años, descubrió que la personalidad cambia durante la vida de una persona en lo referido a todos los rasgos.[28] Otro más descubrió que algunos rasgos cambian más después de los treinta años que cuando se es más joven.[29] Parafraseando a Williams James, pocos de nosotros morimos anclados a la misma cabaña de madera en la que nacimos.

Esta nueva forma de ver la personalidad concuerda con el concepto budista del «no yo», o la idea de que no existe un «tú» esencial. Según afirman los sutras, creer lo contrario es una fuente de sufrimiento. Como dijo el filósofo zen Alan Watts: «El ego, el yo que ha creído ser, no es más que un patrón de hábitos o reacciones artificiales».[30] Esta creencia en la flexibilidad del yo también se ha filtrado en Occidente a través de varias escuelas de filosofía. Jean-Paul Sartre escribió que «la existencia precede a la esencia», lo que significa que las personas deciden qué hacer de sí mismas. «El hombre existe primero, se encuentra consigo mismo, surge en el mundo, y se define después», explicó Sartre.[31] O tal como Nietzsche ordenó misteriosamente: «¡Conviértete en lo que eres!».[32]

Gran parte del cambio de personalidad se debe a algo llamado teoría de la inversión social, la idea de que, a medida que asumimos nuevos papeles sociales, aceptamos el reto de enfrentarnos a nuevas expectativas. Cuando consiguen trabajo, los veinteañeros empiezan a renunciar a las fiestas de fin de semana para pulir sus presentaciones del lunes. Los mujeriegos empedernidos pronuncian sentidas odas a la monogamia en sus bodas. (Los investigadores han descubierto que en las culturas en las que los adolescentes asumen antes responsabilidades de adultos, su personalidad también madura más deprisa).[33] La gente que nos rodea establece la norma de nuestro comportamiento, y nosotros nos moldeamos para cumplirla.

Algunos investigadores incluso definen la personalidad como algo que se manifiesta sobre todo en las relaciones sociales. «Todos tenemos múltiples yoes», afirma Brian Lowery, profesor de la Universidad de Stanford, en su libro *Selfless* [«Sin identidad»].[34] No existe un yo «estable e inmutable», asegura. Por el contrario, «tu yo es un flujo de interacciones y relaciones, y la sensación que tienes de ti mismo se crea en ese mismo flujo». Este punto de vista se denomina a veces el «yo espejo», que significa que reflejamos las situaciones en las que nos encontramos.[35] Quizá por eso me alejé tanto de mi familia en mis opiniones e intereses. Nos marchamos de Rusia cuando yo tenía tres años y abandoné mi casa de Texas a los dieciocho. Ahora la gente que me conoce dice que soy «muy de Washington D.C.», un reflejo de la meticulosa y neurótica ciudad en la que he pasado la mayor parte de mi vida adulta.

Esta mutabilidad del yo puede explicar por qué, sobre todo a los veinte años, tendemos a parecernos más a nuestros amigos y compañeros de trabajo.[36] Tener más amigos extrovertidos suele aumentar la extroversión, y trabajar más suele aumentar la diligencia.[37] Es posible que hayas notado este fenómeno si estudiaste en una universidad liberal del nordeste del país y poco a poco te fuiste volviendo volviste más liberal, igual que tus compañeros de habitación, o si empezaste a trabajar en ventas con un grupo de extrovertidos y acabaste siendo más extrovertido. En gran medida, eres el reflejo de quienes te rodean.

Enamorarse también puede moldear la personalidad. Un estudio descubrió que las personas de entre veintitrés y veinticinco años que formaban parejas sentimentales se volvían más cuidadosas, más extrovertidas y menos neuróticas.[38] Parece que nos convertimos en la mejor versión de nosotros mismos que ve nuestra pareja. «El proceso de emparejarse y comprometerse conlleva que no piensas solo en ti mismo [...] Tienes que pensar en otra persona y responsabilizarte de ella», afirma el psicólogo Brent Roberts. Así pues, menos mal que conocí a Rich a los veinticuatro años, el punto óptimo, según ese estudio. De lo contrario, a lo mejor aún sería más neurótica de lo que soy.

Heredabilidad y maleabilidad

Quizá cueste creer que la personalidad cambia. En un conocido estudio publicado hace unos diez años, el psicólogo Dan Gilbert junto con otros colaboradores descubrió que las personas más jóvenes predijeron que su personalidad no cambiaría mucho en la siguiente década, pero las personas mayores aseguraron que en realidad habían cambiado bastante.[39] Nos resulta difícil imaginar cómo podemos cambiar, por lo que pensamos que no cambiaremos. Esta es la falacia que mantiene en activo a los tatuadores y a los abogados matrimonialistas. «Los seres humanos son obras en proceso que piensan erróneamente que están acabadas —ha afirmado Gilbert—. La persona que eres ahora mismo es tan transitoria, tan fugaz y tan temporal como todas las personas que has sido».[40] Aunque no intentes cambiar tu personalidad, es posible que cambie de todos modos.

Una de las razones por las que la personalidad puede parecer permanente es porque en parte es genética. En palabras de Philip Larkin, «tu madre y tu padre te fastidian», pero sobre todo antes de que nazcas.[41] A través de distintos estudios sobre gemelos separados al nacer, los científicos han calculado que entre el 30 y el 50 por ciento de las diferencias de personalidad de dos individuos son atribuibles a los genes. El 50-70 por ciento restante se deben a «factores ambientales», que incluyen cómo te criaron, sí, pero también otras experiencias vitales, además de tus compañeros. Una combinación de pequeñas influencias muy numerosas.

Si algo es genético, aunque sea en parte, puede parecer que estás condenado a ser igual que tus padres para siempre. Pero que la genética explique entre el 30 y el 50 por ciento de las diferencias de personalidad no significa que «obtengamos» entre el 30 y el 50 por ciento de la personalidad de nuestros padres. Recibimos la mitad de los genes de nuestra madre y la otra mitad de nuestro padre, pero esos genes se barajan, interactuando entre sí de forma impredecible, explica Kathryn Paige Harden, genetista conductual de la Universidad de Texas. Por tanto, aunque heredamos elementos de rasgos de nuestros padres, acabamos diferenciándonos bastante de ellos. Es posible que sientas que te conviertes en tu madre; pero, para bien o para mal, eso es biológicamente improbable.

Digámoslo así: tus padres son una despensa de ingredientes. Contienen leche, huevos, harina, bicarbonato y, si son rusos como los míos, también un poco de eneldo. Pero solo te transmiten algunos de esos ingredientes. Que acabes siendo una quiche, unas tortitas o una sustancia viscosa incomestible depende de los ingredientes que hayas heredado y de cómo interactúen esos ingredientes con tu entorno. ¿Qué temperatura tiene tu horno? ¿Has batido los huevos o los has frito? De la misma manera que no miras una despensa y piensas: «Es un gofre», tampoco miras a una persona y piensas que está predestinada a tener un tipo concreto de hijo.

Kathryn Paige Harden me habló de un experimento durante el cual un grupo de ratones genéticamente similares y criados en las mismas condiciones fue trasladado a una jaula de gran tamaño. Con el tiempo esos ratones genéticamente similares desarrollaron personalidades distintas. Algunos se volvieron temerosos, otros sociables y dominantes. Viviendo en Ratonilandia, los ratones labraron sus propios caminos, tal como hacen las personas. «Podemos considerar la personalidad como un proceso de aprendizaje —afirma Harden—. Aprendemos a ser personas que interactúan con el entorno social de una manera determinada».

Además, los genes y el entorno interactúan. Nuestra predisposición genética puede llevarnos a entornos que acaban cambiándonos la personalidad. La gente feliz sonríe más, por lo que suscitan una reacción positiva en otras personas, lo que las hace aún más agradables. Los aventureros de mente abierta tienen más probabilidades de ir a la universidad, donde expanden todavía más sus horizontes. «La heredabilidad —me dijo Carol Dweck, psicóloga de la Universidad de Stanford—

no es lo mismo que la maleabilidad». Que algo sea genético no significa que no pueda cambiar.

Se trata de un concepto con el que incluso William James podría haber estado de acuerdo. Quizá la posteridad se fijó demasiado en su comentario de «fraguar como el yeso». En ocasiones su postura sobre los hábitos se flexibilizaba un poco, pero sus sucesores no citan tanto sus palabras en ese sentido. «James estaba casi obsesionado con superar las limitaciones de la formación de hábitos», afirma John Kaag, profesor de filosofía que ha escrito sobre Williams James.[42] En su obra, James a veces incluso alaba a quienes actúan en contra de su naturaleza, recomendando que las personas deberían «ser sistemáticamente ascéticas o heroicas en cosas sin importancia, hacer cada día o cada dos días algo por el simple motivo de que preferirían no hacerlo».[43] Sostenía que los seres humanos poseen tendencias naturales, pero que también pueden anularlas. Y que a veces deberían hacerlo.

De hecho, el propio James cambió después de cumplir los treinta, la edad en la que se suponía que las personas quedan «fraguadas como el yeso». Cuando tenía más o menos esa edad, se recuperó de su depresión leyendo la obra del filósofo Charles Renouvier, que le inspiró la creencia de que podías ser libre si así lo deseabas. «Mi primer acto de libre albedrío será creer en el libre albedrío», escribió, y poco después salió de su «gran bloqueo dorsal».[44] (Ojalá todos pudiéramos sentirnos tan reanimados por una o dos citas inspiradoras).

Con el tiempo, Williams James se volvió más amable en sus escritos y más realista. Más tarde, ya bien entrado en los treinta, se casó, consiguió un puesto fijo en Harvard y volvió a comprometerse con su trabajo. Escribió gran parte de sus mejores obras después de cumplir los cuarenta.

William James cambió, a pesar de lo que había dicho sobre «fraguar como el yeso». Yo también esperaba poder hacerlo.

2

Romper el volante de inercia: El «cómo» del cambio de personalidad

Por lo tanto, la identidad no está estancada. El océano de la personalidad se encrespa y a veces nos lanza a áreas desconocidas. No siempre acabarás en el punto en el que empezaste, y eso es algo que puede darte sensación de tranquilidad, sobre todo si, como yo, te pasaste toda la veintena creyendo que el vodka curaba el resfriado.

Sin embargo, hay una idea todavía más alentadora: no somos pasajeros indefensos en este barco. De hecho, podemos llevar el timón. Podemos cambiar nuestra personalidad y, al hacerlo, tener una vida más feliz y significativa. Aunque reconozco que no es habitual hablar del desarrollo personal de esta manera, muchos de nuestros defectos (la desorganización, la impaciencia) son elementos de la personalidad. No puedes cambiar sin cambiar tu personalidad.

Para saber cómo cambia la personalidad, un mes de diciembre, no hace mucho, fui a Dallas y me reuní con Nathan Hudson, psicólogo de la personalidad y profesor de la Universidad Metodista del Sur, que ha estudiado el concepto de «cambio volitivo de la personalidad»; el proceso a través del cual las personas se transforman por voluntad propia. También quería ponerle cara a Personality Assessor.com, su sitio web de test de personalidad, que yo había estado usando durante los últimos meses.

Fue una experiencia extraña, aunque conveniente, ya que pasé la adolescencia en una urbanización de las afueras de Dallas, y mis padres seguían viviendo allí. Es decir, podía aprovechar el viaje para hacer una visita familiar, pero no viviría la aventura preferida del periodista, que es aprender algo fascinante en un entorno nuevo y deslumbrante. Era más bien como que te invitaran a conocer al presidente y descubrieras que vive dos casas más allá de la tuya.

Aun así, Dallas no es más que un monumento al cambio. Cada vez que vuelvo, compruebo que el área metropolitana sigue creciendo. Descubro otro IKEA y otra megaiglesia por la ventanilla del coche. Miles de californianos se han trasladado recientemente a Texas, y al ver mi adormecida ciudad natal, me quedé boquiabierta. La gente hacía cola para entrar en una nueva pizzería de moda. La ciudad llevaba mucho tiempo intentando convertirse en un destino de primera y, a fuerza de puro impulso, por fin lo ha conseguido. «Todo lo bonito en Dallas se ha plantado, excavado, construido o creado a fuerza de voluntad», dijo en una ocasión Ellen Kampinsky antigua redactora de moda del periódico *Dallas Morning News*.[1] Me preguntaba si yo también sería capaz de crear una nueva personalidad a fuerza de voluntad.

Al fin y al cabo, ya había cambiado. En el instituto era tímida y estudiosa, y también fui muy religiosa durante un tiempo. Empecé a relacionarme con un grupo de cristianos evangélicos y, como nunca he sido de medias tintas, pronto me convertí en la creyente más fervorosa. A la hora del comedor, aterrorizaba al único chico hindú del instituto y a mi amiga atea, Cait, advirtiéndoles de que iban directos al infierno. Me decía a mí misma que solamente veía la pecaminosa serie *Friends* porque era importante saber qué se traían los impíos entre manos.

Cuando llegué a la universidad, casi había descartado todas esas creencias cristianas de Texas y las había reemplazado por los dioses de la vida en una residencia universitaria: autorrealización y cerveza. Me convertí en una chica a la que le encantaban las fiestas y enloquecí por el sexo opuesto. Al parecer, tenía tal reputación que una vez un compañero de clase me preguntó si tenía «cuatro novios». Supuse que me reuniría con Cait en el infierno.

En el momento de mi visita a Dallas era una «adicta a la presión» inaccesible, tal como dijo una antigua editora. Era el momento de que hiciera su aparición otra yo.

Encontré el despacho de Hudson al final de un laberinto de pasillos vacíos, en lo alto de un rascacielos que se alza por encima del ruido ensordecedor de la autopista 75 y del cuidado campus de la universidad que hay abajo, bastante más agradable. Descubrí a un hombre con barba y una voz agradable, muy preciso. Si tuviera que señalar una muletilla suya, sería «Dicho lo cual...». Lo más extravagante era el estante lleno de figuritas de Power Rangers de una pared de su despacho..., pero, a ver, que Hudson se crio en los noventa... Científicamente hablando, su personalidad era buena: extroversión, amabilidad y neuroticismo en la media, y unos niveles altos de diligencia y disposición a experimentar. Perfecto para el papel de profesor universitario centrado.

El temprano interés de Hudson por la personalidad se debía a una pregunta filosófica: ¿Por qué las personas quieren cosas distintas en la vida? Algunos la ven como un patio de juegos donde la diversión no se detiene. Otros, como una carrera para conseguir poder y prestigio. Hudson quería averiguar el motivo exacto por el que elegimos caminos tan distintos. «Esas preguntas me resultan interesantes y fundamentales —dijo—. ¿Qué buscan las personas? ¿Qué quieren? ¿Qué las motiva?».

Para Hudson, los rasgos de personalidad son los pensamientos, los sentimientos y los comportamientos que tienen algún objetivo en nuestra vida. La capacidad de ser amable te ayuda a entablar y a mantener relaciones sociales. La diligencia te ayuda a ser productivo. Más que describirte a secas, la personalidad te ayuda a conseguir lo que quieres.

Hudson es consciente de que la gente a veces dice que no quiere cambiar su personalidad y, al mismo tiempo, que desearía ser más organizada o hacer amigos con más facilidad. Pero todo eso es fruto de los rasgos de su personalidad. Y tanto las investigaciones de Hudson, como las de otros expertos indican que cambiar la personalidad puede ayudar a conseguir esos objetivos.

Aunque Hudson no se pronuncia sobre la conveniencia de que la gente intente cambiar su personalidad, podemos resumir los argumentos a favor afirmando que ciertos rasgos nos dejan en mejor posición. «Los niveles más altos de esas cinco variables están correlacionados con un mayor bienestar», me dijo refiriéndose a los Cinco Grandes. Tienes más probabilidades de ser feliz, de estar sano y de tener éxito si eres más diligente, extrovertido y amable, estás abierto a nuevas experiencias y eres emocionalmente estable, que si eres neurótico.

Cada rasgo tiene distintos beneficios, pero algunos son esenciales y determinan una gran parte de la satisfacción vital, el éxito profesional e incluso la longevidad. Las personas diligentes, por ejemplo, están más sanas, viven más tiempo y son menos propensas al consumo de sustancias dañinas.[2] Además, tienden a rendir bien en los estudios y en el trabajo, lo que les permite ganar todavía más dinero y gozar de mejor salud si cabe. Un metaanálisis masivo de dos mil quinientos estudios descubrió que ser diligente tiene efectos deseables en el 98 por ciento de las variables relacionadas con el rendimiento laboral, entre las que se incluyen el compromiso, la perseverancia y la disciplina.[3]

Y aunque la introversión no es un defecto,[4] los estudios demuestran que los extrovertidos son más felices, en parte porque dedican más tiempo a actividades que son retadoras y gratificantes a la vez. Algunos de los factores que mejor predicen la felicidad son las conexiones sociales; los extrovertidos, a fuerza de salir de fiesta y de hablar en público, acaban entablando amistad con más personas. Como introvertida que soy, debo reconocer que en las raras ocasiones en las que estoy rodeada de un grupo de amigos que me conocen bien siento una alegría que nunca experimento cuando estoy sola. Es una «alegría estar oculto, pero un desastre que no te encuentren»,[5] escribió el psicoanalista D. W. Winnicott.

El neuroticismo, por su parte, puede arruinarte la vida. Pese al estereotipo del genio malhumorado,[6] el neuroticismo está relacionado con una peor función cognitiva, en cierta medida porque la ansiedad y la depresión debilitan la atención y la concentración. Cuando los niños y los adolescentes neuróticos crecen, no rinden tan bien en el trabajo ni ganan tanto como sus compañeros emocionalmente estables.[7] Las personas neuróticas tienen más probabilidades de divorciarse o de tener matrimonios menos felices si siguen casadas.[8] Las personas con un alto nivel de estabilidad emocional se adaptan mejor al envejecimiento: es menos probable que consideren la mediana edad como una crisis o que se decepcionen al llegar a la jubilación.[9] Hay investigaciones que estiman que una pequeña reducción del neuroticismo sería como ganar trescientos catorce mil dólares más al año..., una cifra que ayuda a explicar por qué los seguros no cubren los honorarios de algunos terapeutas.[10]

Aunque no se trata solo de que tener esos rasgos te ayude a prosperar.[11] Las personas que desarrollan estos rasgos de personalidad después se centran en aumentar su salario, su salud y sus logros académicos. En resumidas cuentas, si tienes un nivel bajo de un rasgo en concreto, no está todo perdido. Puedes crecer de todas formas, y puedes cosechar los beneficios del cambio. Cuando las personas logran cambiar su personalidad hacia el camino deseado, dicen sentirse más felices.[12] La ciencia y la historia ofrecen ejemplos de personas que han hecho justo eso.

Finge hasta que lo consigas

En los años cuarenta, un recluso fue un día a ver a Raymond Corsini, psicólogo de la cárcel de Auburn, al norte del estado de Nueva York. El preso, un hombre de unos treinta años, iba a salir en libertad condicional y solo quería darle las gracias a Corsini antes de marcharse.[13]

El preso contaba que, antes de conocer a Corsini, siempre se juntaba con «una panda de ladrones». Tenía un trabajo sin futuro en la cocina de la cárcel y hacía ya tiempo que había perdido la fe y el contacto con su familia. No parecía que tuviera muchas perspectivas de reinsertarse en la sociedad.

Sin embargo, contó que después de un encuentro con Corsini dos años antes, se había empezado a sentir como si «flotara». Aquel día, en el patio, se acercó a un grupo de reclusos con buen comportamiento en vez de a su panda habitual. Empezó a asistir a las clases de instituto de la cárcel y consiguió graduarse, y también consiguió un trabajo para cuando saliera. Recuperó la fe y le escribió a su familia. «Usted me liberó —dijo el recluso—. Ahora tengo esperanza». Contaba que se sentía como una persona nueva.

Corsini no supo muy bien por qué le daban las gracias. Quizá, aunque le avergonzase reconocerlo, ni siquiera recordaba haber hablado con ese hombre. En sus notas vio que una vez, de pasada, le hizo un test de inteligencia. Corsini le preguntó si estaba seguro de que había sido él.

—Pues claro que fue usted —replicó el preso—. Y nunca olvidaré lo que me dijo. Me cambió la vida.

—¿Qué fue? —le preguntó Corsini.

—Me dijo que tenía un CI alto —contestó el hombre.

Por supuesto, esta experiencia está marcada por los recuerdos y la interpretación de Corsini, ya fallecido. Pero durante mi investigación, he comprobado que este cambio repentino sí ocurre, aunque no a menudo. Algunas personas le dan un cambio radical a su vida después de una revelación súbita que les llega a través de una persona de confianza, como un terapeuta, o que procede de su interior. El recluso le explicó a Corsini que la gente siempre le había dicho que era tonto y que estaba loco. El comentario casual de Corsini («Tienes un CI alto») cambió por completo la percepción que el hombre tenía de sí mismo.

El psicólogo William R. Miller ha estudiado a cincuenta y cinco personas que reorientaron su vida después de esta clase de epifanías «repentinas y profundas», un fenómeno que él denomina «cambio cuántico».[14] Algo más de la mitad contaron que estaban angustiadas antes del cambio, pero muchas afirmaron que no pasaba nada reseñable. Una de las personas estaba limpiando el inodoro cuando vio la luz; otra estaba fumando marihuana.

En ese momento cambió algo. Algunas personas oyeron una voz que brotaba de la nada. Se dieron cuenta de una verdad importante; se deshicieron de una carga mental; sintieron una oleada de amor incondicional. Era una «puerta de un solo sentido», desde donde no había marcha atrás. Después de aquello se divorciaron o dejaron de beber.[15] Encontraron la felicidad y tomaron las riendas de su vida. Encontraron el sentido de su vida y el deseo de vivir. Si bien este diminuto estudio es más anecdótico que científico, cabe destacar que la entonces colaboradora de Miller y coautora del estudio, Janet C'de Baca, entrevistó a los participantes diez años después y descubrió que los cambios habían perdurado.[16]

Esta clase de transformación rápida es lo que viene a la mente de muchas personas al oír la frase «cambio de personalidad». El cambio, en la cultura popular, a menudo se describe como un abrupto giro de ciento ochenta grados: un bautismo, una experiencia al límite, tocar fondo. (Una vez alguien me preguntó si estaba escribiendo un libro sobre personas que habían sufrido un ictus).

Si bien estos ejemplos son interesantes, también son poco comunes. Demuestran que se pueden producir cambios de personalidad, pero no son el ejemplo del proceso más habitual. Lo normal es que se inviertan meses o años de esfuerzo y dedicación para que la personalidad de alguien cambie de forma tan radical. Aunque algunos de nosotros podamos tener experiencias trascendentales como la del recluso que habló con Corsini o las personas a las que entrevistó Miller, la mayoría experimenta el cambio de personalidad de forma mucho más prosaica: llevando a cabo comportamientos asociados a la nueva personalidad una y otra vez. Salvo que Dios te susurre al oído, la forma de cambiar la personalidad es fingir hasta que sea verdad. Prácticamente todos los investigadores están de acuerdo en que la clave para cambiar la personalidad es modificar tus pensamientos y actos cotidianos. Las mejores intervenciones para cambiar la personalidad ayudan a las personas a averiguar qué quieren cambiar, les dicen cómo cambiar y les recuerdan que sigan cambiando.

El cambio de personalidad puede parecer una experiencia fantasiosa y extracorpórea, y tal como demuestran las historias de cambio cuántico, puede serlo. Sin embargo, la ciencia que lo sustenta es sencillísima: solo tienes que acordarte de actuar como te gustaría ser, sistemáticamente. Y esto es así también en lo que parecen hazañas extraordinarias. Por ejemplo, el preso de la historia de Corsini tuvo que asistir a las clases en la cárcel no solo una vez, sino de forma constante. Las personas que se unen a Alcohólicos Anónimos no solo renuncian a la bebida, sino que participan en las reuniones durante años. En la facultad de Periodismo aprendimos que las mejores historias no empiezan con una mente brillante que escribe cinco mil palabras de una sentada. Empiezan con un montón de documentos aburridos que alguien acumuló en un oscuro despacho de la Administración y que introdujo en una base de datos. Las cosas más increíbles se construyen poco a poco, mediante la perseverancia y la repetición.

Para un estudio de 2019 Nathan Hudson y otros tres psicólogos de la personalidad idearon una herramienta que ayudaría a las personas a llevar a cabo este tipo de nuevos comportamientos que alteran la personalidad.[17] Juntos crearon un sitio web que ofrecía una lista de «retos» a los estudiantes que querían cambiar sus rasgos de personalidad. Algunos de los comportamientos exigían que participasen otras personas, pero no todos. Por ejemplo, para la extroversión, un reto era «Acércate a un desconocido y preséntate». Para combatir el neuroticismo, el sitio web sugería: «Cuando te levantes, dedica al menos cinco minutos a meditar». Hudson descubrió que quienes asumieron los retos asociados a un rasgo determinado observaron cambios en él al final del estudio de quince semanas. Los participantes fingían al principio, pero al final lo consiguieron. El simple hecho de comportarse de forma más extrovertida, por ejemplo, hizo que su extroversión aumentara.

El estudio de Hudson descubrió que estos retos funcionaban bien para ayudar a los participantes a cambiar en el rasgo de la extroversión, la diligencia y el neuroticismo, pero no terminaba de funcionar para los rasgos de la capacidad de ser amable y estar abierto a experimentar.[18] Como veremos más adelante, tal vez se deba a que estos dos rasgos pueden ser más difíciles de cambiar y, en los estudios, había menos personas que decidieran intentar cambiarlos. Pero, como también veremos, quizá haya otras formas de convertirse en una persona más amable o abierta a experimentar cosas nuevas, o al menos de abordar ciertas facetas de esos rasgos.[19]

Otros investigadores han llegado a conclusiones similares a las de Hudson. Junto con algunos colegas, Mirjam Stieger, profesora de la Universidad de Ciencias Aplicadas y Artes de Lucerna, desarrolló una aplicación que les recordaba a las personas que debían tener nuevos comportamientos para cambiar su personalidad.[20] (Un ejemplo para la extroversión: «Déjate llevar por ideas espontáneas». Para la diligencia: «Prepara una lista de tareas cada mañana»). La aplicación animaba a los participantes a aprender de personas que ya poseían elementos de las personalidades que deseaban adoptar y a crear un «equipo de cambio» formado por amigos a los pudieran rendirles cuentas. Stieger descubrió que, de hecho, la personalidad de los participantes en el estudio cambió, en comparación con un grupo de control, y el cambio se mantuvo durante al menos tres meses. Incluso los amigos y los familiares de los participantes afirmaron que habían cambiado. Si la personalidad es, como dijo F. Scott Fitzgerald, «una serie ininterrumpida de gestos acertados», parece que solo hay que hacer dichos gestos en la dirección correcta.[21]

La idea que subyace a estos estudios es que los nuevos comportamientos acaban convirtiéndose en nuevos hábitos, y que los hábitos se afianzan. Del mismo modo que no piensas en lavarte los dientes por la mañana, sino que lo haces directamente, ya no te costará hablar con desconocidos o ir al gimnasio después del trabajo. Con el tiempo te adaptarás a la nueva personalidad como a unos zapatos nuevos; lo que antes era incómodo se convertirá en algo familiar.

Estos nuevos hábitos afectan a su vez a la actitud que tenemos hacia nosotros mismos. Cuando vemos que actuamos de una determinada manera (haciendo labores de voluntariado, uniéndonos a un coro), llegamos a la conclusión de que se debe a que somos esa clase de persona, una santa con una voz de soprano alucinante.[22] De ese modo, un estado novedoso de personalidad puede convertirse en un rasgo de una nueva personalidad.

Esto se traduce en la práctica en que el cambio exige hacer las cosas de otra forma. No puedes decir sin más que empezarás a hacer ejercicio o a socializar; tienes que comprometerte. La personalidad no se basa en lo que decimos que vamos a hacer. Radica en lo que hacemos de verdad, que se convierte en lo que pensamos. Aunque por aquel entonces la personalidad era un concepto vago, ya en la antigüedad se entendía esto de forma implícita. En su *Ética a Nicómaco*, Aristóteles decía que «nos convertimos en constructores construyendo y en músicos tocando la cítara. De la misma manera, practicando actos justos nos hacemos justos, practicando actos moderados nos hacemos moderados y practicando actos valerosos nos hacemos valientes».[23] Llevando a cabo actos de una personalidad distinta puedes cambiar la tuya.

Una nueva mentalidad

Cuando estás intentando cambiar, ayuda creer que puedes cambiar. Una de las líneas de investigación más destacadas sobre el cambio en la edad adulta procede de los estudios de Carol Dweck, psicóloga de la Universidad de Stanford, sobre las personas que tienen una «mentalidad de crecimiento» en contraposición a las personas que tienen una mentalidad «fija». Quien tiene una mentalidad de crecimiento cree en la capacidad de una persona para cambiar y mejorar con el tiempo, gracias al esfuerzo y a la ayuda, mientras que quien tiene una mentalidad fija considera los rasgos, los intereses y las habilidades como si fueran cantidades fijas para toda la vida.

Por ejemplo, Dweck ha descubierto que las personas que creen que pueden cultivar la empatía (una faceta de la capacidad de ser amable) de hecho muestran más empatía. En un estudio de 2014 llevado a cabo junto con Karina Schumann y Jamil Zaki, le dijeron a un grupo de participantes que la empatía era maleable («puede desarrollarse y cultivarse») y a otro grupo que era fija («dura como una roca»). Los participantes de la condición «maleable» se mostraron más dispuestos a leer historias escritas por enfermos de cáncer y aceptaron trabajar más horas como voluntarios en un grupo de apoyo que requería reunirse con enfermos de cáncer cara a cara.[24] Los que creían que la empatía era maleable, y tenían una mentalidad de crecimiento, también afirmaron que querían ser más empáticos. «Las personas que saben que pueden cambiar su grado de empatía se sienten más inclinadas a intentarlo», me dijo Jamil Zaki.

Estas intervenciones en cuanto a «mentalidad» suelen tener efectos pequeños (en el estudio sobre la empatía, los participantes se ofrecieron a ser voluntarios unas dos horas más) y su utilidad para cosas como los logros académicos es cuestionable. Pero en lo tocante a las creencias sobre nosotros mismos, este tipo de charla flexible con nosotros mismos puede animarnos a acercarnos un poquito más a la persona que deseamos ser.

Dweck no es la única psicóloga que ha descubierto que puede ser beneficioso creer en la evolución personal. En la década de 1950, un psicólogo llamado George Kelly les recetaba «papeles» a sus pacientes para que superasen diversas fobias y complejos: por ejemplo, a los tímidos los mandaba a clubes nocturnos para socializar. Después de hacerlo, sus pacientes tenían la sensación de que tal vez no eran tan tímidos.[25] El objetivo de Kelly era ayudar a la gente a experimentar con su vida y a evaluar los resultados.[26] «Nadie tiene por qué ser víctima de su biografía», escribió.[27] De hecho, Kelly no creía que sus pacientes estuvieran fingiendo, sino que estaban encarnando a su yo más auténtico.

Mucho más recientemente, Jessica Schleider, profesora adjunta de la Universidad del Estado de Nueva York en Stony Brook, se basó en el trabajo de Dweck y descubrió que los adolescentes de doce a quince años a los que se les presentó el concepto de que las personas pueden cambiar y de que el cerebro es maleable mostraron más mejoras en cuanto a depresión y ansiedad en comparación con un grupo de control.[28] Otro estudio descubrió que las personas que tenían una mentalidad de crecimiento con respecto a la ansiedad (es decir, que creían que podían volverse menos neuróticas) eran menos propensas a sentirse deprimidas o a consumir sustancias después de sufrir acontecimientos vitales estresantes.[29] Los investigadores Adriana Sum Miu y David Yeager también descubrieron que, entre los estudiantes que llegaban al bachillerato, aquellos a los que se les enseñaba que la gente puede cambiar mostraban menos síntomas de depresión meses después en comparación con el grupo de control.[30] «Las cosas que te preocupan e inquietan ya no te etiquetan. No significan que siempre vayas a ser así —me dijo Dweck—. Y este potencial de cambio es muy alentador».

Cuando hice mi primer test de personalidad, asentí con un gesto elocuente de cabeza como quien ve una radiografía de una fractura mucho tiempo después de una mala caída. Siempre había tenido la sospecha de que era capaz de ser más extrovertida, amable y emocionalmente estable, pero el test lo confirmó. Como seguía lloviendo en Ocean City, empecé a elaborar una lista de actividades y de comportamientos que me ayudarían a convertirme en mi propia versión del arpista de Aristóteles: un yo nuevo y mejorado. Fue como crear un plan de estudios para el alma descontenta.

El mejor «programa» para cambiar la personalidad proviene de un estudio de Hudson titulado «You Have to Follow Through» [«Tienes que llegar hasta el final»],[31] que se llama así por uno de los prerrequisitos para el cambio de personalidad. El apéndice del estudio contiene la larga lista de retos que Hudson y los demás autores propusieron a los participantes para ayudarlos a cambiar, y yo pensaba usar algunas de esas actividades en mi propio programa de cambio de personalidad.

Sin embargo, algunas de las tareas de ese estudio eran un poco sosas. Por ejemplo, para la extroversión, una de las sugerencias era sonreír y saludar a un desconocido, algo que yo suelo hacer no porque sea extrovertida, sino porque soy texana. Decidí combinar los retos del estudio de Hudson con otras técnicas respaldadas por la investigación y elaborar una especie de lista de cosas que hacer antes de morir: una serie de comportamientos y de actividades que, si llevaba a cabo de forma sistemática, ayudarían a transformar mi personalidad.

«¡Va a ser divertido!», decidí aquel día en Ocean City, con el ruido de fondo del decrépito aire acondicionado del hotel. La idea era que acabaría convirtiéndome en una persona feliz, relajada y amable. Los cabreos de las personas que usaba como fuentes para mis artículos o la incapacidad de mi novio para hacer ciertas cosas mínimas no me perturbarían en absoluto. No lloraría por el desdén con el que los médicos a los que consulto por temas de fertilidad hablan de mi edad biológica. Por fin comprendería lo que mi psiquiatra quiere decir con eso de que debo «observar mis pensamientos y dejarlos pasar sin juzgarlos». Una vez de vuelta en casa, pegué la lista de retos en mi mesita de noche, porque soy muy diligente.

3
Baila como si todo el mundo te estuviera mirando: Extroversión

Mi viaje hacia la extroversión comenzó en solitario, mientras veía una noche en Netflix el programa de improvisación *Middleditch & Schwartz*. El episodio empezaba con dos conocidos actores, Thomas Middleditch y Ben Schwartz, intentando sacarle una idea para su sketch a un miembro aleatorio del público (un becario de fotografía) durante tanto tiempo que acabó resultando incómodo. Después, en un escenario vacío, Middleditch fingió entrevistar a Schwartz para un trabajo de fotografía, inventándose preguntas absurdas y peticiones como «Haz como si fueras una gacela».

El público se reía con ganas, pero la escena me recordó que tenía que presentar mi informe de gastos. Me sentí mal por los actores, como si en cualquier momento el público pudiera volverse contra ellos, dejándolos en mitad de un silencio fantasmal. Me pregunté por qué no podían haber escrito mejores escenas con antelación. Y lo peor de todo era que yo sabía que pronto me encontraría en su misma situación, pero sin la ventaja de ser un cómico famoso.

Para mi proyecto de cambio de personalidad, había decidido dedicarles unos meses a cada uno de los cinco rasgos de forma intensiva y exclusiva, y abordé primero la extroversión. En los últimos años mi vida había acabado siendo una rutina que no me gustaba demasiado, y la extroversión parecía la salida. La mayoría de los días trabajaba, preparaba la cena, veía la tele y trabajaba un poco más. Rich y yo queríamos mudarnos, y caí en la cuenta de que me iría de aquella casa sin haber conocido a ninguno de mis vecinos. Un test de un libro de autoayuda me recordó que sufro «alta soledad».

Mi puntuación «muy baja» en extroversión supongo que no sería una sorpresa para las personas que me conocen; mi amiga Anastasia me puso una vez en la tesitura de tener que ir a una fiesta, pues de lo contrario habría puesto fin a nuestra amistad. Lo cierto es que mi introversión extrema podía ser perniciosa, convirtiéndose a veces en soledad y aislamiento. Tengo una profesión en la que el trabajo puede expandirse hasta llenar todos los huecos del día, y a veces pensaba que eso era bueno porque no tenía muchas aficiones ni amigos con los que pasar el tiempo. (Y los extrovertidos tendrán sus defectos, pero tienen muchas aficiones y muchos amigos). Siempre me había dicho que podría centrarme en socializar en cuanto tuviera una vida estable, pero la ausencia de interacciones sociales era, en sí misma, desestabilizadora.

De los cinco rasgos, la extroversión ofrece el camino más sencillo hacia el cambio de personalidad. Solo hay que salir y hablar con la gente. Ni siquiera se te tiene que dar muy bien ni proclamarte «extrovertido». Sal y la extroversión te encontrará, de la misma manera que todos los invitados siguen a esa primera persona que se atreve a bailar.

Casualidades de la vida, ese también es el espíritu de la comedia de improvisación. Solo tienes que decir algo. ¡Lo que sea! Para los no iniciados, me estoy refiriendo al «teatro improvisado». La idea es que dos o más actores se suben al escenario sin saber lo que van a decir o hacer. Llegan a la «escena» para aceptar las improvisaciones de un compañero y basarse en ellas, un método conocido como «sí, y». Cuando se hace bien, los improvisadores dicen que casi no hay diferencia entre la improvisación y el teatro guionizado, aunque esta afirmación genere opiniones encontradas.

Sabía que necesitaba algo con lo que comprometerme para el tema de la extroversión, algo que me obligase a salir de casa y a ser gregaria. Decidí intentar la improvisación, que parecía que me sumergiría por completo en una experiencia extrovertida.

Y también fue una inmersión total en la locura. Rich me vio meter los datos de la tarjeta de crédito en la página web de Dojo Comedy, un teatro de improvisación de Washington D.C. muy mono cuyo logo contiene unas gafas y un bigote a lo Groucho Marx.

«Que tú hagas improvisación es como que Larry David se meta a jugador de hockey», dijo.

Es verdad. Mi rollo va más en la línea de «La verdad es que» que en la de «Sí, y». De hecho, nunca me ha gustado la improvisación como arte. No me resulta graciosa, la veo más como una broma privada muy larga que nunca voy a pillar. Pensé que *Middleditch* me ayudaría a verle el encanto a la improvisación, pero solo me provocó más rechazo.

Antes de la primera clase, varias semanas después, me puse una camiseta negra de un grupo de improvisación muy famoso de Los Ángeles y unos vaqueros, con la esperanza de llamar muy poco la atención. Intenté enterrar los recuerdos de mi paso por la clase de teatro en primaria, cuando era tan tímida que solo conseguí ser la suplente del papel más pequeño de todos en la obra *Cuento de Navidad*. Cuando metí la dirección del estudio de improvisación en mi teléfono, fue un alivio ver la línea roja que indicaba que había más tráfico de lo habitual, porque eso me garantizaba que tendría por lo menos una hora para prepararme mentalmente.

La clase de improvisación se impartía en una casa antigua de ladrillo, en una estancia que, sin motivo aparente, estaba llena de estatuas de elefantes. Seis novatos nos sentamos en unas sillas que, dispuestas en círculo, parecían recién sacadas de un funeral victoriano.

La profesora, una morena bajita de gesto enérgico y amable, empezó preguntándonos por nuestra experiencia previa en improvisación, ninguna en mi caso. Otra de las mujeres enumeró una larga lista de clases de improvisación a las que había asistido. «¿Se puede saber qué clase de loca va a clases de improvisación varias veces?», me pregunté. (Pues al final resultaría que yo misma).

Justo después de que la profesora dijera «Empecemos», recé para que alguien me dejara inconsciente de un elefantazo. Como eso no pasó, me puse en pie y empecé a participar en juegos de calentamiento con un ingeniero de software, dos abogados y un tío que trabajaba en *The Hill*. La idea era que los juegos nos ayudaran a relajarnos para lo que llegaría a continuación, que era «trabajo escénico», o interpretar miniescenas sin guion entre nosotros.

En primer lugar, aprendimos el habitual Zip Zap Zop de la interpretación, que implicaba lanzarnos rayos de energía unos a otros y turnarnos diciendo «Zip», «Zap» y, efectivamente, «Zop». El objetivo del juego es mantenerse lo bastante relajado como para seguir la secuencia Zip-Zap-Zop mientras lanzas rayos a otro integrante del círculo.

Me costó por varios motivos. Por culpa de la pandemia, había pasado más de un año desde la última vez que había estado con más personas en la misma habitación. Además, soy lenta de reflejos y, como llevábamos mascarilla, solo podías saber si alguien estaba a punto de lanzarte un Zop basándote en el ángulo de su mirada.

Si alguien perdía el hilo de la secuencia (le repetía «Zip» a otro «Zip», por ejemplo), nos parábamos a dar una palmada y decíamos «¡Sí!» para reforzar la idea de que no pasaba nada por meter la pata en la improvisación. El espíritu de ese ejercicio se alejaba tanto de mi trabajo, en el que te pueden despedir si metes la pata, que me pareció una especie de rehabilitación para perfeccionistas.

Después pasamos a hacer malabarismos con varios objetos invisibles entre nosotros, incluida una pelota invisible, a la que teníamos que referirnos como «¡pelota invisible!». Me daba cuenta de que los demás estaban tan nerviosos como yo, pero al tratarse de Washington D.C., el ambiente de esfuerzo y superación prevalecía sobre las verdaderas emociones. Todo el mundo, yo incluida, se comporta de forma ridícula si cree que no le queda más alternativa. Imaginé a mis compañeros de juegos malabares de vuelta al trabajo al día siguiente, mandando mensajes de correo electrónico en los que prometían mantenerse en contacto. Me pregunté si recordarían ese momento tonto delante de su bolsa de papel marrón del almuerzo mientras hablaban con seriedad de la situación en Burkina Faso. Quizá ayudara a que la situación en Burkina Faso pareciese menos caótica en comparación.

Pronto llegó el momento de llamar a un halcón invisible para que se posara en mi brazo. Me percaté, agradecida, de que al menos las persianas venecianas estaban bajadas, por lo que nadie podía vernos desde la calle.

La ventaja de la extroversión

Me concentré primero en la extroversión por otro motivo: los extrovertidos son más felices, como por desgracia demuestra la investigación. Gracias a una serie de estudios tan alegres que parecen agotadores, se ha descubierto que la conexión social es uno de los elementos que mejor predice el bienestar, y que los extrovertidos están más conectados socialmente. En experimentos de laboratorio, los extrovertidos tienden a interpretar los estímulos ambiguos de forma más positiva, escuchando la palabra *won* («ganar») en vez de *one* («uno»), por ejemplo, o a escribir historias más optimistas basándose en indicaciones genéricas.[1] Las personas que son extrovertidas durante la adolescencia siguen siendo más felices incluso a los sesenta años.[2]

Entiendo que a los introvertidos no les emocione oír esto (a mí tampoco me hizo gracia). Pero Sonja Lyubomirsky, una psicóloga que ha estudiado este fenómeno, dice que merece la pena centrarse menos en la parte «extrovertida» y más en el hecho de que estas personas están más implicadas en la comunidad. «La conexión es la verdadera clave de la felicidad», me dijo Lyubomirsky. Y hay formas de conciliar tu introversión natural con la necesidad humana universal de estar conectado. Por ejemplo, no es necesario que te relaciones con todos los presentes en la fiesta del trabajo. Puedes llamar a un amigo de confianza para estar hablando solos los dos. Incluso pasar el rato con los demás, pero estar más tiempo prestando atención que hablando puede ser también una forma de «extroversión», afirma Lyubomirsky.

Aunque no tiene nada de malo ser introvertido, varios estudios han demostrado que cuando los introvertidos se comportan de vez en cuando de forma extrovertida, experimentan más «afecto positivo», que viene a ser sentir cosas buenas en el lenguaje científico.[3] «Empecé a hacer estos estudios porque no me los creía», dice John Zelenski, un profesor de psicología de la Universidad de Carleton que ha replicado este hallazgo, y que también es introvertido. Pero «parece que es cierto que si consigues que la gente actúe de forma extrovertida (que puede reducirse a socializar durante unos minutos), el subidón es inmediato».

El motivo de este «giro» es que comportarnos en contra de nuestra naturaleza no nos molesta tanto como tememos. En un estudio los introvertidos incluso afirmaron sentirse «más fieles a sí mismos» cuando se comportaban como extrovertidos.[4] Esto se debe a que, por mucho que valoremos la autenticidad, también tenemos otros deseos. Queremos manejar adecuadamente las situaciones difíciles, sentir que los demás nos acogen con los brazos abiertos y alcanzar nuestros objetivos. A veces para conseguir estas cosas tenemos que actuar en contra de los rasgos «naturales» de nuestra personalidad.

«Muchas de las cosas que al principio tal vez no nos gusten en realidad nos benefician —afirma Lyubomirsky, que ofreció como ejemplo que ahora le encanta correr, pero que tardó un tiempo en aficionarse—. Muchas cosas de la vida no parecen naturales al principio. [...] Que no resulte cómodo y natural no significa que no sea auténtico». La autenticidad puede surgir de la familiaridad, y la única forma de crear familiaridad es a través de la experiencia.

Se trata de algo muy importante, porque el deseo de seguir siendo «auténtico» es uno de los motivos por los que la gente se resiste a la idea de cambiar, ya sea mediante un cambio de personalidad o de cualquier otro tipo. Pero vivir con autenticidad también puede llevar a comportarse de formas que al principio resulten incómodas, siempre que esos actos te acerquen a tus valores y objetivos. (Trataré más este tema en capítulos posteriores). Si siguiéramos la estrella polar de la «autenticidad», muchos dejaríamos el trabajo, descuidaríamos a la familia y nos pasaríamos todo el día viendo *Love is blind* en Netflix. Pero lo instintivo no siempre es lo mejor.

Esto no significa que haya que comportarse como un extrovertido a todas horas, solo de vez en cuando. Le conté a Zelenski que en una ocasión tuve que hacer entrevistas a pie de calle, que es la horrible tarea de acercarse a desconocidos y hacerles preguntas con el fin de tratar de encontrar un patrón de respuestas que te sirva para un artículo. Era una noche gélida en New Jersey y fui incapaz de disimular lo mal que lo estaba pasando. Mientras me frotaba las manos y me esforzaba por buscar las palabras adecuadas, una mujer me miró con lástima y me dijo: «Tranquila, ya casi has terminado».

«Después de una temporada, te aburres», reconoció Zelenski. Como diría Carl Jung, solo un lunático podría ser extrovertido a todas horas.

Elige y ya

En mi primera clase de improvisación, después de dos horas con los juegos, pasamos a las «escenas» propiamente dichas, en las que unos cuantos debíamos representar algo de forma espontánea basándonos en una sugerencia del instructor. En aquellos primeros intentos de representar una escena en grupo yo no sabía qué decir, así que empecé a hacer preguntas rápidas a mis compañeros de escena: «¿Qué clase de deportista eres? ¿Por qué tienes un mono de mascota?». En realidad, se supone que no se debe hacer eso en una improvisación, ya que se traslada el peso de la creatividad a la otra persona.

Así que fue un alivio cuando uno de mis compañeros improvisadores tomó una decisión audaz.

—¡Soy un vendedor ambulante que vende ácido sulfúrico! —anunció.

De repente, todos teníamos a alguien en quien apoyarnos.

—Como científico especializado en ácido sulfúrico, debo decir que este material es de primera categoría —añadió una persona.

—A mí me encantaría comprar ácido sulfúrico —dijo otra.

Soltamos unas risillas, aunque se suponía que éramos vendedores serios de productos químicos. En la improvisación, como en la vida, a veces ayuda tomar una decisión, por rara que esta sea.

Decidí tomarme la exploración de la torpeza a la hora de improvisar como una especie de reto intelectual, con posibles beneficios para la salud mental. Aunque ahora se asocia estrechamente con la comedia, lo que hoy se denomina «improvisación» nació en la década de 1920 en un programa de interpretación de Hull House, un centro comunitario para inmigrantes pobres de Chicago. La improvisación en esa época era un tipo de «juego teatral» que en parte pretendía ayudar a los niños a superar su timidez y a los inmigrantes de distintas etnias a interactuar entre sí.[5] La investigación sobre las ventajas de la improvisación es escasa, pero un estudio de 2019 descubrió que una clase de improvisación de diez semanas redujo la ansiedad social de los adolescentes que participaron en ella.[6]

Al principio me sentí muy atraída por Jewel, una compañera de clase de improvisación de presencia tranquila y cálidos ojos ambarinos. Al igual que yo, tenía un trabajo relacionado con la política sanitaria, y en los descansos hablábamos de la impredecibilidad de la siempre cambiante pandemia. Durante la clase a menudo intervenía cuando yo daba un paso en falso, rescatando la escena y construyendo sobre ella. (Si yo tenía que ser Shakira, ella se convertía en una superfan de Shakira y cosas así). Cada vez que se ofrecía voluntaria para estar en una escena conmigo, sentía que se me relajaba un poco el estómago, que tenía encogido.

Jewel me contó que se había apuntado a improvisación porque, a medida que el mundo se reabría poco a poco, se sentía rígida socialmente hablando. Trabajaba en comunicación y envidiaba a sus compañeros, que podían charlar con facilidad en una sala llena de desconocidos. Se había dado cuenta de que les daba demasiadas vueltas a las situaciones sociales.

Yo sentía lo mismo. De un tiempo a esa parte me decía para mis adentros: «¡Madre mía! ¿Cómo podremos volver a hacer esto? ¿De qué hablaba la gente antes del virus?». Después del confinamiento, cuando un amigo de un amigo se me presentó en un bar, le contesté sin querer con un «Vale» en vez de con mi nombre.

Jewel veía algunos de los ejercicios de la improvisación muy parecidos a la terapia psicológica (como uno que consistía en nombrar las emociones de nuestro compañero de escena) y esperaba que tuvieran un efecto reparador parecido. Más adelante me dijo que, al criarse en una familia inmigrante, no siempre había estado muy en contacto con sus sentimientos. «Muchas personas no sabían lo que era la salud mental ni la emocional mientras crecían —me dijo—. Me parece valiosísimo practicar para identificar mis emociones».

También me sentí agradecida por eso. Por la posibilidad de tener un refugio seguro dentro del formal Washington D.C., donde explorar sentimientos atrevidos e intensos. Al fin y al cabo, solo estábamos actuando.

Mientras volvía a casa a toda prisa de mi primera clase, detecté algo que me dejó de piedra. Estaba sonriendo. ¡De oreja a oreja! ¡Sin querer! La experiencia tuvo algo (aunque no lo entendía lógicamente y, la verdad, tampoco le veía la gracia) que resultó divertidísimo. Casi nunca me sumerjo en algo que pretende ser alegre y chispeante, en contraposición a lo preciso y correcto. Habían pasado meses de la última conversación sobre otro tema que no fuera hasta qué punto funcionarían las vacunas. La energía de la improvisación me había revitalizado, incluso a mi pesar.

Me descubrí viviendo en primera persona la conclusión de Lyubomirsky de que a veces las cosas que no parecen naturales acaban sentando de maravilla. Jerome Bruner, un psicólogo pionero, dijo: «Es más probable que actúes para sentir a que sientas para actuar», y yo había actuado para sentirme feliz.[7] A veces parece que los introvertidos debemos comprometernos a realizar actividades antes de que nos apetezca hacerlas. Del mismo modo que a veces hay que comprometerse con el «ácido sulfúrico», también a veces hay que comprometerse con la socialización. Si esperas a tener ganas, nunca lo harás.

De todas formas, cuando llegué a casa, me relajé bebiendo una de mis botellitas de vino, ideal en tamaño para mujeres menudas y alcohólicas.

A la caza del esquivo «amigo adulto»

Soy una introvertida que vio exacerbado ese rasgo por el hecho de tener que asistir a cinco institutos diferentes. Durante unos años mis padres nos trasladaron sin parar de un piso temporal en las afueras de Dallas a otro. Yo estaba demasiado centrada en la supervivencia como para preocuparme por las amistades, que parecían exigir un libro de reglas secreto al que nunca tuve acceso.

En un instituto nuevo intenté hacerme la simpática diciéndole a un chico (que era un jugador de fútbol americano muy popular, cosa que yo desconocía) que me gustaba su camiseta. Su novia y las amigas de esta se pasaron el resto del curso burlándose de mí por estar «colada» por él; la burla, claro, se sustentaba en que saltaba a la vista que yo era demasiado fea para salir con él. Recuerdo que ni siquiera me molesté en discutir; solo quería que me dejaran en paz. Desde entonces he perseguido ese dulce aislamiento. Por lo visto, otros también lo hacen. Según un estudio que siguió a más de siete mil adultos estadounidenses durante diez años, los introvertidos que de pequeños se mudaban a menudo tenían menos relaciones sociales de calidad siendo adultos.[8] (También tenían peor satisfacción vital y bienestar psicológico, pero ¿quién lleva la cuenta?).

Desde entonces, he visto la amistad como una guarnición en el plato de mi vida; algo agradable, pero que tampoco pasa nada si no la tienes... Y si estás ocupado y te preparas algo rápido para comer, ni siquiera piensas en ella. Al parecer, decidí que dado que me costaba hacer amigos, no tendría muchos. Por regla general, es menos doloroso llegar a la conclusión de que algo que nunca hemos tenido es algo que no necesitamos de verdad.

Claro que, ¡cómo no!, esta mentalidad no es cierta, ni saludable, la verdad sea dicha. A lo largo de los años he observado que los adultos mayores de mi vida se iban retirando a las afueras y desechaban la amistad como una extravagancia ridícula. Poco a poco fueron sustituyendo el rigor de la interacción humana por el apaciguamiento de la tele. Vi la angustia y las conspiraciones que se apoderan de las personas cuando solo hablan con su pareja. Me preocupaba que mi vida tomara un rumbo parecido, porque el mundo exterior se estaba reabriendo, pero el mío seguía cerrado a cal y canto. George Eliot decía que un amigo era «más divino que todas las divinidades», y entre oleada y oleada de la pandemia, salí en busca de la salvación.[9]

Un día me quejé a mi sociable amiga Anastasia de lo mucho que costaba hacer amigos en Washington D.C., y ella me dijo: «No, eres tú quien tiene problemas para hacer amigos en Washington D.C.». Anastasia mide lo mismo que yo, pero parece más alta; tiene una piel perfecta y un conocimiento enciclopédico del vino ecológico. Ambas somos inmigrantes rusas que crecimos en dos estados del país bastante cerrados donde nadie nos entendía, y cuando se hizo amiga mía, me sentí como una niña perdida a la que su madre había encontrado por fin. Sus gestos me decían: «¡Te he estado buscando por todas partes!».

Nos conocimos al más puro estilo de Washington D.C., cuando nos presentó un amigo común para hablar de oportunidades de trabajo. Una copa después del trabajo se convirtió en otra, y en otra más, pero si soy sincera, ella fue la que dio pie al 80 por ciento de esas primeras horas felices.

Anastasia me sugirió que realizara actividades en grupo, donde podría conocer a muchas personas distintas a la vez y elegir a quienes me cayeran mejor. De vuelta en casa, eché mano de Meetup, la red social diseñada específicamente para este fin, un sitio web donde personas normales que desean conocer a otras personas normales organizan reuniones y eventos. Repasé su larga lista de clubes de lectura locales, que incluía uno para amantes de la comida, otro para profesionales de los asuntos internacionales, varios para conservadores, varios para defender la democracia y muchos, pero muchísimos, donde los miembros leían libros recomendados por Reese Witherspoon. Había uno que tenía una lista de espera de «más de trescientas personas». Otro hacía una pregunta sospechosa: «¿Buscas a un amigo en Washington D.C. con el que quieras charlar por internet, viajar, jugar, ir al cine, a cenar, de excursión, a un evento/concierto, etc.?». Pasé unos minutos intentando determinar si se trataba de algo sexual antes de cerrar la pestaña. Acabé apuntándome al club que parecía mejor organizado, dirigido a mujeres jóvenes profesionales. También me inscribí en algunos grupos de senderismo y otras actividades más o menos sociales.

Un viernes de junio por la noche me di cuenta de que no había visto a ningún ser humano que no viviera en mi casa en toda la semana y de que uno de mis grupos de senderismo se iba a reunir en un bar no muy lejos de allí. Mi voz autoflagelante de luchadora me recordó que, si quería tomarme en serio el proyecto, tenía que ir. Pero, a ver, no quería.

«¡Yo solo quiero quedarme aquí contigoooo!», le dije a Rich con voz lastimera.

Él me ayudó a salir pitando de casa soltando dos cuescos bien olorosos, poniendo una peli de acción y sacando el portátil para desarrollar alguna web. A regañadientes, cogí las llaves del coche y me fui al bar, con música de los noventa puesta a todo trapo durante el camino.

El bar estaba en el sótano de un rascacielos en una zona desangelada de la ciudad. Me dejé la mascarilla puesta y decidí no beber. Todo el mundo estaba jugando al billar, y tuve la sensación de que estorbaba; de hecho, no tardé en tropezarme con una persona y tirarle la Coca-Cola. Después jugué bastante bien al tenis de mesa, lo que suscitó la leve admiración de otro de los asistentes, que dijo que yo era buena, pero necesitaba practicar.

Conversé un poco con el organizador, que me dio la impresión de que se pasaba casi todo el tiempo libre creando y asistiendo a quedadas organizadas por Meetup porque así no sucumbía a la depresión. Otro hombre al que conocí me dijo que se había mudado a Virginia del Norte durante la pandemia y que esas reuniones eran su principal fuente de interacción social. «Meetup fue mi salvación», me aseguró con solemnidad.

«Senderismo» fue el término más buscado en Meetup hasta 2020, según me dijo más tarde David Siegel, el director general de la empresa. Sin embargo, durante la pandemia lo más buscado fue «encontrar amigos adultos». Paradójicamente, la amistad adulta es algo que cualquiera puede proporcionar, pero que nadie puede encontrar.

Meetup parece funcionar mejor en ciudades de población grande y de paso, me dijo Siegel, como Dubái o San Francisco. La gente tiende a unirse a Meetup cuando se muda a una ciudad nueva, cuando se divorcia o cuando se deprime. La media de asistentes a las quedadas de Meetup es bastante reducida (unas nueve personas), y Siegel dice que es mejor así. Después de rechazar durante mucho tiempo los eventos online, Meetup los permitió enseguida durante la pandemia, y en el verano de 2022 los eventos del sitio seguían siendo virtuales en un 20 por ciento. Un organizador dirigía un grupo virtual de Meetup siete días a la semana, cinco horas al día, solo para ofrecer a las personas solitarias alguien con quien hablar.

Todo eso sonaba muy alentador, pero pronto me di cuenta de que mis propias quedadas a través de Meetup eran muy impredecibles y de que el éxito dependía en gran medida de si tenía algo en común con los demás miembros del grupo. Las reuniones de senderismo atraían a nutridos grupos de personas que se apretujaban en los estrechos senderos, donde nos veíamos obligados a marchar en fila de a dos, como si fuéramos hacia un arca que nos rescataría de morir en soledad.

«¡No me fastidies!», oí susurrar a un hombre que se cruzó con nosotros camino de su coche y se dio cuenta de que tendría que dejar pasar a casi un centenar de washingtonianos.

Lo habitual era acabar andando al lado de alguien y que, después de hablar de viajes, de películas, de comida y de quejas normales del trabajo, nos quedásemos sin temas. Me veía diciendo cosas como «¿Echas de menos el clima de Vietnam?» o «Pues sí, me gusta hacer dulces, pero puede ser muy complicado», como si estuviera pasando información en clave a un miembro de la CIA o algo. En un esfuerzo por cambiar de compañeros de excursión, me ponía a espiar las demás conversaciones para gritarle al grupo un sustantivo que hubiera oído por casualidad. «¿Estáis hablando de AllTrails? ¿¡La app!? Me encanta».

Una vez hice un sofocante trayecto de cuatro horas durante el cual me encontré inmersa en una larga conversación con una mujer que no dejaba de malinterpretar todo lo que yo decía.

—¿Cómo te apellidas? —preguntó.

—Khazan —contesté—. En inglés lo pronuncio con ka muda, como «haa-zan».

—Ah, pues yo no lo pronuncio así —me soltó.

—¿Cómo?

—Yo lo pronuncio «hoo-zaa» —dijo, como si estuviéramos hablando de si se pronuncia «jif» o «guif».

—A ver, supongo que la gente puede pronunciarlo como quiera —dije.

—Ah, ¿no sabes cómo pronunciarlo? —me preguntó.

—Pues…, no. O sea, sí… Es mi apellido… —contesté con toda la educación de la que fui capaz. No tuve la sensación de que aquel fuera el principio de una bonita amistad.

Ser tú mismo en contraposición a ser incluido

A veces pienso que es un milagro que alguien socialice. «Miramos a cualquier otra persona y hay todo un universo en su cabeza —dice Matthew Lieberman, psicólogo de la Universidad de California en Los Ángeles y autor de *Social*, un libro que habla sobre la neurociencia de la conexión—. Intentas averiguar cómo hacer que tu universo y su universo se fusionen y tengan sentido juntos». No dejamos de pensar en si una anécdota determinada le gustará a alguien, si un comentario resultará gracioso o abrasivo. Cada interacción rebota entre los objetivos opuestos de «ser tú mismo» y decir aquello que te consiga la validación social.

Sin duda, los humanos evolucionamos para ser sociales; nos necesitamos unos a otros para sobrevivir y prosperar Tenemos la piel muy fina y, por separado, no somos especialmente fuertes. Un humano adulto supera corriendo a un wombat por los pelos. «Los primates pueden cazar y hacer juntos varias cosas que les resultaría difícil hacer solos», dice Lieberman.

Sin embargo, socializar también entraña sus riesgos. Los grupos nos protegen, pero también pueden agotarnos. «Cuando reúnes a los primates y son más sociables, también suceden cosas como robos de comida y de parejas. De modo que la clave para socializar bien es saber cómo conseguir ese equilibrio», añadió.

Por lo tanto, estar juntos requiere sopesar constantemente las necesidades del grupo y compararlas con las tuyas. El truco está en ser lo bastante tú mismo como para sentir que te ven y te escuchan, pero no tanto como para ahuyentar a los demás. En cada interacción, escribe la lingüista Deborah Tannen, obedecemos dos órdenes contradictorias: la necesidad de estar conectados a otras personas, y así evitar morir, y la necesidad de ser independientes, y así evitar desaparecer como individuos. «Las necesidades y los deseos de los demás pueden incomodarnos, e incluso abrumarnos», asegura Tannen en su libro *Conversational Style* [«Estilo de conversación»].[10]

La dificultad de encontrar este equilibrio entre extroversión e introversión es uno de los motivos por los que tu personalidad puede acabar en un *statu quo* disfuncional. Tal vez tuviste algunas interacciones en las que las necesidades del grupo te abrumaron, por lo que ahora te mantienes casi siempre al margen. Tal vez fuiste a unas cuantas fiestas en casas de conocidos que te aburrieron y llegaste a la conclusión de que eras un introvertido empedernido (¡nada de fiestas para ti!), en vez de llegar a la conclusión de que a tus compañeros de fiesta también les costaba interactuar. Puede que las conversaciones te resulten molestas porque no mantienes las conversaciones adecuadas.

Ojo, que cuando hablo en segunda persona, también me incluyo a mí. Desde que me acosaron a lo bestia en el colegio, descubrí que quedarme callada era una buena manera de mantener la paz… y a veces hasta de ocultarme. Nadie podía meterse conmigo si nunca decía nada. Me aferré con fuerza a mi individualidad, sí, pero me quedé aislada de mis compañeros primates y vagué sola por la selva. Necesitaba aprender a relacionarme con los demás sin perderme a mí misma.

Para averiguar de qué forma mejorar el tipo de interacciones sociales en pequeñas dosis que estaba teniendo en Meetup, llamé a Gillian Sandstrom, profesora titular de psicología en la Universidad de Sussex, Reino Unido, aunque lo más importante para mis propósitos es que habla con desconocidos en la calle, estando de vacaciones e incluso en el espacio sagrado del metro de Londres. Sandstrom investiga el poder de los «vínculos débiles», que se establecen con personas a las que conocemos de vista y con las que interactuamos, pero por lo general de forma muy breve. La gente que tiene muchos vínculos débiles, que establece contacto visual y que habla con los camareros y los vecinos, se siente más feliz que la que no lo hace, según sus estudios.[11]

Cuando leí parte de su investigación, me pareció muy alejada de mi realidad. Yo había dejado de trabajar en una oficina al empezar la pandemia y no lo echaba de menos en absoluto. Vivo en una urbanización lejos del centro, así que no interactúo con muchas personas a menos que haga el esfuerzo... y a menudo no lo hago.

Sandstrom me dijo que ella es igual: es introvertida y tiende a evitar las situaciones sociales exigentes, pero habla con desconocidos a modo de estrategia para afrontar las cosas. Si se encuentra en una estancia grande y abarrotada, busca a alguien que también esté solo y entabla conversación. Cuando viaja en transporte público, tantea el terreno halagando a la persona que tiene sentada a su lado. (Recomienda hacer un comentario no relacionado con su aspecto). O dice algo sobre el entorno; si la persona en cuestión lleva una maleta, le pregunta adónde va. Una vez, paseaba por un parque y vio a un hombre sonriéndoles a unos patos. «¿A que son preciosos?», dijo Sandstrom. El hombre y ella acabaron charlando media hora, ya que iban en la misma dirección. Dio la casualidad de que el hombre estaba de visita en Londres y de que llevaba días sin hablar con nadie. Al final de la conversación, Sandstrom siempre dice algo como: «Gracias, ha sido agradable hablar contigo», y se va.

Le dije a Sandstrom que no echo de menos mis vínculos débiles y que tampoco me van demasiado las conversaciones triviales. A menos que la conversación llegue al fondo de los traumas infantiles, no considero que esté hablando de verdad con una persona.

El asunto, dijo ella, es que la mayoría de los vínculos débiles no se convertirán en relaciones a largo plazo. Me aconsejó bajar el listón. Sus conversaciones duraban pocos minutos, y a veces no eran nada del otro mundo. Pero de la misma manera que una peli mala no te hará darle la espalda al cine para siempre, una mala conversación no debería impedirte intentarlo de nuevo.

Con el tiempo estos lazos débiles nos benefician, aunque no reparemos demasiado en ellos. Hacen que nos sintamos incluidos en el tejido social, dice Sandstrom, como si formáramos parte de algo mayor. «Cuando hablo con la gente, me siento mejor —me dijo—. En la mayoría de los casos es una experiencia ni buena ni mala». Y cuando una conversación resulta más interesante de lo esperado, «me parece increíble, porque no imaginaba que fuera a dar tanto de sí».

Vínculos débiles con viento fuerte

Durante ese mismo Verano de Extroversión, me apunté al club de vela del que también formaba parte Anastasia. Me lo vendió como una actividad de grupo sin mucha presión que, pese al nombre, no requería pericia en el mar. Cuando me apunté, pensé que podríamos ir juntas y que yo podría quedarme callada, no hacer nada y esconderme detrás de ella mientras Anastasia se encargaba de todo el trabajo emocional y físico.

El puerto deportivo estaba cerca de una nueva zona de moda con un montón de cervecerías y de apartamentos tipo loft; lo encontré siguiendo un rastro de oficinistas con chalecos salvavidas que escribían a toda velocidad los últimos mensajes de correo electrónico del día. La primera vez que fui me di cuenta de que me había olvidado el chaleco salvavidas y tuve que pedir que me prestaran uno. «O podría ahogarme y ya», masculló, pero nadie me oyó.

Aunque es cierto que a los extrovertidos les gusta hablar, el sexo, la atención, las fiestas y la gente, también les gusta la actividad, y punto.[12] Son más enérgicos, aventureros y alegres, incluso cuando están solos. Hay días en los que yo preferiría tirarme en plancha en el sofá y ver Netflix; sin embargo, los extrovertidos preferirían estar haciendo algo, lo que fuera. Incluido subirse a un barquito de vela con desconocidos e impulsarse con la fuerza del viento por un río supercontaminado.

Según las normas del club de vela, tenía que ir en una embarcación con al menos dos personas experimentadas. Anastasia y yo convencimos a un grupo de marineros experimentados para que hicieran sitio a dos novatas, y subimos a bordo con muchísimo cuidado. Acto seguido, zarpamos.

De inmediato, me fijé en una mujer que parecía muy feliz y que irradiaba una pericia tranquilizadora, atribuible según me enteré después a ocho años de experiencia. No tomó el timón en ningún momento. La embarcación la comandaron por este orden un equipo de universitarios que querían velocidad, un hombre de mediana edad agresivo a quien le gustaba dar órdenes y un hombre también de mediana edad más tranquilo que se las apañó muy bien para controlar la rabia que le provocaba el agresivo.

Supongo que siempre creí que navegar implicaba estar en un yate bebiendo Moët y escuchando a Avicii mientras te tostabas al sol vuelta y vuelta. Sin embargo, navegar consiste en que te griten que no entorpezcas el foque mientras mantienes el equilibrio en la banda de estribor de un velero Flying

Scot de apenas seis metros de eslora. A la mayoría de las personas les encantaría navegar si la terminología tuviera sentido, en el sentido de que por ejemplo a las cuerdas se las llamara así, y no escotas ni cabos.

Mi primera experiencia también fue la más aterradora. Nuestro capitán dijo que el club de vela no salía a navegar si el viento superaba los veinticinco kilómetros por hora, y aquella vez soplaba a «justo veinticinco». Nos zarandeamos con violencia sobre el agua picada mientras el pelo nos azotaba la cara; pocos nos atrevimos a mirar el móvil. El motivo de que los competidores de los Juegos Olímpicos se inclinen de forma tan precaria por el borde de las embarcaciones no es solo que ayuda a ir más deprisa, sino que lo hacen, según descubrí, para evitar que el barco vuelque. Anastasia me hizo fotos en las que salgo con la cara petrificada, pero no hablamos mucho. ¡Siempre tienes que mirar al frente! Me dijo que la siguiente vez tenía que hacerle yo fotos a ella para Tinder.

Aun así, repetí... Una vez más me sorprendí al darme cuenta de que disfrutaba de la experiencia. Washington D.C. no es famosa por su buen tiempo, pero las noches estivales sobre el agua capturaban la ciudad en su mejor momento. A esa hora ya había desaparecido la humedad ambiental y una pálida iridiscencia velaba la superficie del río. Me encantaba la sensación de alejarme de la ciudad y verla como lo haría un observador, como la había visto yo la primera vez que contemplé las coronas marfil de las estatuas de los monumentos veinte años antes. En aquel entonces, creía que era muy regia y emocionante, una ciudad reluciente en la que construiría mi futuro. El ambiente de la embarcación me recordaba a los lánguidos días de final de semestre en la universidad, cuando se acababan los exámenes y bebíamos cerveza al aire libre y dejábamos que el sol nos quemara los brazos tras el largo invierno. Me sentí rebosante de una ternura nostálgica por ese lugar que detestaba la mayor parte del tiempo.

Cuando Anastasia estaba ocupada, iba sin ella; al final resultó que no la necesitaba como parapeto. En el velero siempre había mucho de lo que hablar. Estoy convencida de que más personas hablarían con desconocidos si los bares tuvieran una complicada serie de cuerdas y poleas que hubiera que ordenar. Me di cuenta de que la gente decía muy a menudo que había estado a punto de no ir, pero una vez que estábamos en el agua, ya no se sentía tan cansada ni agobiada.

Cada vez que pasaba de ir sentía una punzada, como si temiera estar perdiéndome algo. A lo largo de los muchos años en que estuve trabajando los fines de semana y haciendo horas extra para ascender, me enseñé a no darle importancia a que la gente quedara sin mí. Solía considerar el tiempo que pasaba en reuniones sociales como algo que le robaba a mi carrera profesional. (Sigo sin tener muy claro cómo algunas personas consiguen tener una vida social activa a la vez que un trabajo fantástico como periodistas). Pero cada excursión en barco me parecía especial y singular. A diferencia de la *happy hour* de un bar, pasar una tarde navegando no me generaba la preocupación de estar desperdiciando valiosas horas de trabajo. Navegar me parecía el motivo por el que valía pena todo ese trabajo. La oportunidad de vivir un poco.

En el club náutico siempre había gente nueva que subía a tu barco, y hablabas lo justo para sentirte conectado, pero no tanto como para quedar en otro sitio. La dinámica era la misma que la de un proyecto relajado de trabajo en grupo: un par de horas de charla ligera que anima a todo el mundo y que consigue sacar el trabajo adelante. Era ese punto óptimo de los vínculos débiles al que se refería Sandstrom. Seguro que todas las microconversaciones marítimas me parecieron increíbles precisamente porque no me las esperaba en absoluto.

Una vez, hacia el final de la travesía, el cielo se abrió y nos cayó encima una tromba de agua típica del Atlántico Medio. «Podría hacer más frío», dijo una mujer mientras virábamos para volver al muelle, empapados y tiritando. «También podría hacer más calor», dije yo, una respuesta muy típica de mí.

Era la primera vez que hacía reír a alguien, en persona, desde el comienzo de la pandemia, y solo entonces me di cuenta de lo mucho que había echado de menos ese sonido. Había llevado mi insignia de «introvertida» con tanta constancia durante los dos años anteriores que había olvidado lo que se siente cuando otras personas muestran de forma audible su aprecio. Me pasaba el día escribiendo tuits que ganaban me gustas y mandando mensajes de Slack que suscitaban emojis de «alegría». Vivía como una astronauta en una misión en solitario a Marte, entreteniéndome en perfecta soledad. Pero la risa volvió a vincularme a la Tierra.

«Claro, y»

Más o menos cuando iba por la mitad de las ocho semanas del curso de improvisación, llegamos a clase y nos encontramos con un profesor sustituto. Era el dueño de Dojo, un actor grande y pelirrojo llamado Murphy. Nos impresionó porque, a diferencia de nosotros, era gracioso por naturaleza y tenía teorías sobre cómo hacer que los demás también lo fueran.

Durante los juegos de calentamiento (el conocido Zip Zap Zop, el extravagante Big Booty), Murphy se pasaba todo el rato cambiando el peso del cuerpo de un pie al otro, como si no pudiera contenerse. Cuando representábamos escenas, gritaba «¡Sí, señor!» a cualquiera que se presentase voluntario, como si hubiera estado esperando a que lo hicieran justo esas dos personas.

Al parecer, Murphy decidió que a esas alturas habíamos pasado de sentirnos lo bastante cómodos como para improvisar a ser capaces de improvisar mejor. Se sentaba en el rincón y nos ofrecía «asesoramiento extra», o ideas sobre cómo mejorar.

Un día, como repuesta a un pie que podría haber sido «pan» o «panadería» o tal vez «irritación», me puse a representar a una panadera francesa que se inventaba precios desorbitadísimos para las barras de pan.

—Me gustaría comprar una baguette —dijo mi compañero de escena, el cliente.

—*Cuesta sien, s'il vous plait* —repliqué con mi mejor imitación de Pepe Le Pew.

La idea era que el cliente se enfadara cada vez más y que yo me volviera cada vez más francesa e incorregible. ¿Lo pillas?

Aunque por aquel entonces siempre me quedaba contenta después de la improvisación, aún me ponía nerviosa mientras la hacía, en parte por escenas como esta. Tras unas cuantas repeticiones de «*Este cjuaaasán* son *setenta dolagues*», me quedé sin ideas, y mi compañero de escena y yo nos vimos atrapados en un bucle muy soso. Agradecí a Dios en silencio que nuestro compañero francés no hubiera asistido aquel día.

Murphy, que me observaba desde la silla, pareció detectar mi ansiedad.

—Tienes que aceptar que es imperfecto —dijo—. Lo que vale es que estés aquí y lo intentes.

Sonreí detrás de mi mascarilla FFP2, agradecida por sus palabras, y susurré:

—Gracias.

—Ahora quiero que te comprometas de verdad con la imitación de esa panadera francesa —añadió—. Dale una buena vuelta de tuerca, ¿vale?

Esa actitud dignificadora por su parte explica por qué cuando terminó el primer nivel de improvisación me apunté al segundo, el que impartía Murphy. En aquel momento la clase era mi única fuente de serotonina. Estábamos en enero de 2022, habíamos vuelto al confinamiento por culpa de la variante ómicron, y Washington D.C. estaba marrón, húmedo y helado. Éramos un pueblo olvidado, golpeado por nuestro creador. En una entrada de mi diario de aquella época escribí: «Siento que nadie me conoce de verdad». Estaba dispuesta a reconocer que era una escéptica de la improvisación que necesitaba la improvisación para funcionar.

El nivel dos de improvisación era más para personas que querían hacer improvisación que para personas que pensaban que les pasaba algo raro. Algunos iban preparados, ya que habían practicado otras formas de comedia por su cuenta. Al ver que mis compañeros estaban más capacitados creí que yo también tenía que esforzarme más, por lo que me volví más competitiva, aunque eso tiene poco que ver con la improvisación.

En un momento dado, todos hicimos una «escena en solitario» en la que teníamos que interpretar a los dos personajes. Yo interpreté a una asistente borracha de la Casa Blanca que le suplicaba a su jefe, el presidente, que no bloqueara la importación de vodka ruso (a ver, porque quería beberlo). Resultó tener un inquietante parecido con aquella ocasión en la que tuve que hacer una «disertación humorística» para la asignatura de Redacción en la universidad, y acabé burlándome de los compradores pijos de la papelería de lujo en la que yo trabajaba entonces. Nadie se rio, pero tuve que hacer enteros los cinco minutos de perorata para aprobar.

Se suponía que la escena en solitario era una prueba de estrés para cuando estás en el escenario y no se te unen otros improvisadores. Y supongo que también para cuando estás en una reunión social y los demás no te siguen la conversación. En esos momentos «¡interpreta a los otros personajes!», decía Murphy. Por lo menos era una buena demostración de que si estás intentando ser gracioso y no lo eres, el mundo sigue, la gente mira el móvil y nadie más se acuerda, solo tú.

Ese fue el momento de las clases de improvisación en el que pasaron dos cosas importantes. En primer lugar, dejé de ponerme nerviosa. Por pura repetición, le había enseñado a mi cerebro que los miércoles por la noche actuaba como una payasa durante unas horas y después me iba a casa a mirar casas en la web de Zillow y a preparar una ensalada.

En segundo lugar, aprendí una habilidad interpersonal muy útil. Recuerda el famoso principio del «Sí, y», según el cual debes decir «sí» a lo que diga tu compañero de escena y añadir algo más. Seguimos utilizando el «Sí, y» con frecuencia, pero Murphy también nos enseñó una forma más sofisticada de enfrentarse a una escena de improvisación, que no consiste solo en estar de acuerdo con lo que está pasando. Y puedes aplicarla en la vida real.

Supongamos que alguien se dirige a ti con una afirmación demencial como «Washington está dirigido por una camarilla de satánicos que beben sangre de niños». En vez de decir «sí», puedes decir «vale». «Sí» implica que estás de acuerdo, pero «vale» solo significa que lo has oído. A continuación, intenta averiguar qué quiere la otra persona a partir del hecho de que te haya dicho eso. De esa forma, estás atendiendo a la intención que subyace en sus palabras más que al contenido. Es posible que quiera que estés de acuerdo con ella sobre los satánicos, pero lo más probable es que en el fondo solo desee sentirse comprendida. A continuación, di lo que vas a hacer en respuesta a esa necesidad.

En la vida real, podría parecerse a: «Vale, me cuentas esto de los satánicos porque confías en mí y quieres compartir conmigo noticias importantes. Te lo agradezco, ¡me honra que me consideres un amigo! Y voy a cambiar de tema, porque quiero que nuestra incipiente amistad se base en nuestro amor mutuo por el rock progresivo». Esta estrategia es útil cuando tu compañero de escena de improvisación hace algo que no acabas de entender o cuando tus nuevos amigos dicen cosas con las que no puedes estar de acuerdo.

Cuando ya estaba terminando mis clases de improvisación, entrevisté a Murphy en un parque no muy lejos de donde tenía lugar la clase. Quería saber más sobre él y comprender lo que la gente corriente podía sacar, o sacaba, de la improvisación.

Llegó cargado con una enorme botella de agua y la voluminosa melena rebelándose contra el aire húmedo de julio. Me contó que empezó haciendo monólogos en la universidad, pero que después de unirse a un grupo de improvisación, se dio cuenta de que le gustaba todavía más la comedia en equipo. Cuando hacía monólogos, se quedaba paralizado si se le trababa la lengua. Pero como en la improvisación «no hay errores», ya no corría ese peligro. No era sociable por naturaleza, pero la improvisación lo empujó a colaborar, y eso le pareció emocionante. En su último año de estudios se dio cuenta de que quería dedicarse a la improvisación el resto de su vida.

Dijo que le habría gustado haber descubierto la improvisación mucho antes.

Le contesté que yo no habría hecho improvisación antes de los treinta ni de broma.

—¿Qué te lo habría impedido? —me preguntó.

Le dije que me daba miedo. Y añadí que además «el periodismo es una profesión que se toma a sí misma muy en serio. Que ni siquiera tiene la guasa de, no sé, una asesoría contable donde a la gente le gusta pasárselo bien».

—¿Esas en las que todos tienen un calendario de lo más raro? —dijo él.

—Sí, esas mismas —contesté.

Acerté al suponer que la mayoría de las personas que se apuntan a sus clases de improvisación para principiantes no quiere convertirse en improvisadores profesionales. Hay abogados que quieren relajarse un poco u oficinistas que buscan una distracción. El índice de abandono al pasar del primer nivel al segundo y después al tercero y al cuarto es muy alta. Aun así, Murphy se ha dado cuenta de que aunque la gente se meta en el mundillo de la improvisación durante poco tiempo, acaba ganando confianza y empatía. Establece vínculos con otras personas. Aprende que, como en la improvisación, hay ocasiones en las que puede ser útil exponer a las claras tus intenciones para que la gente te entienda mejor.

A Murphy le encanta la sensación de subirse al escenario sin saber lo que va a pasar, y que de todas formas todo salga bien. Me di cuenta de que esto se parece a lo que ocurre cuando hablamos con desconocidos. Yo antes sucumbía al pánico en las situaciones sociales porque no tenía un guion preparado y me preocupaba que la otra persona no pudiera o no quisiera poner de su parte para que la conversación fluyera. Pero la improvisación me enseñó que puedo confiar en que los demás aporten su granito de arena a la interacción. Permitió que una maniática del control como yo se dejara caer en el cerebro de los demás confiando por completo en que la atraparían.

Llegué a darle la razón a la ruso-judía Viola Spolin, la «madre de la improvisación», que trabajó con niños inmigrantes en Hull House (su hijo, Paul Sills, fue cofundador del teatro de improvisación The Second City, en Chicago). Cuando explicó su enfoque en 1963, Spolin escribió: «A través de la espontaneidad nos reformamos en nosotros mismos.[13] Crea una explosión que, durante ese momento, nos libera de los marcos de referencia heredados, de la memoria atascada por hechos antiguos, por información y por las teorías y las técnicas no digeridas de los descubrimientos de otras personas». La espontaneidad de la improvisación me había liberado, por fin, de mis teorías no digeridas y de las de otras personas sobre cómo era «realmente» mi personalidad. Me permitió inventar mi propia personalidad..., improvisarla, de hecho.

La improvisación me había proporcionado un espacio seguro en el que practicar la extroversión, una especie de ensayo general de una obra que nunca se representaría. Pero me preguntaba cómo iba a funcionar mi nuevo don de gentes en el mundo real.

«Solaparse» en casa

Decidí poner a prueba mi recién descubierta extroversión organizando una fiesta en mi casa. Al fin y al cabo, los anfitriones invitan a personas, pero también a la crítica. En un bar o en un restaurante, que una velada sea aburrida no es culpa tuya, pero en tu casa no hay nadie más a quien culpar. Invitar a personas con la promesa de divertirse me pareció una forma adecuada de subir la apuesta.

Solo había organizado una fiesta en mi vida, aunque no estoy segura de que pudiera calificarse como tal. Diez años antes, cuando Rich y yo nos mudamos a nuestro primer piso «bonito», hicimos una fiesta de inauguración. Me pasé días enteros intentando que pareciera que teníamos menos cosas de mala calidad y en el último momento corrí a la tienda a comprar un mantel. Cuando aparecieron los invitados, me dio la impresión (a través de mis «gafas» de introvertida neurótica y negativa) de que no se lo pasaron bien. Algunas personas parecían quedarse una hora de reloj y después miraban con deseo hacia la puerta principal. Había invitado a mis compañeros de trabajo, pero en aquel momento su presencia me angustiaba más que alegrarme. («¿Creen que mi piso da asco? ¿Van a hablar luego de lo pobre que soy?»). Cuando terminó, obligué a Rich a asegurarme un montón de veces que había sido divertido y juré no repetir la experiencia.

Sin embargo, la repetición había llegado, y la noche anterior a la fiesta no pude dormir. A las tres de la madrugada me acurruqué en el sofá y abrí el libro de Deborah Tannen *Conversational Style*, que es un análisis de dos horas y cuarenta minutos de conversación en una cena de Acción de Gracias en Berkeley, California, en 1978. Los invitados a la cena eran Tannen, neoyorquina de nacimiento, y algunos amigos y familiares; otros dos neoyorquinos, dos californianos y un británico. Tannen transcribe fragmentos de su conversación y después desglosa las pautas que observó, cosas como que los amigos tendieran a hablar de temas personales o impersonales o la cantidad de palabras que pronunciaba cada persona por «episodio».

Leer un análisis sociológico minucioso de una fiesta es una buena manera de mentalizarte para organizar una. El libro revela con un detalle casi cómico la facilidad con la que pueden producirse malentendidos, incluso entre personas que se conocen, e incluso antes de que internet sobrecargara nuestra capacidad de ofendernos. Al analizar la conversación, Tannen se da cuenta de que durante la cena le hizo varias veces una pregunta a alguien y lo interrumpió antes de que pudiera contestar, una táctica que ella llama «solapamiento». Pero su intención no era imponerse a la otra persona, sino que esperaba que fuera él quien se impusiera.

Compara esa estrategia con un tipo de discusión que había presenciado en Grecia. Dos hombres empezaban a gritarse y, a menudo, uno de ellos levantaba la mano como si fuera a golpear al otro. Pero de forma invariable otro hombre que estaba cerca lo agarraba del brazo, conteniéndolo.[14] El hombre solo quería demostrar que estaba lo bastante enfadado como para ponerse violento, pero no lo suficiente como para golpear a su amigo. Sabía que un espectador intervendría antes de que hiciera algo. Es el tipo de regla secreta de interacción que la gente da por sentada en todas partes. Del mismo modo, Tannen confiaba en que su interlocutor hablaría más alto y se impondría a ella.

En general, Tannen descubrió que los neoyorquinos solían hablar más alto y más rápido, que hacían preguntas como si fueran «ametralladoras», interrumpían e insistían en introducir nuevos temas, aunque los demás no siguieran la conversación.[15] «Los participantes no neoyorquinos habían percibido que la conversación tenía un carácter "neoyorquino"», escribe. (Para puntualizar un poquito más, un participante de California dijo que tenía la sensación de que la cena la había dominado «el elemento judío neoyorquino»).[16] Los demás, que preferían esperar un momento de silencio antes de pronunciarse, no consiguieron decir gran cosa.

Aunque crecí en una familia ruidosa y «solapadora», me recordé a mí misma que no todo el mundo considera que conversar sea un deporte competitivo y que debía tenerlo en cuenta al día siguiente. Después volví a la cama.

Por la mañana me puse a fregar y a preparar comida con furia durante seis horas. Limpié la casa para que pareciera que no vivía nadie, como si solo hubiera fantasmas encargados de preparar tablas de embutidos. Escondí todos mis medicamentos para el síndrome del intestino irritable y le supliqué a Rich que dejara de repantingarse en el sofá, aplastando los cojines.

Cuando llegaron las cuatro de la tarde, la hora de inicio de la fiesta, yo seguía cortando hinojo con frenesí. Al cabo de un cuarto de hora, sonó el timbre de la puerta, ¡y llegó el momento! ¡Empieza la fiesta! Ya hay gente hablando. El riesgo de COVID la hizo más emocionante. Era una combinación de fiesta de cumpleaños (en mi caso) y fiesta del Día de la Bastilla (en Francia), ya que estaba a medio camino entre los dos días. «En realidad, no es el Día de la Bastilla», dijo una mujer al entrar. La fulminé con la mirada y le ofrecí un *macaron*. Otra mujer me regaló un pequeño cactus. «A ver, ya sabes, porque eres espinosa», me dijo.

Un antiguo compañero de trabajo parecía confuso y preguntó: «¿Esto es por el libro o por ti?». Desde luego que costaba saberlo. Quizá las cosas funcionaban porque eran tanto por el libro como por mí. No podía echarme atrás en una reunión de Meetup porque sabía que sería buena para el libro. Pero también era buena para mí. Decidí aplicar la misma actitud en el futuro, una vez terminado el libro. Da igual si la gente piensa que mis muebles son una porquería, ¡esto es bueno para mí! No pasa nada si meto la pata en mis intentos por conocer gente nueva, ¡esto es bueno para mí!

Iba de un grupo a otro, rellenando copas como una posesa e intentado conectar con la gente. Porque gracias a todas mis actividades, me encontraba de mejor humor que de costumbre y tenía muchas cosas de las que hablar: esa extroversión que ayuda a ser más extrovertida. Me elogié en silencio por crear la mezcla perfecta de periodistas y de personas normales y corrientes, de modo que los periodistas hacían las preguntas y las personas normales las contestaban. Bebí más de la cuenta. Creo que oí que uno de mis nuevos amigos decía: «Puede que yo solo sea un experimento para Olga». «Puede que sí —pensé yo—, pero el experimento funciona».

Esa noche me desperté con el corazón en un puño, preguntándome si habría abrazado demasiado a los demás o si había dicho algo raro. Seguramente la respuesta fuera que sí a ambas preguntas. Pero hay pruebas de que yo me estaba juzgando con más dureza de la que los demás empleaban para juzgarme.[17] Un concepto llamado «efecto foco» indica que sobrestimamos lo mucho que los demás se fijan en lo que decimos y en lo que hacemos. En un estudio que ilustraba este fenómeno, los investigadores pidieron a unos estudiantes que se pusieran una camiseta con la cara del cantante Barry Manilow y entraran en una sala llena de gente. A continuación, los investigadores les preguntaron a los estudiantes cuántas personas creían que iban a recordar su inusual elección de vestuario. Los estudiantes pensaban que la mitad de la sala lo recordaría, pero solo una cuarta parte lo hizo.[18] Como dicen los autores de un estudio sobre el efecto foco: «Es probable que muchos de los detalles de nuestra apariencia o nuestro comportamiento pasen desapercibidos para la audiencia cuyas opiniones tanto deseamos obtener».[19]

En ese caso, quizá yo podría relajarme un poco en mi ferviente cortejo a todas las personas de la ciudad de Washington. Supongo que mis invitados vivieron aquella noche como otra fiesta particular muy calurosa. Y aunque alguien se fijara en alguna botella de Beano o en un cuadro que sin duda había salido de una tienda de Urban Outfitters, todo tiene un final tal como nos enseña el budismo. Incluso las fiestas.

Un par de días después de la fiesta, una vez desaparecidos el desorden y la resaca, pero antes de que el subidón de la compañía se desvaneciera, me hice otro test de personalidad. A esas alturas hablaba con la gente más días de los que no lo hacía, un cambio radical con respecto a antes de empezar mi proyecto. El organizador de una excursión de Meetup para bajar por el río en flotador me elogió por ser «capaz de hablar con cualquiera». Sin embargo, bajo la superficie, yo no dejaba de patalear frenéticamente mientras me devanaba los sesos en busca de más cosas que decir.

Algunas de estas interacciones fueron incómodas o aburridas, pero como había señalado Gillian Sandstrom, la mayoría de ellas estuvieron bien, y hasta fueron agradables. Era frecuente que aprendiera algo, e incluso durante el intercambio menos interesante por lo menos tenía la oportunidad de practicar ser atenta y comprensiva. Si no tenía nada en común con un nuevo conocido, me limitaba a explorar el universo que es la mente de otra persona.

Cuando entré en PersonalityAssessor.com esa vez, seguí respondiendo con la verdad (cosas como «muy en desacuerdo» en el supuesto de «no me irrito con facilidad»), aunque elegí una opción neutra en lo de «me encanta la vida»; puede que no siempre me encante, pero desde luego que no la odio.

Mis respuestas en las preguntas relacionadas con la extroversión habían cambiado lo suficiente como para que también cambiara mi puntuación. Ya estaba en el percentil 42 en extroversión, más o menos en la media, frente a un «muy bajo» antes de empezar.

Me había estado contando a mí misma una mentira: que no tengo don de gentes y que las personas preferirían no tenerme cerca. Pero puse a prueba esta hipótesis con un montón de quedadas de Meetup y clases de improvisación, y demostré que era falsa.

Sigo identificándome como introvertida y sigo necesitando nuestro conocido elixir: tranquilidad a solas para recargarme. Sin embargo, ahora también necesito la variedad y la espontaneidad de una conversación. Necesito echar un vistazo a la vida de la gente sin que sea a través de las preguntas de una entrevista. La extroversión me ayudó a salir más y también me enseñó que está bien querer salir más y dar prioridad al placer, a veces incluso a expensas del trabajo.

Gracias a toda esta actividad descubrí que la extroversión ocasional puede ser una herramienta. Pone en pausa el disco rayado de la mente depresiva. No hay nada como la interacción social, aunque sea forzada, para rescatarte de rumiar y rumiar las cosas. Es un baluarte contra la soledad y un instrumento de conexión. He descubierto que probar la extroversión te permite comprender a los demás, y también comprenderte a ti mismo. Dado que compartir nuestros pensamientos los aclara, Emerson afirmó: «La conversación sincera y feliz duplica nuestro poder».[20] Cuando me sumergí en la extroversión, sentí que aumentaba mi poder, en plan superhéroe, preparándome para un salto hacia lo desconocido.

Y envalentonada de esa forma, decidí enfrentarme a mi mayor enemigo: el neuroticismo.

4

Del agobio al om: Neuroticismo

Resulta irónico que fuese en 2022 cuando decidí sofocar mi intenso neuroticismo, el rasgo marcado por la ansiedad y la depresión, porque ese fue uno de los años más estresantes de mi vida, durante el cual tuve que tomar rápidamente varias decisiones cruciales y duraderas. Algo que no es el punto fuerte de los neuróticos.

Rich y yo llevábamos años caminando con cautela por la línea divisoria entre tener hijos y no tenerlos, inclinándonos hacia el lado del no. Tener un hijo siempre nos había parecido inasequible y, para una periodista, irrealizable. La idea de procrear me arrancaba una carcajada seguida de un escalofrío los días que salía del trabajo a las ocho de la tarde.

Sin embargo, había empezado a pensar que quizá no mereciera la pena renunciar a una de las mayores alegrías (¡Y sufrimientos! ¡Lo sé, lo sé!) de la vida con tal de obtener una evaluación del rendimiento ligeramente superior a mitad de año. Justo cuando estaba a punto de llegar al límite, decidimos intentar formar una familia. Sin embargo, yo tenía problemas de salud que me hacían sospechar que no sería fácil, por no hablar de mi edad, que en una época menos delicada los ginecólogos denominaban «geriátrica» desde el punto de vista del embarazo. Mis médicos se habían acostumbrado a decirme que había nacido con todos los óvulos que iba a tener a lo largo de la vida, una frase repugnante que me hacía pensar en un bebé con el vientre hinchado y lleno de yemas de huevo.

Para determinar si alguno de mis óvulos seguía siendo útil, aquella primavera pedí por internet una prueba de fertilidad que aseguraba ofrecer resultados rápidos con solo unas gotas de sangre. En los vídeos del estiloso sitio web salía una rubia muy sonriente dando saltitos que luego derramaba con facilidad unas gotas de sangre de la yema de un dedo sobre una tira reactiva de papel. (Yo solo tenía que ser como ella. Alegre. Con mucha sangre. Fértil).

Una vez en el cuarto de baño, desenvolví la reluciente caja blanca de la prueba. Las instrucciones decían que el proceso duraría veinte minutos. El único truco consistía en que la sangre debía salir en gotas y no en plan mancha húmeda como la que produciría un corte de papel. Cogí una lanceta y me la clavé en un índice geriátrico.

Dos horas, cinco lancetas usadas y un cementerio de gasas y toallitas con alcohol después, seguía sin poder sacarme una sola gota intacta de los dedos. Mientras saltaba y manchaba de sangre todo el cuarto de baño, mi jefe me envió un mensaje para preguntarme cuándo iba a presentar el artículo. Con la mano que tenía menos ensangrentada, escribí: «¡Pronto! Lo siento».

Aquel día fue el comienzo del estrés incesante, las citas con los médicos, el insomnio y la incertidumbre que marcaron la mayor parte del año. Como la prueba casera había fallado, tuve que visitar a un médico especialista en fertilidad. El proceso duró horas y horas, ya que si vas a un especialista en fertilidad y marcas «judía asquenazí» en cualquiera de los formularios, te someterán a todos los escáneres genéticos de última generación porque, y lo dicen con delicadeza, tus antepasados se tiraban a sus primos. Por muchas pruebas que me hicieran, nunca me daban buenas noticias. «Tenemos por delante un trayecto complicado», me dijo un médico.

Siempre había dado por hecho que algún día me quedaría embarazada, cuando me viniera bien. Por ejemplo, cuando acabara de disfrutar de la treintena, no tuviera demasiado ajetreo en el trabajo, no hubiera una pandemia en el mundo, estuviera pasando por una buena temporada con el pelo y en Target rebajaran la ropa de bebé. Que mi cuerpo prefiriera otro calendario menos óptimo me parecía una traición. ¿Por qué mis ovarios no valoraban la eficacia tanto como yo?

Por retorcido que parezca, aunque me preocupaba no poder tener un hijo, al mismo tiempo estaba muerta de miedo por la posibilidad de tenerlo. Me preocupaba quedarme sin tiempo para leer cuando fuera madre y perder el control sobre el sector del periodismo. Me preocupaba que mi relación con Rich se resintiera, y que la ocasional borrasca que interrumpía nuestra tranquila navegación se convirtiera en un tifón letal. Me preocupaba la falta de sueño y que mi bebé me viera como una zombi que no paraba de llorar. Me sentía dividida entre mi convicción de toda la vida de que la gente no debe crearse problemas a sí misma y mi (aparente) deseo de hacer justo eso.

No tardé en empezar a despertarme de madrugada con el corazón acelerado. Intentaba calmar mis preocupaciones buscando en Google cosas como «porcentaje de abortos espontáneos durante el embarazo a los treinta y seis años»; «causas de abortos espontáneos por ansiedad durante el embarazo»; «defectos en el feto por ingesta de Coca-Cola light»; «el cerebro durante el embarazo deja de funcionar, las manos se paralizan». Estas búsquedas me mostraban anécdotas aleatorias y espantosas, pero nunca respuestas concluyentes.

Todas estas preocupaciones me hicieron retrasar todavía más la decisión de tener un hijo. Cada vez que leía un artículo sobre las complicaciones a las que se enfrentaban las madres de más edad y sus hijos, me asustaba tanto que aplazaba la decisión un mes más, ¡convirtiéndome así en una madre potencial más mayor! Me acercaba al punto de no retorno, me quedaba sin combustible y estaba sopesando si seguir adelante o dar marcha atrás. Otra razón más para intentar vencer el neuroticismo. Quería tomar una decisión clara sobre si debía comprometerme con la maternidad o no, y sentirme satisfecha fuera cual fuese.

El otro calvario al que nos enfrentábamos era el mercado inmobiliario de Florida, en aquel entonces inusualmente «competitivo», por utilizar el eufemismo favorito de mis páginas preferidas de compraventa de propiedades, Redfin y Zillow. Después de que tanto yo como mi trastorno afectivo estacional hubiéramos soportado diecisiete inviernos en Washington D.C., me habían dado el visto bueno en el trabajo para mudarme. Estaba eufórica, pero para los neuróticos, la felicidad siempre está teñida de la sospecha de que algo acabará empañándola.

Mi búsqueda de casa y mi neuroticismo parecían retroalimentarse, así que me ponía ansiosa si no tenía Redfin abierto, pero también en cuanto abría el sitio web. Las personas neuróticas suelen tener problemas para tomar decisiones, incluidas esas en las que se invierten los ahorros de toda una vida en la compra de una casa en la que se espera no solo vivir, libre de termitas y moho, sino también obtener algún beneficio a largo plazo. Nuestra compra de vivienda se complicó todavía más porque cada día se mudaban a Florida casi mil personas, muchas de ellas *boomers* con sus coches Buicks y sus cuentas bancarias bien provistas. La cosa no pintaba bien para nosotros.

Por la noche pasábamos el cursor por encima de un mapa de Florida, preguntándonos a qué lugar de la costa podríamos mudarnos y, después de que el huracán Ian arrasara el estado, si deberíamos siquiera molestarnos en hacerlo. «La ansiedad no significa necesariamente temblar y huir —afirmó el psicólogo austriaco Alfred Adler hace ya tiempo—. Puede manifestarse en la tendencia a eternizarse ante los problemas, si se aborda una situación con vacilación o si se busca una excusa para evitarla».[1] De hecho, la palaba «ansiedad» deriva de la antigua palabra griega para «ahogarse».

Cuando les conté a mis amigos liberales que pensaba mudarme a Florida, reaccionaron como si me fuera a Kabul. «¡Uf, Florida!», exclamaron muchos que habían vivido bajo regímenes autoritarios reales. «¿No sabes que hay huracanes?». Y luego añadían en voz baja: «¿No sabes que gobiernan los republicanos?». Me preguntaron que por qué no nos mudábamos a Los Ángeles, al parecer sin caer en la cuenta de que si casi no podíamos permitirnos Florida, California sería inalcanzable. Esas conversaciones no me inspiraron confianza en mis decisiones, pero sí me impulsaron a alejarme de mis amigos. Decidí no volver a sacar el tema de la mudanza y mi cerebro se fue desbocando poco a poco, conjurando escenarios cada vez más descabellados.

Aquel verano Rich y yo fuimos en misión de exploración inmobiliaria a varias ciudades del sur de Florida. Así fue como nos enteramos de que llegábamos entre dos y treinta años tarde para comprar cualquier propiedad. Solo podíamos permitirnos algo en la deprimente zona de humedales de los Everglades, así que nos pasábamos los días conduciendo por delante de asadores de la cadena Outback Steakhouse y casas que ponían los pelos como escarpias y que Rich describió como «perfectas para una familia de cuatro o una religión de once». En cada parada intentaba adivinar, según el nivel de deterioro, si los propietarios de la casa habían muerto repentinamente o si un pariente los había enviado a una residencia de ancianos.

Un día quedamos con una agente inmobiliaria que parecía creer que Rich era mi padre, que yo era tonta de remate y que si queríamos mudarnos a Florida, debíamos estar preparados para pagar por nuestra nueva casa el doble de lo que pagábamos por la actual, además de añadir un buen pellizco por los electrodomésticos, el cambio de suelo, la pintura nueva y la diferencia entre el valor de tasación y el precio final. Cuando cuestioné la conveniencia de pagar tanto por la casa en mal estado de una anciana daltónica de ochenta y seis años, la mujer me interrumpió con sequedad para decirme con retintín: «Recuerda que vas a mudarte al sur de Florida».

Le dije que ya la llamaría. Luego nos fuimos al aeropuerto y me bebí una botella de vino, lo único que diluía de forma fiable mi estrés en aquel momento.

Mientras esperábamos la hora del despegue, el FBI hizo una redada en la mansión de Trump en Mar-a-Lago, a unos kilómetros de distancia.

—¿Quieres quedarte a cubrir la noticia? —me preguntó Rich.

—Quiero irme de aquí —contesté—. Lo antes posible.

Aprender a no temer

El neuroticismo es un «rasgo» de la personalidad, sí, pero para mí era una pesada mortaja que me oscurecía la visión y me asfixiaba poco a poco. Según el test de Hudson, era más neurótica que la mayoría de la gente.

El neuroticismo engloba la ansiedad, la depresión y la irritabilidad.[2] La sensación de que el mundo es un lugar peligroso y no hay forma de protegerse. En el fondo, las personas neuróticas odiamos la incertidumbre. Nos hundimos por completo ante ese correo electrónico que nos manda el jefe preguntándonos si tenemos un momento para hablar, y ya no digamos un leve ceño fruncido mientras nos hacen una ecografía.

Aunque nuestros padres no nos transmiten directamente su personalidad, el neuroticismo es un rasgo en el que la educación que recibamos puede dejar huella. Las experiencias infantiles adversas (factores estresantes como el maltrato, la pobreza o la muerte de uno de los progenitores) se asocian a niveles más altos de neuroticismo.[3] Que te arranquen del santuario de la infancia demasiado pronto puede predisponerte a la preocupación y la desdicha.

Por si no fuera bastante vivir cada día como si estuvieras a punto de sufrir una invasión, el neuroticismo también está relacionado con diversos trastornos mentales, físicos y de abuso de sustancias, incluido un mayor riesgo de demencia.[4,5] Este rasgo predice si alguien se apegará de forma «ansiosa» o «evitativa» a su pareja en contraposición a un apego estable.[6] Por la razón que sea, a las personas neuróticas nos pasan más cosas malas (o quizá sea que percibimos como malas las cosas que nos pasan), y nuestra salud y calidad de vida son peores.[7,8]

El neuroticismo era también el rasgo que parecía más arraigado en mi identidad. Por parte de mi padre, mis antepasados judíos se pasaron la vida huyendo primero de los rusos y después de los alemanes. Mi abuela contaba que, cuando era pequeña, se tumbaba boca abajo en un campo de patatas helado, y su abrigo marrón la camuflaba de los francotiradores nazis. Mis abuelos maternos, por su parte, sobrevivieron a los campos de prisioneros de guerra y a la pobreza extrema en la díscola frontera entre la Unión Soviética y Finlandia. Bien entrados en la treintena, mis padres hicieron lo más angustioso que se pueda imaginar: renunciar a su ciudadanía soviética y emigrar de forma permanente a Estados Unidos. La persecución que había sufrido mi familia podría haber acabado impresa en mis células, obligándolas a pasarse la vida buscando amenazas potenciales sin parar.

Mientras crecía, tuve la sensación de que mis padres habían agotado su capacidad de asumir riesgos. Los cupones de comida, los trabajos en cadenas de comida rápida y el resto de las humillaciones que sufren los inmigrantes les habían dejado un moratón permanente, que se cuidaban de no tocar nunca. Para mi familia, cualquier cosa ligeramente insegura (mi decisión de hacerme periodista o mis viajes a países donde te aconsejan no beber agua que no sea embotellada) era equiparable a intentar escalar el edificio Burj Khalifa sin cuerdas ni arnés. ¿Por qué arriesgarse?

Tal y como es habitual con las cosas heredadas de la infancia, interioricé la idea de que es mejor no arriesgarse. En algunas personas el neuroticismo adopta sobre todo una forma depresiva, pero para mí se define por la preocupación. (Aunque, en invierno, la depresión también me visita, en forma de trastorno afectivo estacional). Una de mis frases características de mi infancia era «No me va a gustar. Me voy a sentir incómoda». Ya de adulta me he pasado la vida entre la preocupación por cosas que han pasado y la preocupación por cosas que están a punto de pasar. He malgastado algunos de mis mejores años sintiéndome ansiosa por mensajes chungos de correo electrónico y por sacar notables bajos. En los estudios el neuroticismo es el rasgo que la mayoría de la gente asegura querer cambiar, tal como era mi caso.[9]

Por desgracia, mi sexo estaba socavando los intentos de alcanzar lo opuesto al neuroticismo, que es la estabilidad emocional. «No hay mayor factor de riesgo para los trastornos de ansiedad que nacer mujer», asegura Andrea Petersen en su libro sobre la ansiedad, *On Edge* [«Atacada»].[10] Las niñas y las mujeres tienen muchas más probabilidades que los niños y los hombres de desarrollar trastornos de ansiedad.

Las razones de esta disparidad en la ansiedad son especulativas y múltiples. En realidad, las mujeres podrían experimentar más acontecimientos estresantes, como una agresión sexual, y por tanto estar más estresadas por una buena razón. (Algunos investigadores afirman incluso que la ansiedad que padecen las mujeres es normal y que son los hombres los que demuestran poca ansiedad). Tal vez incluso empiece desde la infancia.[11] Los padres tienden a alabar el comportamiento audaz y asertivo de los niños, pero no el de las niñas. Los niveles hormonales que fluctúan a lo largo de los ciclos menstruales de las mujeres también podrían provocar un aumento del miedo y de la ansiedad.

Yo también me siento a menudo invadida por el miedo. De hecho, si tuviera que describir mi estado mental de 2022, diría que tenía miedo de no poder quedarme embarazada, pero también de quedarme. Tenía miedo de mudarme, pero también de no hacerlo. Tenía miedo de tomar una decisión que empeorara mi vida, y de no tener a nadie a quien culpar salvo a mí misma. Tenía miedo, punto.

Quería superar el neuroticismo no solo por el bien de este libro, sino por el mío propio. En caso de que el Hipotético Hijo Futuro se materializara alguna vez, quería dormir toda la noche mientras pudiera. Quería tomar decisiones sin preocuparme demasiado y desprenderme del pesado yugo del miedo. Parafraseando al poeta John Berryman, quería viajar en la dirección de mi miedo.[12]

Budismo para novatos

Con solo susurrar la palabra «ansiedad», la gente saldrá de detrás de los arbustos, se abalanzará sobre la mesa donde estés almorzando, bajará del techo suspendida por cables, te cogerá de las manos y te preguntará si has probado la meditación. La meditación es, ay, la técnica más sugerida para cultivar el mindfulness, o la atención plena, que supuestamente es la poción oculta que todos llevamos dentro para combatir el neuroticismo.

He aquí la explicación simplificada: la atención plena es una conciencia imparcial del momento presente, la capacidad de observar nuestros pensamientos sin considerarlos erróneos. Es centrarse en el aquí y en el ahora, no en lo que pasará después. La meditación, que a menudo (pero no siempre) consiste en sentarse en silencio y centrarse en la respiración, es a menudo (pero no siempre) la mejor manera de alcanzar este estado elevado. Si surgen pensamientos durante la meditación, debes dejarlos pasar sin diseccionarlos. Se supone que si entrenas tu atención de este modo, lograrás gestionar mejor las emociones difíciles, como la depresión y la ansiedad, cuando surjan.

Las personas que han hecho de la meditación una práctica habitual aseguran que ha provocado una mejora mágica en su vida. Pero para mí la meditación siempre ha figurado al lado de las endodoncias en la categoría «estupendo que exista, pero mejor evitarla».

El estudio «You Have to Follow Through» [«Tienes que llegar hasta el final»] de Nathan Hudson recomendaba la meditación para reducir el neuroticismo, pero en los primeros meses de mi experimento, meditar me parecía una oportunidad de un cuarto de hora para que mis ansiedades se reprodujeran en bucle hasta que el iPhone me avisara de que el tiempo había acabado. En casi todas las páginas de mi diario aparece la frase: «¡Meditar es una mierda!».

Al final recordé que una vez, durante una entrevista, una fuente me recomendó meditar en un chisme llamado «cabina de flotación», también conocido como tanque de privación sensorial. Se supone que estas bañeras grandes y oscuras alivian la ansiedad y mejoran el sueño, dos cosas que yo ansiaba con desesperación. Además, la falta de luz y de estímulos, junto con todos esos litros de agua agitándose, hacen que sea imposible echar un vistazo al teléfono en plena meditación. Reservé una sesión por cien dólares, con la esperanza de que un jacuzzi sagrado me ayudara a alcanzar el estado zen.

El spa en sí se parecía a cualquier establecimiento genérico de relajación, con mostradores relucientes y tonos beige por doquier. Una empleada me guio por un pasillo repleto de enormes bolsas de sales de Epsom hasta mi cabina, donde me dio unas instrucciones que apenas oí. Me distrajo el tanque, una ostra gigante de cerámica que durante la siguiente hora sería mi húmedo hogar.

La empleada se marchó. A través de un altavoz se oía débilmente el hilo musical, y supuse que había llegado el momento de meterme en la ostra. Dentro había unos treinta centímetros de agua salada y tibia, en la que me deslicé como una pechuga de pollo que va a marinarse en suero de leche. Al instante empezaron a escocerme las cutículas y los cortes de la depilación con cuchilla. Pronto pasó el escozor y empezó el aburrimiento.

La idea consiste en tumbarte y sentirte ingrávido, pero mi trasero eslavo, diseñado para el trabajo de campo y no para relajarse, no dejaba de arrastrarme hacia el fondo, curvándome el cuerpo. Cada dos por tres me veía obligada a elevar la pelvis para mantenerme a flote. Siempre que intentaba meditar, me daba cuenta de que me estaba hundiendo.

Al cabo de unos minutos, lo de flotar empezó a cansarme. Tenía ganas de acurrucarme o de sujetarme la cabeza con las manos. Reboté contra las paredes, literalmente. Como no había manera de sentirme cómoda, mis pensamientos se concentraron en el aumento de los precios inmobiliarios. Era como si estuviera esperando en una terminal de aeropuerto húmeda, preguntándome con desgana cuándo me dejarían en libertad para irme.

Y llegó el desastre: me entró frío. El aire a temperatura ambiente me puso la piel de gallina, y empecé a tiritar. Intenté cruzar los brazos, pero no sirvió de nada. La ilusión etérea que la bañera se había esforzado en crear se disolvió al instante. No tuve más remedio que reconocer que solo era una treintañera meciéndose en una bañera con dos palmos de agua. Nací con todos los óvulos de los que voy a disponer a lo largo de mi vida.

En ese momento la experiencia llegó a su fin. Me duché y me sequé el pelo. En cuanto salí, la lluvia volvió a mojarlo.

Un día tuiteé sobre mi incapacidad para controlar los pensamientos mientras meditaba, y Dan Harris, expresentador de fin de semana de *Good Morning America*, me contestó: «¡Que te des cuenta de que tienes pensamientos/obsesiones demuestra que lo estás haciendo bien!». Cogí el libro de Harris *10 % más feliz*, que relata cómo dejó de ser un periodista muy nervioso que sufrió un ataque de pánico en directo y se convirtió en un periodista muy nervioso que medita mucho. Durante una época concreta de su vida, llegó a meditar dos horas al día.

Me atrajo la obra de Harris porque su profesión (y por tanto sus dificultades) es muy parecida a la mía. El periodismo es un sector muy impredecible que parece atraer de forma casi exclusiva a personas neuróticas. «Vi muchas trayectorias profesionales subir como la espuma o estrellarse por factores en apariencia aleatorios», asegura Harris.[13] Compara a los periodistas con ratas de laboratorio a las que los investigadores alimentan con bolitas de comida a intervalos impredecibles. «Esas ratas acababan volviéndose locas», señala. La meditación ayudó a su rata de laboratorio interior a relajarse un poco, y yo esperaba que pudiera ayudar también a la mía.

Cuando lo llamé, me dijo que es normal que la meditación parezca una especie de entrenamiento para «que tu mente no sea una colonia de ardillas a todas horas». Muy pocas personas llegan a dejar la mente en blanco por completo cuando meditan. De lo que se trata es de concentrarte en la respiración durante todo el tiempo que puedas, aunque solo sea un segundo, antes de distraerte. Y luego lo repites todo el rato. Harris todavía sigue «ensayando algún gran discurso lleno de los improperios que voy a soltarle a alguien que me ha hecho daño» algunas veces mientras medita. Pero ya es capaz de volver a concentrarse en la respiración más rápido, o de reírse de la obsesión.

Fue él quien me sugirió que probara la meditación de bondad amorosa, durante la cual transmites mentalmente pensamientos afectuosos hacia tu propia persona y hacia los demás. Según me dijo, «desencadena lo que yo llamo una espiral ascendente de emociones en la que, a medida que tu clima interior se equilibra, tus relaciones van mejorando». En su libro describe una meditación de bondad amorosa durante la cual se concentró en su sobrina de dos años. Al pensar en sus «piececitos» y en su «dulce carita de ojos traviesos», empezó a llorar con desconsuelo en el suelo de la sala de meditación.

«Menudo blandengue», pensé.

No obstante, me descargué la app de meditación de Harris, llamada Ten Percent Happier, y elegí una sesión de meditación de bondad amorosa de la profesora Sharon Salzberg. Me gustó que me dijera con su voz suave que repitiera frases tranquilizadoras como «que siempre estés a salvo, que siempre vivas con tranquilidad», una mejora con respecto al sonido de los cuencos tibetanos, el silencio o mi respiración. Luego me pidió que me imaginara rodeada de un círculo de personas que me querían, irradiando bondad hacia mí. Me imaginé a mi familia, a mi novio, a mis amigos de la universidad, a mis profesores del posgrado, todos colocados a mi alrededor, irradiando bondad desde sus barrigas como los Osos Amorosos. Me los imaginé diciendo: «Eres buena, no te pasa nada». Antes de darme cuenta de lo que estaba pasando, rompí a llorar.

Desmontar la ansiedad

Dentro de mí hay dos lobos: uno que odia la app Unwinding Anxiety y otro que cree que en realidad podría ser útil.

Además de meditar, me descargué la app de salud mental Unwinding Anxiety, presentada por Jud Brewer, psiquiatra de la Universidad de Brown y autor de un libro con el mismo nombre. La app consta de distintos vídeos en los que Brewer expone sus técnicas de reducción de la ansiedad; ofrece ejercicios destinados a reforzar las enseñanzas de los vídeos y alberga un foro comunitario donde los usuarios comparten sus experiencias. También contiene montones y montones de analogías, incluida una versión del tan parodiado proverbio «dentro de ti hay dos lobos». ¿Cuál ganará? «Aquel al que alimentes», dice Brewer.[14]

En su libro defiende que la ansiedad es un «bucle de hábitos» en el que la emoción de la ansiedad desencadena el comportamiento de la preocupación, que puede aliviar la ansiedad de forma temporal, pero que la empeora a largo plazo. Para él, preocuparse es como beber demasiado o darse un atracón de patatas fritas; en el momento puede parecer reconfortante, pero a la larga te pasa factura. La preocupación crónica, según él y otros investigadores, aumenta y refuerza la ansiedad.[15]

Leer todo esto me ayudó a reconocer que sí utilizo la preocupación como mecanismo de afrontamiento, incluso cuando no me sirve de nada. Me hace sentir que estoy haciendo algo, aunque solo les esté dando vueltas a las mismas pesadillas de siempre. Por ejemplo, si me preocupaba que un huracán azotara nuestra futura casa de Florida, hacía algo al respecto, como buscar un seguro contra inundaciones, pero al cabo de unos minutos volvía a preocuparme por lo mismo.

Para detener el ciclo de la preocupación, Brewer le dice a la gente que se pregunte: «¿Qué consigo con este comportamiento?». Luego aconseja tratar a tu cerebro como a un perro al que estás adiestrando, frotándole la nariz en la «caca» del comportamiento (la preocupación, en mi caso) para demostrarle lo «apestoso» (o poco gratificante) que es. Quizá te des cuenta de lo horrible que es preocuparse y de lo poco que consigues haciéndolo, salvo robarte la atención. Al hacer esto, se supone que te «desengañas» y dejas de preocuparte.[16]

Cuando surja un momento de preocupación o de pánico, Brewer sugiere que sientas curiosidad por el efecto que causa en tu cuerpo. Deberías preguntarte: «¿Estoy tenso? ¿Agobiado? ¿Encogido?». También recomienda técnicas de atención plena, como prestar atención a tu respiración o «tomar nota» de lo que ocurre en el momento.

Así pues, enfrentarse a un episodio típico de ansiedad para desmontarlo implica reconocer que se abate sobre ti una ola, y permitirlo, investigar qué efectos tiene sobre tu cuerpo, y anotar lo que ocurre con palabras breves y sencillas, como «pensar», «hormigueo» o «tensión».

Brewer parece tener muchos clientes satisfechos. Según sus datos, la ansiedad de las personas disminuye un 67 por ciento después de usar la app Unwinding Anxiety durante dos meses.[17]

Sin embargo, y por decirlo suavemente, tuve problemas para seguir sus consejos. Los ejercicios me parecían demasiado cerebrales y me obligaban a pensar en mi ansiedad de forma esotérica en momentos en los que no estaba ansiosa de verdad. Cuando sí lo estaba, como cuando llegaba tarde a algún sitio o me peleaba con Rich, nunca recordaba en qué consistían los ejercicios.

Hubo un día durante la clase de yoga en que no paraba de caerme porque estaba preocupada por un problema en el trabajo. Mi equilibrio siempre se resiente cuando me pongo ansiosa, ¡un ejemplo muy directo del efecto que ejerce la ansiedad sobre mi cuerpo! Sin embargo, darme cuenta de lo que pasaba, en vez de ayudarme, empeoró todavía más el problema. Después, en los vestuarios, una veinteañera con tipazo me echó en cara que, si estaba empezando en yoga, no debía colocarme al principio de una fila, porque distraía a todo el mundo.

«Llevo veinte años haciendo yoga», le dije. Cogí mi esterilla y hui avergonzada hacia el aparcamiento.

Después de un tiempo usando la app, llamé a Brewer y le solicité una entrevista para aclarar todo esto. Resultó que lo había estado haciendo casi todo mal.

Le dije que la preocupación parecía ayudarme a planificar mi complicada situación inmobiliaria. La ansiedad me recordaba que tenía que llamar a algún banco para informarme sobre los préstamos que ofrecían o que tenía que mirar los precios de los alquileres. ¿Qué me impulsaría a realizar las trilladas y tediosas tareas de la edad adulta si no era la ansiedad?

Brewer me dijo que estaba confundiendo la planificación con la preocupación y que podía intentar planificar las cosas sin la preocupación, o sin revisar los planes una y otra vez.

En ese momento cometí el error de preguntarle sobre la «curiosidad» en su programa.

—¿No se supone que debo sentir curiosidad... por el origen de la ansiedad? —le pregunté.

—¡No! —contestó con rotundidad.

Sentí lo mismo que aquel día en la universidad cuando se pegaron dos páginas de mi libro de texto de derecho constitucional, y en la clase del día siguiente respondí con una cita del escándalo Watergate a la pregunta de mi profesor sobre los archivos del Pentágono.

El «porqué» de la ansiedad no importa, según Brewer. Es mejor no obsesionarse con eso. En cambio, debes sentir curiosidad por su efecto en el cuerpo.

—La verdad es que la ansiedad no me afecta físicamente —le dije a Brewer.

—Puedes concentrarte en cómo te funciona la cabeza cuando estás demasiado preocupada —me sugirió—. ¿Sientes el cerebro descansado, relajado y listo para resolver problemas cuando estás preocupada?

—Vale, la verdad es que no —contesté. Por el contrario, tiendo a sentirme estancada y, con el tiempo, harta de mí misma. Según Brewer, anotar esas sensaciones podía ayudarme a alcanzar el objetivo final: desengañarme de la preocupación.

Sin embargo, me resistía (por lo menos de forma inconsciente) a aceptar la opinión de Brewer de que la ansiedad es inútil. Como muchas personas ansiosas, en el fondo creía que la ansiedad era beneficiosa. ¡Cuando la gente me preguntaba cómo podía escribir más, a veces sugería que sufrieran un trastorno de ansiedad! Muchas personas neuróticas atesoramos nuestra ansiedad, pensando que nos da poder.

Hay estudios que indican que la ansiedad influye en forma de campana sobre el rendimiento. No padecer ansiedad puede perjudicar; padecer un poco puede ayudar; demasiada puede paralizarte.[18] Sin embargo, Brewer no está de acuerdo con esto y en su libro dice que la más mínima ansiedad inhibe el rendimiento.[19] Para él, preocuparse impide planificar el futuro, porque te encierra en el miedo y el temor.

En un momento dado me dijo: «Parece que sigues identificándote mucho con la preocupación». Se refería a que seguía viéndola como una parte indeleble de mí. En eso tuve que darle la razón.

Con ese comentario, señaló el nudo que mantenía tensa mi ansiedad. Aunque sabía que necesitaba relajarme, en cierto modo me resistía a hacerlo. Uno de los mayores obstáculos para cambiar de personalidad es este tipo de ambivalencia; la sensación de que sí, quizá deberías enfadarte menos, o emborracharte menos, o no llegar siempre tarde, pero ya lo harás algún día; de momento no. Al fin y al cabo, eres muy gracioso cuando te emborrachas y si te enfadas es por un motivo, ¿no?

En mis lecturas sobre budismo, me impresionó la idea del maestro zen D. T. Suzuki de que «el caparazón del ego en el que vivimos es lo más difícil de superar».[20]

Mi recién descubierta extroversión me resultó más fácil de aceptar porque la introversión nunca había hecho nada por mí. La actitud distante en situaciones sociales me ha frenado, no impulsado. Pero a veces me planteaba que no sabía cómo viviría sin ansiedad, un sentimiento que parece que comparto con muchas de esas personas que se desloman trabajando. «En muchos sentidos, la ansiedad ha alimentado mi trabajo», afirma Andrea Petersen en *On Edge*, y añade que «la inseguridad y la paranoia pueden ser cualidades útiles».[21]

En mi caso la ansiedad era como una red para mi vida en la cuerda floja, y recordaba con orgullo las ocasiones en las que mi sentido arácnido me despertaba a las tres de la madrugada, justo a tiempo de corregir un error en un artículo antes de que se publicara por la mañana. Y todavía me avergüenzo de aquella vez en la universidad en que no me esforcé nada a la hora de documentarme para un trabajo de equipo porque tenía la cabeza nublada por el amor y el hecho de estar en el último curso, y sacamos una nota mediocre por mi culpa. El profesor, un periodista de cierto renombre, dijo que nuestro proyecto «ni siquiera tenía sentido». El hecho de que me relajara había afectado al resultado.

Sin embargo, también miro las fotos de las vacaciones en las que después de haberlo planeado todo parezco estresada y agobiada, no relajada. Y le mentí a Brewer. Pues claro que noto el efecto de la preocupación en el cuerpo. Las cicatrices lo demuestran. Varias veces he sufrido infecciones graves en los dedos por morderme las cutículas. Al parecer, lo que buscaba era reducir mi nivel de neuroticismo sin poner en riesgo la meticulosidad sobre la que había construido mi carrera profesional.

A diferencia de lo que ocurre con otros rasgos, Hudson ha descubierto que para cambiar el neuroticismo tienes que querer ese cambio. Para que funcione, tienes que «esforzarte y currártelo». Por lo visto no basta con leer un libro sobre cómo reducir la ansiedad, poner los ojos en blanco y seguir obsesionado.

Aquel verano mi mejor amiga de la universidad celebró una fiesta por el nacimiento de su hijo en un club de campo cerca de Harrisburg a la que Rich y yo fuimos en coche. Era un día húmedo y caluroso, estábamos a treinta y cinco grados, y el hecho de que mi amiga estuviera embarazadísima y yo no a pesar de tener la misma edad me ponía nerviosa. Llegué justo antes de que sirvieran la comida para evitar que me preguntaran si habíamos empezado a «intentarlo».

Durante la parte del almuerzo, probé una especie de dulce típico de la zona hecho de caramelo, nata y glucosa pura. El azúcar extrajo hasta la última gota de humedad de mi cuerpo, y empecé a sentirme débil y mareada. «Demasiado dulce —pensé—. ¿Por qué tengo tanta sed? ¿Por qué hace tanto calor? —Y al final, con preocupación—: El corazón me late muy rápido».

No es normal que sufra ataques de pánico. Por regla general, mi ansiedad es más fluida, un veneno que se va extendiendo por las venas. Pero justo en ese momento, antes de que mi amiga empezara a desenvolver los peleles, sentí el latido inconfundible del pánico. En cuestión de segundos, mis pensamientos pasaron de la normalidad al terror: «Tengo treinta y seis años y no estoy embarazada. ¿Qué le pasa a mi cuerpo? Aquí estoy, sentada junto a mi novio; ni siquiera estamos casados. Seguro que toda su familia me ve como una narcisista obsesionada con la vida urbanita. Me late muy rápido el corazón. ¿Por qué respiro de forma superficial? ¿Y si me desmayo? Si me desmayo aquí, me odiarán todavía más. ¿Y si muero y lo único que dejo atrás son entradas de blog en vez de hijos de verdad?».

Sin estar segura de estar haciéndolo bien, probé las estrategias de curiosidad y anotación de Brewer. «¡Vaya, qué rápido me late el corazón». Como si acabara de correr varios kilómetros o de beber un montón de café. Me pregunto a qué velocidad irá. Sí, siento la respiración como si estuviera escalando una montaña. Son algunos de los síntomas de un ataque de pánico, pero también he hecho todas esas actividades y nunca me ha pasado nada. La mayoría de la gente no se muere por un ataque de pánico y, como estoy sentada, es poco probable que me desmaye».

Durante el bingo de los regalos corrí al baño para refrescarme con agua una, dos y, al final, tres veces. Seguro que los camareros creyeron que se me habían contagiado las náuseas. Me perdí una larga explicación del novio de la otra mejor amiga de mi amiga sobre cómo aterrizar una avioneta Cessna con poca visibilidad.

Sin embargo, el pánico remitió al cabo de unos veinte minutos. No me desmayé. Dudo de que alguien se diera cuenta. No desmonté mi ansiedad por completo, pero la analicé, y la mandé a tomar viento fresco.

Meditar en plena catástrofe

Cuando llegó el verano, mi neuroticismo adoptó la forma de insomnio, un problema que me ha acechado desde la infancia y que ataca siempre que ve una oportunidad. Después de pasar la noche en vela, era una zombi durante el día. Me costaba formar frases. Tenía miedo de estrellarme con el coche. Cuando pensaba en el futuro, solo veía horrores y trampas. Más que dormir, lo que ansiaba era liberarme de mis pensamientos.

Cuando era pequeña, podía dormirme si mis padres me ponían un vinilo con un cuento infantil soviético; el sueño se apoderaba de mí mientras escuchaba algún cuento de hadas sobre una niña a la que se comían los lobos porque no era lo bastante trabajadora. De adulta, nada parecía funcionar.

Una noche soñé que sufría un accidente de parapente y caía directa al suelo. Sacudí las extremidades, lo que levantó mi manta especial lastrada de las que ayudan a dormir, y me desperté cuando me cayó encima como un animal. Me pasaba las noches sin pegar ojo, alternando entre darle vueltas a la cabeza y hacer búsquedas en Google. (Así descubrí algunos técnicos de reparación de electrodomésticos muy buenos en el condado de Miami-Dade).

Pensé en la posibilidad de que odiáramos la vida en Florida, de que Rich me echara la culpa y me guardara rencor. Pensé en la logística de grabar pódcast con un bebé en casa. Recordé aquel día que quedé para tomar unas copas con una amiga periodista y vimos a otra periodista caminando de un lado a otro por la acera con un cochecito, intentando que su bebé se durmiera.

—Es madre soltera —susurró mi amiga con desdén—. Mírala, ahora se pasa el día empujando el cochecito.

Pensé que quizá Rich y yo deberíamos quedarnos como estábamos, sin hijos e insatisfechos. ¿Para qué arriesgarnos?

Algunas personas encuentran alivio para la ansiedad (y otros aspectos del neuroticismo) con el escitalopram y demás antidepresivos. (De hecho, un pequeño estudio descubrió que dos meses de toma de paroxetina, el principio activo del antidepresivo Motivan, provocaba una disminución del neuroticismo y un aumento de la extroversión, y mejoras en las puntuaciones de depresión).[22] Para mí, sin embargo, los efectos secundarios de los inhibidores selectivos de la recaptación de la serotonina siempre han superado a los beneficios. Aunque apruebo su uso en general, hacía poco que había dejado los antidepresivos y estaba intentando no volver a tomarlos. Montaba mi ansiedad a pelo.

Para esas semanas en las que encadenaba demasiadas noches en vela, siempre tenía Trankimazin a mano. Nada me garantizaba ocho horas ininterrumpidas de sueño como mi frasco de alprazolam. El Trankimazin y otras benzodiacepinas ayudan al neurotransmisor GABA, que ya es relajante, a relajarte todavía más. Es como «alcohol en pastillas», tal como me dijo un investigador. Supongo que eso explica por qué me gusta tanto.

Sin embargo, desde que me enteré de que el alprazolam y otras benzodiacepinas dejan de funcionar a largo plazo, y que incluso pueden empeorar la ansiedad, estaba intentando tomar menos. «Hay gente que toma benzodiacepinas para dormir mejor, y duerme mejor durante unos tres meses. Después, al cabo de seis meses, duerme peor que nunca», asegura Keith Humphreys, profesor de psiquiatría de la Universidad de Stanford. Al llegar a ese punto aumentan la dosis de benzodiacepinas, que acaban dejando de funcionar de nuevo, y el ciclo se repite. Cuando le pregunté qué podía hacer en vez de tomar alprazolam, me contestó: «Mindfulness». Mmm...

Entrevisté a algunos médicos especializados en sueño, que especularon con la idea de que simplemente vivo cerca del «umbral del insomnio». Es decir, que cualquier mínima cosa puede hacer que me cueste conciliar el sueño. La mayoría de las veces, el insomnio se queda en la puerta del dormitorio, pero entonces ocurre algo (estrés por el trabajo, problemas de pareja) y entra y se acomoda. Una noche de mal sueño se convierte en otra, y en otra más. Las personas muy nerviosas, con tendencia al perfeccionismo, somos por regla general muy susceptibles. (En los estudios, el neuroticismo está muy asociado al insomnio).[23]

Lo peor era que conocía todos los trucos para lograr una buena «higiene del sueño». Mantenía el dormitorio oscuro y fresco. Reduje la cafeína y el alcohol. La cama solo era para dormir y practicar actividades sexuales, algo para lo que llevaba una temporada sin mucha energía. Tomaba melatonina todas las noches. Cuando me despertaba de madrugada, me levantaba y me iba a otra habitación a leer. Se supone que debes pasar unos minutos leyendo y luego volver a la cama cuando empiezas a tener sueño. En cambio, leía casi medio libro sin cansarme y luego me daba cuenta de que eran las ocho de la mañana y de que tenía que «despertarme». Incluso intenté seguir una rutina para levantarme todos los días a la misma hora pero lo cierto es que dormía unas horas cuando podía.

La mayoría de las veces, hagas lo que hagas, los periodos cortos de insomnio desaparecen por sí solos. Pero entre el 10 y el 20 por ciento de las personas acaba pasando varias noches en vela a la semana durante meses, y pronto me encontré entre esa desafortunada minoría.

Una noche, a las cuatro de la madrugada y con los ojos abiertos de par en par, hice balance de mis avances con el mindfulness. Me encantaba Sharon Salzberg, la profesora de meditación de la app Ten Percent Happier, y en los momentos difíciles recurría a sus meditaciones guiadas de la misma manera que un habitante de New Jersey recurre a Springteen cuando se siente solo. Sin embargo, me resultaba extraño sentirme tan atada emocionalmente a una pista de audio de diez minutos. Al fin y al cabo, los monjes budistas del siglo XVIII no tenían iPod.

Aun así, me había dado cuenta de que si pasaba demasiado tiempo practicando la atención plena sin una estructura clara, como por ejemplo una hora flotando desnuda en el agua, me sentía incómoda. Y aunque el enfoque en la curiosidad del programa de Brewer me resultaba interesante, me parecía más eficaz para los ataques de pánico, que no es algo que sufra a menudo.

Desesperada, un día me apunté a un programa de mindfulness de ocho semanas que se realiza a través de Zoom, llamado Reducción del Estrés Basada en la Atención Plena (MBSR, por sus siglas en inglés), desarrollado en 1979 por un biólogo molecular llamado Jon Kabat-Zinn. El programa combina clases semanales de dos horas y media de duración sobre conceptos relacionados con la atención plena con «deberes» diarios de meditación de tres cuartos de hora. Unas semanas más tarde, habría un «retiro» de meditación de siete horas, también a través de Zoom.

El programa MBSR está bien asentado.[24] Se menciona en un artículo de 1986 de *The New York Times* cuyo titular en mayúsculas era: «RELAJACIÓN: SE DETECTAN BENEFICIOS SORPRENDENTES». Una serie de metaanálisis de hace décadas han demostrado que el MBSR puede mejorar la salud física y mental, e incluso reducir drásticamente la depresión y la ansiedad.[25, 26] Un estudio publicado hace poco llegó incluso a la conclusión de que funcionaba tan bien como el escitalopram para reducir la ansiedad.[27] Quizá debido a todas estas evidencias, es la clase de mindfulness que te recomendarán las personas inteligentes y motivadas. Ahora hay cientos de clases de MBSR entre las que elegir.[28] Yo seleccioné una impartida por una instructora con gran experiencia a la que llamaré Louise.

En la sesión introductoria Louise nos explicó que la atención plena nos permite hacernos amigos de nuestra mente, pero también interrumpir su marcha haciendo una pausa. Algo útil porque, según explicó, a veces ocurren cosas que no te gustan». «Es verdad —pensé—. Muchísimas cosas de las que ocurren no me gustan». Lo escribí y lo subrayé. Más tarde me sorprendí muchas veces murmurando esta frase para mis adentros.

Una compañera del curso dijo que se sentía abrumada por la cantidad de deberes diarios, y Louise le dijo que «respetara la sensación de agobio». De hecho, durante las semanas que duró el programa parecía que cada vez que alguien protestaba porque había algo que no le gustaba, la respuesta de Louise era que se supone que debes aceptar que no te guste. Uno de los «cinco obstáculos» del budismo es el deseo, incluido el deseo de que las cosas sean diferentes.

Los deberes de la primera semana consistían en hacer un «escaneo corporal» diario, o una meditación guiada de tres cuartos de hora, prestando mucha atención a las sensaciones que experimenta el cuerpo. Louise nos dijo que se suponía que no nos dormiríamos mientras lo hacíamos, pero que, por si acaso, no lo hiciéramos mientras conducíamos.

Aquella noche me senté en la cama y coloqué el portátil a mi lado. Me puse los auriculares de meditación Muse, que supuestamente leen las ondas cerebrales para determinar cuándo alcanzas un estado de verdadera «calma». Entré en el sitio web de nuestra clase de MBSR e hice clic en la grabación del escaneo corporal de Louise. Su voz me invitó a concentrarme solo en el dedo gordo del pie, luego solo en la planta. Luego solo en el tobillo. Me sentí como en el autobús escolar mágico de *Aventuras sobre ruedas*, flotando por el cuerpo humano con una mujer excéntrica como guía. Me centré en las espinillas, luego en todos los tejidos que había debajo de ellas, luego en las rótulas, luego... No estoy segura de lo que pasó, porque ya había pasado una hora y Rich me estaba despertando. «Nena —dijo—. ¿Qué ha pasado? Estabas roncando muy fuerte». Miré a mi alrededor, grogui. Todas las luces estaban encendidas. El portátil, que había terminado de reproducir la sesión de escaneo corporal, estaba abierto a mi lado en la cama, y todavía tenía los auriculares puestos. Según los auriculares Muse, estaba «inmóvil en un 91 por ciento». En algún punto entre la rótula izquierda y la ingle, me había quedado dormida.

Pronto me di cuenta de que el escaneo corporal, que había descartado cuando Brewer me lo sugirió, me ayudaba de verdad a conciliar el sueño. Era como el cuento de hadas soviético de mi infancia, pero reconvertido en una historia extraña y aburrida, narrada por una mujer con un fuerte acento de Nueva Inglaterra.

Unos días después reconocí durante la clase que la exploración corporal tenía un efecto soporífero en mí. Louise me dijo que, si me quedaba dormida, volviera a hacer la sesión completa de tres cuartos de hora al día siguiente, cuando no tuviera tanto sueño. Por lo visto, lo del mindfulness consiste en ser consciente del momento presente, no en quedarse frita.

Solo había un problema: pronto descubrí que no podía mantenerme despierta durante el escaneo corporal. Justo cuando la grabación decía «es importante que no te duermas», me invadía el sueño. En una ocasión lo hice sentada, en un tren muy concurrido, a media tarde, y me desperté cuando el revisor gritó: «¡Wilmington, Delaware!». «En fin, —pensé—. Por lo menos he encontrado un sustituto del alprazolam».

Por lo demás, el MBSR solía provocarme ansiedad, porque me obligaba a hacer deberes desagradables en los que fracasar. A veces me los saltaba todos. En general solo eran largas sesiones de meditación, escaneos corporales y sesiones de yoga tan lentas que me desesperaban. A mí me gusta más el yoga rápido de Los Ángeles para la gente activa. («La lentitud es a propósito», aseguraba Louise). Mi clase era por la mañana, y la noche anterior siempre dormía mal, lo que me dejaba con la sensación de ser una alumna de aprobado raspado que no está preparada para el examen parcial. A veces me cabreaba por haberme gastado tanto dinero en aquella chorrada que era a la vez un último recurso para mi neuroticismo y que no parecía funcionar. Me fastidiaba pasar tanto tiempo haciendo tan poco. Otras personas estaban ganando premios por su labor profesional, lo cual era un insulto para mí personalmente. Tenía claro que me había apuntado de forma voluntaria al programa de MBSR, pero en aquel momento la coraza de mi ego era dura y no había forma de romperla.

Durante una llamada telefónica privada, le confesé a Louise que odiaba meditar. «A lo mejor deberías ser más amable contigo misma», replicó, y contuve las lágrimas. Era habitual que Louise hiciera hincapié en una parábola sobre la «doble flecha». Cuando ocurra algo malo, no lo empeores insistiendo en lo malo que es. Si, por ejemplo, no has hecho todo el trabajo que querías, no te regañes por no haberlo hecho. Ya te ha alcanzado la flecha de la desgracia; no te claves también la de la autoflagelación.

Poco a poco, hice las paces con las flechas del MBSR: sentir que estaba perdiendo el tiempo mientras esperaba a que Louise cargara sus diapositivas de PowerPoint, o pasar veinte minutos de meditación rememorando una conversación de hacía cinco años. Intenté no echarles sal a las heridas imaginando todo lo que podría estar consiguiendo en vez de estar haciendo aquello.

Por fin llegó el «retiro» de un día entero de meditación a través de Zoom, convenientemente durante un día de octubre tan nublado que resultaba deprimente. Me presenté con resaca, ya que pensé que si iba a estar triste todo el día, mejor haberme divertido la noche anterior. Para el retiro, se unieron a Louise otros instructores del programa y juntos nos guiaron a lo largo de varias meditaciones, unas cuantas sesiones de yoga y un escaneo corporal en el que me mantuve despierta por sorprendente que parezca. Me sentía apática y aburrida. En un momento dado intenté recordar viejos horarios de trenes.

Hicimos una breve meditación de bondad amorosa, incluida la parte que siempre me hace llorar, en la que te dices a ti mismo que «puedes buscar por todo el universo a alguien que merezca más tu amor y afecto que tú mismo, y no vas a encontrar a nadie». Reflexioné sobre por qué ser amable conmigo misma siempre me hace llorar. ¿Será porque rara vez lo soy? ¿Me duele reconocer que yo también necesito amor porque soy una tía dura que finge estar por encima de todo? Tal vez lloraba porque me noqueaba ese estallido de autocompasión tan poco común. Quizá lloraba porque deseaba sentir autocompasión más a menudo.

Durante la pausa para el almuerzo, nos dijeron que no leyéramos ni viéramos nada. Se suponía que el día debía consistir en dejar entrar todo lo que entrara por nuestras «puertas sensoriales». Me comí un bocadillo de Subway viviéndolo plenamente, pero hice trampa, porque a la vez leí parte de un artículo de *The New York Times Magazine*. Cuando volvimos, entramos en las salas de reunión para debatir acerca de nuestros pensamientos sobre el retiro hasta el momento. Un hombre dijo en mi sala que ya había asistido a varios retiros MBSR de un día de duración.

—¿Por qué has hecho esto más de una vez? —le pregunté.

Me contestó que el programa lo había ayudado muchísimo y que el retiro era para él como un repaso. Que siempre se sentía mejor después.

—Puede que hoy no notes nada —dijo, y luego añadió misteriosamente—: pero en los próximos días lo notarás. Ya lo verás.

Se suponía que por la tarde debíamos dar un paseo silencioso y consciente al aire libre. Volví a hacer trampa y escuché música, principalmente temas alegres de viejos éxitos, que me parecían inofensivos. Fue tan maravilloso escuchar algo que no fueran mis propios pensamientos regurgitados que llegué tarde a la siguiente sesión de meditación silenciosa.

Durante el turno de preguntas y respuestas, mi leve enfado con el programa de MBSR se convirtió en una hostilidad manifiesta.

—Me gusta escuchar música durante mis paseos —dije—. La música es una parte importante de mi vida. Hace que me sienta menos negativa y menos estresada. No entiendo por qué no es aconsejable escuchar música durante un paseo de atención plena.

—Hay un esfuerzo sutil en lo que has comentado —replicó uno de los profesores—. A lo mejor buscas que sea una experiencia relajante y no un reto. Pero esa no es la razón por la que estamos practicando. Practicamos por practicar y para afrontar lo que surja.

Me dieron ganas de estampar el portátil contra la pared. ¿¡Qué significaba aquello!? Obviamente, ¡me estaba esforzando! ¡La gente siempre se esfuerza! Mi único secreto para asegurarme un lugar en el mundo ha sido trabajar más que los demás. Hinqué codos al máximo en el instituto para conseguir una beca completa con la que poder ir a la universidad. En la universidad hinqué codos al máximo para conseguir una beca completa con la que pudiera hacer el posgrado. En varios momentos de mi carrera profesional, cuando les pedí consejo a los editores, me dijeron que debía «madrugar más y trabajar los fines de semana». Todo ese esfuerzo explicaba por qué aún no había tenido hijos. Me parecían un lujo caro para gente con tiempo libre. La vida, tal y como me la habían pintado, era un esfuerzo sostenido en el que trabajas ochenta horas a la semana, te niegas todos los placeres terrenales y quizá ves una película los viernes. «¿Cómo se atreven estos hippies a decirme que no me esfuerce?».

Al final del retiro hicimos una nube de palabras con nuestros sentimientos, y las que más se repitieron fueron «gratitud», «calma» y «paz», lo que significaba que habían sido elegidas por un gran número de los participantes. Sin embargo, un par de personas había escrito «enfado» y «tristeza», lo que no pareció molestar lo más mínimo a los instructores.

Esforzarse por no esforzarse

Este principio de esforzase por «no esforzarse» es, de hecho, un pilar de la Reducción del Estrés Basada en la Atención Plena. Es habitual decirles a las personas que realizan el programa que no intenten librarse de la ansiedad. En su libro *Vivir con plenitud las crisis*, Jon Kabat-Zinn asegura que, en meditación, «la mejor forma de conseguir tus objetivos es dejar de esforzarte por obtener resultados y, en cambio, empezar a centrarte en ver y en aceptar las cosas tal como son, momento a momento».[29]

A nivel intelectual lo entendía, pero por dentro volví a sentir el tirón de la resistencia. Si me quitas los auriculares de meditación Muse, solo soy una inmigrante diminuta y ansiosa que cree que debería esforzarse. Como no tengas cuidado, me dice algún gen del *shtetl* que llevo muy enterrado, acabarás durmiendo con atención plena en un banco del parque. Si el cambio de personalidad significaba dejar de esforzarme, no estaba segura de quererlo.

Dan Harris, el autor de *10% más feliz*, se topó con un problema similar en su práctica de la meditación. Redujo el esfuerzo, y en ocasiones se relajó tanto que su trabajo empezó a decaer. Al fin y al cabo, es probable que tampoco consigas mucho si no te esfuerzas.

Según asegura, resolvió este enigma trabajando con ahínco y, al mismo tiempo, reduciendo el apego al resultado de su duro trabajo. Puedes hacer todo lo que esté en tu mano para tener éxito (de hecho, puedes esforzarte), pero la atención plena significa reconocer que los resultados se escapan a tu control. Harris cita a otro tipo de gurú, el asesor demócrata David Axelrod, sobre su opinión acerca de las campañas políticas, que implican esforzarse a tope durante meses y luego, llegado el día de las elecciones, dejarse llevar. «Hacemos todo lo que podemos, y no hay más», dice Axelrod. Puedes hacerlo lo mejor que puedas, pero no puedes pasar de ahí. Y decidí que ese también sería mi lema.

Cuando terminó la clase, seguí practicando aspectos del programa MBSR: las meditaciones más breves, las de bondad amorosa y el escaneo corporal. Acepté que es posible que esas técnicas no parezcan estar aliviando mi ansiedad en el momento. Reconocí que la preocupación es una amiga voluble, que se atribuye el mérito de mis éxitos mientras me socava sutilmente.

Y, sobre todo, intenté reconocer esos momentos en los que hacía todo lo posible para asegurarme un buen resultado, sin castigarme por la existencia de la incertidumbre. Intenté estar al tanto del mercado inmobiliario de Florida, pero sin obsesionarme con él, y hacer un seguimiento de mi fertilidad, pero dejando de releer el mismo artículo sobre el hecho de que desciende «más o menos a los treinta y siete años».

Parecía «funcionar», dentro de los parámetros establecidos por el mindfulness. Durante algunas de las meditaciones más largas del programa MBSR, los auriculares Muse me informaban de que pasaba más tiempo del habitual en la zona de «calma». Y el escaneo corporal seguía dejándome frita, lo cual no era moco de pavo después de mi lucha contra el insomnio. Aproveché que mi cerebro se dormía cuando alguien le decía que no lo hiciera, como nos pasa cuando somos pequeños. Si no podía dejar de esforzarme en la vida, por lo menos podía dejar de esforzarme por dormir.

Todo cambia

Durante un día bastante bueno de noviembre, después de una semana bastante relajante, intenté tranquilizarme al máximo. Fui a yoga. Escribí en mi diario. Hice una meditación de un cuarto de hora con Sharon Salzberg, que una vez más me pidió que me deseara a mí misma salud y felicidad. Dejé de lado, por el momento, los pensamientos sobre bebés y casas. Fijé mi mente en la advertencia del monje budista Thích Nhát Hanh de que «la vida solo está disponible en el momento presente».[30]

Por fin descubrí por qué la meditación de bondad amorosa me hace llorar siempre. Muchos de los que nos esforzamos en la vida porque esa es nuestra forma de ser creemos que solo merecemos amor después de haber conseguido algo. Pero la bondad amorosa me obligó a considerar la idea, aunque solo fuera durante unos minutos, de que el amor y los logros pueden separarse, y de que el simple hecho de vivir ya merece un reconocimiento. Despertarse y volver a intentarlo es tan asombroso como cualquier otra cosa. La idea de que no te pasa nada por ser como eres es muy agradable de oír para una estudiante de matrícula de honor, sobre todo si me lo digo yo misma.

De todas formas, mientras me preparaba para hacer otro test de personalidad, me mentalicé para encajar bien la puntuación alta en neuroticismo. Estaba dispuesta a escribir un párrafo asegurando que la meditación no puede arreglarlo todo, que el trauma es intergeneracional y que no se puede esperar que las neurosis profundas se resuelvan de la noche a la mañana. Después, con aprensión, hice otro de los test de Hudson. Cuando apareció la puntuación en la pantalla, creí que había algún error.

Mi neuroticismo había descendido tanto que ahora se consideraba «bajo». Estaba en el percentil 39. Y, por raro que parezca, no se debía a la parte del neuroticismo en la que creía haber estado trabajando. Mi nivel de ansiedad había disminuido, pero seguía considerándose «alto», según el test. En cambio, la puntuación de depresión había descendido de forma brutal, hasta el percentil 27. El test me decía que «en comparación con otras personas, sientes poca tristeza y te gustas mucho».

Repasé mi vida para descubrir qué podía haberme animado de forma tan significativa. Estaba trabajando en este libro, que sí que me hacía sentirme feliz y competente. Gracias a las lecciones del budismo, había aceptado que mi futuro era incierto; no podía arrancarle al universo la garantía de que una mudanza y la maternidad no serían agotadoras. Sabía que mi única opción era, tal como enseña el Bhagavad Gita, actuar sin apego a los frutos de mis actos.³¹ Aunque fuese cuidadosa, las cosas que no me gustaban seguirían pasando.

Mi nuevo y más bajo nivel de neuroticismo significaba que a lo mejor no tenía que trabajar sin descanso para conseguir todos los logros imaginables. Ese año rompí con la tradición y no me molesté en presentar artículos para un montón de premios de poca monta que, de todos modos, nunca ganaba. Incluso un pódcast en el que aparecían periodistas más conocidos que yo me estaba pareciendo menos irritante de un tiempo a esa parte. Percibía la creciente oleada de celos y pensaba: «¿Y qué?». No podía hacer más de lo que hacía. Había aprendido a cocinar un plato de pasta *cacio e pepe* para chuparse los dedos. A lo mejor sí que merecía amor y bondad. Como todo el mundo.

Predije que mantener esa puntuación más de un día sería una batalla constante. Al cabo de un tiempo, el escaneo corporal ya no me ayudaba a dormir con tanta fiabilidad como durante las primeras semanas. Y, sin la obligación de una clase de meditación, al final se me olvidaba hacerlo. Hasta había dormido mal la víspera de ese test de personalidad que registró mi nueva puntuación (a la baja) de neuroticismo.

Es posible que mi neuroticismo vuelva a subir, como también es posible que baje. A Louise le gustaba decir que la idea de que «esto también pasará» puede ser a la vez tranquilizadora y triste. La desgracia es efímera, pero también lo es la suerte. Todo cambia, incluso nuestro estado de ánimo, según dijo Freud, como los paisajes a ojos del pasajero de un tren. Intenté disfrutar de las vistas mientras pude.³²

5
Estar abierto a lo que sea: Disposición a experimentar

Hace muchos años, en una fiesta en Los Ángeles, salí a la terraza para tomarme un respiro de tanta socialización y me encontré a mucha gente fumando marihuana mientras se oían débilmente los acordes sintéticos de MGMT procedentes del salón. Inspiré hondo varias veces para llenarme los pulmones del fresco aire nocturno de Los Ángeles. Después me fijé en algo: era una casa de estilo Craftsman en una buena zona; incluso dividida entre varios compañeros de piso, supuse que el alquiler sería bastante alto. Y no pude reprimir mi impulso washingtoniano de averiguar a qué se dedicaba la anfitriona de la fiesta.

Me acerqué a ella y le hice la clásica pregunta de Washington D.C.:

—¿En qué trabajas?

La anfitriona, una mujer con un corte de pelo asimétrico y una edad que podría estar entre los diecisiete y los treinta y siete años, me miró desconcertada.

—A ver, ahora mismo estoy trabajando en un retrato de mi abuela con costillas de cerdo saliéndole por los ojos —contestó.

Y eso... eso es la disposición a experimentar.

A las personas abiertas a la experimentación les encanta el arte y la música, y suelen ser liberales en lo político, «espirituales, pero no religiosas» y sexualmente atrevidas.[1, 2, 3] Tienen sueños que recuerdan con más facilidad.[4] Buscan la novedad en los libros, el arte, las películas y las aficiones, y cuando ven un cuadro o escuchan música, tienen más tolerancia a la «disfluencia», que es un término científico que alude a algo difícil de entender. Se adentrarán en una zona perdida del Louvre mientras los demás hacen cola para ver la *Mona Lisa*. Las personas con amplitud de miras pueden «buscar sensaciones», ansían encontrar nuevas aventuras y emociones.[5] Pasan mucho tiempo en internet, pero bastante poco viendo la tele.[6]

Las personas estrechas de miras o cerradas, en cambio, tienden a ser conservadoras, tradicionales y rígidas. Les gustan las cosas de una manera muy concreta y permiten pocas desviaciones de lo ya comprobado. Puede que consideren que es mejor pasar de las ideas nuevas, incluso que son peligrosas.

Las personas abiertas son muy sensibles a lo maravilloso y a lo sobrecogedor. Una señal de que puedes tener esta disposición es si, cuando ves u oyes algo especialmente magnífico, se te eriza el vello de la nuca y sientes escalofríos.[7] Este rasgo suele medirse preguntando a las personas, entre otras cosas, si les gusta abordar ideas abstractas y participar en discusiones filosóficas, y si disfrutan con la poesía y las obras de teatro.[8] De todos los rasgos, la disposición a experimentar es la que está más vinculada a la creatividad, y también parece correlacionarse con la inteligencia verbal, aunque no con la matemática.[9] Si alguna vez has asistido a una clase de una instructora de yoga que viste pantalones culote bohemios, huele a desodorante natural y relata su reciente retiro de psilocibina, has mirado a la cara a la opción de experimentar y esta te ha devuelto la sonrisa y te ha dicho: «¿Te vienes luego al baño de sonido?».

Dado que los psicólogos suelen ser liberales y abiertos de mente, los estudios sobre la disposición a experimentar puede que den la sensación de que todo el mundo debería estar lo más abierto posible a las experiencias. Sin embargo, es posible pasarse de receptivo. Una disposición a experimentar muy alta predice una relación con las artes, pero también con los psiquiatras.[10] La disposición a experimentar es predominante en personas que tienen una forma leve de esquizofrenia llamada «trastorno esquizoide de la personalidad», y en personas que manifiestan creencias inusuales o paranormales, como que son telépatas. En personas muy receptivas, las ideas pueden provocar una «amplia balsa de asociaciones» en palabras de Daniel Nettle,[11] y en dicha balsa flota el don de la creatividad, pero a veces también la maldición de los delirios y las alucinaciones. Las personas con una alta disposición a experimentar pueden quedar atrapadas en falsos patrones, e incluso llegar a disociarse de la realidad.

A los adolescentes puede irritarles la rigidez de unos padres estrechos de miras, pero es posible que unos padres demasiado abiertos no proporcionen la estructura y la estabilidad suficientes. En su biografía, *Hello, Molly!*, la estrella del programa *Saturday Night Live* Molly Shannon describe las consecuencias del enfoque extremadamente relajado que su padre tenía de la paternidad. Cuando era pequeña, la animaba a robar, y con trece años la retó a que intentara pillar un vuelo sola. (Esto sucedió antes de los atentados del 11 de septiembre, cuando algo así era posible). Shannon cogió un tren hasta el aeropuerto de Cleveland y, cuando el avión aterrizó en Nueva York, llamó a su padre desde una cabina. «Sin duda estaba preocupado —escribe—, pero también emocionado porque le gustaban las locuras».[12] Que te gusten las locuras es un rasgo distintivo de las personas abiertas a experimentar, tendencia que puede ser maravillosa o muy disruptiva, dependiendo de la situación. (De hecho, parece que la educación de Shannon la traumatizó tanto como la animó a dedicarse a la comedia).

La disposición a experimentar es única en el sentido de que no predice la salud ni la riqueza tanto como otros rasgos. Pese a su relación con la inteligencia verbal, no se correlaciona demasiado con el rendimiento académico.[13] Las personas receptivas o abiertas de mente a menudo rinden bien en determinados tipos de trabajos creativos o de investigación, pero no en todos.[14] Yo, una persona que puntúa «muy alto» en la disposición a experimentar, me aburrí como una ostra cuando trabajé una temporada corta de secretaria en una empresa de venta de buzones por correo. (Sí). Como era físicamente incapaz de preocuparme por los buzones, falté al trabajo a menudo y casi me despiden. Pero en mi trabajo de periodista creativa y analítica, soy una de las trabajadoras con mejor rendimiento. El periodismo se adapta a la perfección a mi amplitud de miras.

La amplitud de miras tiene ventajas, pero son sutiles. Este rasgo predice un «desarrollo humanístico exitoso», o la sensación de saber quién eres en realidad, según Ted Schwaba, psicólogo de la personalidad de la Universidad Estatal de Michigan que ha estudiado la disposición a experimentar. Las personas abiertas están más despiertas a lo que pasa en el mundo, les entusiasma descubrir cosas nuevas y toleran la diferencia. Las secciones sobre la disposición a experimentar en los test de personalidad a menudo destacan la capacidad de reflexión y la imaginación, cualidades que son «valiosas en sí mismas —dice Schwaba—, pero no necesariamente cosas que pueda señalar y decir: "Mira, ahora soy más abierto de mente y gano seis mil dólares más al año"».

Aunque ¿qué son seis mil dólares cuando te estás desarrollando de otras formas? O eso diría una persona más abierta de mente.

Donald Takayama y yo

Las investigaciones indican que, para aumentar de forma intencionada la disposición a experimentar, puedes probar nuevas experiencias, como visitar galerías de arte o museos, ir a conciertos, viajar y practicar una actividad física. Un estudio que comparaba a universitarios que estudiaban en el extranjero con los que no descubrió que los que viajaban se abrían más a las experiencias, sobre todo si hacían amigos mientras visitaban el país extranjero.[15] Para los autores, el estudio «demostró que salir de viaje tiene efectos sustanciales en lo que somos. La diferencia la marcan las personas de otros países que conocemos en ese camino». O sea, si no puedes permitirte un billete de avión, quizá puedas introducir en tu vida a algunas «personas de otros países».[16] Otro estudio descubrió que exponer a universitarios de Arkansas a personas, tradiciones y comidas de fuera de Estados Unidos provocaba un aumento de la disposición a experimentar y una reducción de los prejuicios.

Sin embargo, tal como puede decirte cualquier padre exasperado por un hijo tiquismiquis a la hora de comer, cuesta muchísimo que la gente pruebe cosas nuevas. Este es el principal problema de la disposición a experimentar: las personas pueden aumentar su receptividad si prueban cosas nuevas, pero quienes tienen baja receptividad a menudo no quieren hacerlo. Se quedarán con su típico sándwich de mantequilla de cacahuete con pan de molde sin corteza, gracias. «Gran parte del desarrollo de la receptividad es que la gente se convierta más en quienes son —dice Ted Schwaba—. La gente que no es abierta no quiere serlo, y la gente que ya es muy abierta quiere aumentar más ese rasgo».

De hecho, cuando intenté estar más abierta a la experimentación, me topé pronto con un problema: ya hacía todo lo que se supone que deben hacer las personas que muestran más disposición a experimentar. La mayoría de las actividades que se supone que aumentan este rasgo (como leer novelas, preguntar a la gente sobre temas controvertidos e ir a conciertos) ya entraban dentro de mi forma de pasar el tiempo. Soy periodista y me encanta la música en directo y el arte moderno. Algunos libros que leí señalaban que se puede aumentar la receptividad viendo películas extranjeras, pero yo ya arrastro siempre a Rich a ver películas con protagonistas francesas y lesbianas que se miran fijamente durante horas.

Así que, con la idea de subir todavía más mi puntuación en este rasgo, decidí buscar lo que los psicólogos llaman una «experiencia cumbre». Descritas por Abraham Maslow, famoso por su jerarquía de las necesidades, las experiencias cumbre son momentos oceánicos y extáticos que generan claridad, euforia y armonía. Te envuelven en el cálido abrazo del universo e inspiran una metamorfosis personal. Enamorarse, terminar un maratón o dar a luz a un hijo son ejemplos de experiencias cumbre. Estos momentos «implican la inmersión en el momento, una sensación de atemporalidad e infinitud, sentimientos de sobrecogimiento absoluto y experiencias de unidad», según un estudio en el que los investigadores entrevistaron a personas que habían tenido experiencias cumbre en la naturaleza.[17] Aunque los investigadores no evaluaron específicamente la receptividad a lo nuevo, descubrieron que estas experiencias les permitían a los participantes en el estudio descubrir nuevas facetas de sí mismos. Una mujer a la que entrevistaron, Lital, se sintió tan conmovida por un viaje al Ártico que dejó su trabajo en una fábrica, perdió seis kilos y se puso a escribir una obra de teatro. Las experiencias cumbre cumplen al menos la definición más elemental de lo que significa mostrarse receptivo a nuevas experiencias: exigen hacer algo nuevo.

Opté por centrarme en la parte «oceánica» de la definición y me fui al mar. Intentaría hacer surf, algo que siempre había querido, pero que me daba miedo probar. He vivido en el sur de California y he observado, hipnotizada, a los surfistas surcando el agua con su traje negro de neopreno, cual orcas sexis. Pero cada vez que le mencionaba a mi crispada familia la idea de hacer surf, reaccionaban como si estuviera sugiriendo especializarme en danza teatral o dejar de aportar dinero a mi plan de pensiones. Mi padre y mi hermano sacaron a relucir la posible presencia de tiburones, además de la probabilidad de partirme la crisma con la tabla, lo que me impediría ganarme el pan como trabajadora del conocimiento. Los Khazan no somos acuáticos, y la costumbre, por tanto, siempre se había impuesto a la aventura.

Sin embargo, estar dispuesto a experimentar a menudo implica alejarte de tu yo más joven. Implica decir: «Sí, soy la clase de persona que hace eso», aunque te dé en la nariz que no lo eres. Muchos nos limitamos a repetir los patrones de nuestra infancia: la orientación política, uno de los elementos de la disposición a experimentar, se transmite en parte de padres a hijos. Pero una buena cantidad de personas (alrededor del 20 por ciento) rechaza la posición política de sus padres al llegar a la edad adulta.[18, 19] Se vuelven más o menos abiertos, aunque no los hayan educado para serlo y no lo fueran nunca. Algunas personas optan por experimentar en vez de heredar ese rasgo.

Me pareció que probar un deporte nuevo que me daba miedo sería un buen paso que me ayudaría a enfrentarme a mis miedos sobre decisiones vitales..., como la de dar el paso de ser madre. Ninguno de mis compañeros del instituto, de la universidad o del posgrado en California me habría descrito como una surfista prometedora... o una madre prometedora, ya puestos. Pero ¿y si lo era?

Rich accedió a probar el surf conmigo, quizá porque también es una persona abierta a experimentar. A menudo este rasgo se comparte con amigos y seres queridos; las personas ordenadas se hacen amigas de personas desordenadas, pero las personas abiertas casi siempre solo se hacen amigas de otras personas abiertas. En palabras de Robert McCrae, psicólogo de la personalidad: «A las personas abiertas a experimentar les aburren las diversiones predecibles e intelectualmente poco exigentes de las personas estrechas de miras; a las personas estrechas de miras les aburre lo que perciben como la cultura difícil y pretenciosa de las abiertas de miras».[20] Las personas abiertas siempre quieren probar cosas nuevas... con otras personas como ellas.

Hace poco, durante un mes de noviembre, vadeamos un riachuelo con nuestro SUV en Playa Grande, Costa Rica, y subimos por un camino de tierra serpenteante hacia un «hotel de surf» barato. Esto quería decir que el hotel era práctico para los surfistas, no que te fueran a ayudar a hacer surf. Intenté prepararme para lo que el surf me exigiría (¿fuerza en el tren superior? ¿equilibrio?) bebiendo muchos zumos en la cafetería al aire libre y haciendo yoga ante la escéptica mirada de unos monos araña. A pocos metros del hotel había una extensa playa de suave arena blanca, olas incitantes y restos de madera hasta donde se perdía la vista. El abrigo de invierno que había llevado puesto en el aparcamiento del aeropuerto azotado por la lluvia un día antes estaba en mi habitación, como un intruso raro e indeseado.

A medida que se acercaba nuestro primer día de surf, sentí que me cerraba un poco a las experiencias. Me despertaba a las tres de la madrugada y buscaba en Google recuentos actualizados de ataques de tiburones, mientras mi cabeza me decía que un brazo arrancado más o menos garantizaría mi seguridad, porque significaría que los tiburones, o no existían, o ya estaban llenos de apéndices de otras personas. Cuando Rich, somnoliento, me preguntó qué hacía con el teléfono en mitad de la noche, le contesté con otra pregunta: «¿Sabes que todos los años se ahogan doscientas personas en Costa Rica por culpa de la corriente de resaca?».

Nuestro instructor de surf, Andy, era un hombre del sur de California que un día, hacía doce años, dejó su trabajo de contable y se trasladó a Costa Rica para hacer surf; el típico perfil de una persona con disposición a experimentar y también la peor pesadilla de mi padre. Creía, o más bien esperaba, que el primer día íbamos a dedicarlo a practicar en tierra firme cómo subirnos a la tabla. Pero hicimos eso unos minutos antes de que Andy dijera: «¡Vale, toca mojarse ya!».

Nos metimos en las turquesas aguas aptas para turistas y, siguiendo sus instrucciones, dirigí la punta de la tabla hacia la espuma de la cresta de las olas. Con cada paso me costaba más y más verme los pies. Los surfistas de verdad ya estaban sobre las tablas, porque se movían más deprisa remando. Sin embargo, en mi caso, todavía era muy torpe remando y andar me resultaba mucho más eficiente.

Por fin el agua me llegó a la barbilla y era hora de subirme a la tabla boca abajo, poniendo mi culo de trabajadora especializada cerca de la parte posterior de la tabla y dejando los labios junto al pequeño logo rojo de la tabla, que rezaba: SURFS BOARDS BY DONALD TAKAYAMA. «Protégeme, Donald», susurré.

Después de intentar pillar unas cuantas olas bajo la tutela de Andy, me impacienté y me lancé a por una sin que él me diera el visto bueno. Al principio, todo fue según el plan: la tabla avanzó a toda velocidad conmigo encima, remando mientras hacía respiraciones de yoga. Después, en un abrir y cerrar de ojos, salí disparada por el agua. La ola me golpeó y me tiró de la tabla. Mientras la inercia me mantenía sumergida, rocé la arena del fondo con la cadera, y el cordón de seguridad de la tabla me tiró de la pierna hacia arriba. Al salir a la superficie, algo duro y punzante me rozó la mano izquierda.

Andy me hizo el gesto de «¿Estás bien?», dándose unos golpecitos en la coronilla. Me pregunté si los dientes de un tiburón me habían arrancado todas las extremidades y todavía no sentía las heridas por culpa del subidón de adrenalina. Eso pasaba mucho, según mis búsquedas nocturnas en Google.

Sin embargo, tras un breve repaso, tuve que reconocer que estaba bien. Levanté la mano izquierda para ver lo que estaba segura de que era la mordedura de un tiburón, tal como mi familia me había advertido. Resultó ser una erupción cutánea de unos dos centímetros causada por una medusa pequeña. Gemí y me subí de nuevo a la tabla.

Aquel primer día Rich y yo conseguimos ponernos de pie alguna que otra vez, pero durante un segundo como mucho antes de hundirnos o caernos. Al atardecer, además de la picadura de medusa, me las había apañado para hacerme rozaduras en ambas caderas, tenía los bíceps como si fueran de gelatina, me había hecho un corte en el cuádriceps izquierdo y me había magullado las dos rodillas, aunque se suponía que las rodillas no participaban para nada en el proceso. Sin embargo, Donald Takayama y yo volveríamos a intentarlo. Rich y yo pasamos parte de cada día de las vacaciones así: abriéndonos al surf, aunque descubrimos que el surf no se abría mucho a nosotros.

Sin embargo, el último día Andy no me estaba prestando mucha atención cuando conseguí adoptar la posición correcta, remar hacia una ola de cincuenta centímetros y levantarme como una orgullosa graduada de la promoción del Presidential Fitness Test de 1993. De alguna manera mis piernas dieron con el centro de la tabla. Surfeé durante tres segundos enteros, como una ninfa marina al mando de mi tabla, de la ola, del océano y de todas sus criaturas, y también de mi propio miedo, por supuesto.

Supongo que todavía me queda mucho para hacer del surf una afición como tal. Pero todos aquellos días durante los que fracasé en el mar agradecí que el surf exigiera una atención total y física, un alivio de una vida definida por el uso de las pantallas y de estar sentado. Nunca me identifico con las experiencias, pero mientras intentaba hacer surf, sí que lo hice. Estaba a horcajadas sobre la superficie más indómita de la Tierra, la mayor de las bestias. Fue un recordatorio, aunque breve, de que soy un ser humano y de que yo también busco comida, placer y desafíos. Y, por mucho que me costara, siempre resistía la corriente.

Agitar la bola de nieve

Tal vez te hayas dado cuenta por la anécdota del surf de que muy a menudo las personas que están más abiertas a experimentar se dan de bruces con un muro de ansiedad. Mis vívidas fantasías a lo *En el filo de las olas* se metamorfosearon en una catástrofe poco realista: el miedo no solo a no surfear, sino a morir. Pero, un momento, ¿no estamos hablando de disposición a experimentar, el rasgo divertido de Picasso, y no de neuroticismo, el rasgo asustadizo y ansioso?

Se me ocurrió que ambos rasgos podían estar interconectados. La cerrazón puede estar entreverada de miedo; puedes cerrarte a algo porque te asusta. Ampliar tus miras, en cambio, a veces exige ahogar el chillido agudo del neuroticismo. Y a veces para reducir el neuroticismo, ayuda mostrarse abierto. A veces, el neuroticismo y la cerrazón pueden hurgar en la mente al mismo tiempo, cavando un agujero más profundo. De hecho, quizá sea así como el misterioso rasgo de la disposición a experimentar lleva a cabo su mayor truco de magia: podría ser un intermediario importante a la hora de curar cerebros marcados por el trauma, la depresión y la ansiedad.

Tal vez nada ilustre mejor la relación entre el neuroticismo y la disposición a experimentar que las drogas psicodélicas (como la psilocibina de las setas «mágicas», la ayahuasca o el éxtasis) que han surgido como posibles opciones terapéuticas para las personas que sufren depresión, traumas y otras dolencias. Por ahora la mayoría de estas drogas sigue siendo ilegal en muchos países y solo han demostrado beneficios cuando se toman bajo la atenta supervisión de profesionales médicos e investigadores. Aun así, parece que las sustancias psicodélicas provocan un aumento sustancial de la disposición de las personas a experimentar, posiblemente a largo plazo, y también reducen el neuroticismo.[21] Revelan que la cerrazón puede entremezclarse con el neuroticismo, y que cuando cambias un rasgo, a menudo cambias el otro.

Una organización llamada Asociación Multidisciplinar de Estudios Psicodélicos, o MAPS (por sus siglas en inglés), ha llevado a cabo varios ensayos en los que trataron el trastorno de estrés postraumático con MDMA, el estimulante alucinógeno también conocido como éxtasis. El grupo descubrió que la psicoterapia asistida con éxtasis reducía el neuroticismo de los sujetos del estudio y aumentaba su receptividad, y que los sujetos que más aumentaban su receptividad también mostraban las mayores reducciones de los síntomas del trastorno de estrés postraumático. «Los individuos que puntúan más alto en la disposición a experimentar tienden a buscar nuevas experiencias y a estar abiertos a autoexaminarse, factores que pueden potenciar el cambio terapéutico», aseguran los autores del estudio.[22]

En estudios sobre la psilocibina, el principio activo de las llamadas «setas mágicas», los participantes sanos que tuvieron «experiencias místicas» mientras tomaban la droga también dieron un salto enorme en la disposición a experimentar, y su nueva personalidad se mantuvo así durante al menos un año. La psilocibina aumentó la receptividad incluso más que los antidepresivos o que la terapia intensiva.[23]

Esta mejora de la receptividad aparece en investigaciones sobre todo tipo de sustancias psicodélicas. En un pequeño estudio con un grupo de adultos sanos la disposición a experimentar aumentó cuando tomaron una dosis de LSD.[24] La ayahuasca, una bebida ritual elaborada a partir de dos plantas amazónicas, a menudo provoca alucinaciones intensas y vómitos profusos..., y también provoca cambios en el neuroticismo y en la disposición a experimentar, en comparación con los grupos de control.[25]

En algunos estudios también se ha demostrado que las drogas psicodélicas disminuyen las posturas políticas autoritarias, que pueden considerarse una forma de cerrazón o estrechez de miras.[26] En un episodio inusual, un supremacista blanco declarado que tomó éxtasis al participar en un estudio llegó a rechazar sus creencias intolerantes. «El amor es lo más importante —le dijo al asistente de investigación del estudio—. Nada importa sin amor».[27] Aunque el fanatismo y el autoritarismo no son sinónimo de tener una disposición a experimentar baja, ambas mentalidades comparten cierta inflexibilidad e insularidad. En este caso, el éxtasis pareció abrir una mente cerrada y llena de odio.

Parece que las drogas psicodélicas reorganizan las creencias básicas sobre el mundo que tienen sus consumidores, que ven sus circunstancias desde otra perspectiva. Relajan la percepción sobre la peligrosidad de otras personas o la perspectiva de un futuro desolador. En los roedores parecen promover la neuroplasticidad, que es el crecimiento de nuevas conexiones entre las células cerebrales.[28] En los ratones reabren las ventanas críticas de aprendizaje (momentos de mayor impresionabilidad que solo suelen abrirse durante la infancia), lo que fomenta una poderosa receptividad a nuevas ideas y narrativas.[29] Aún no se sabe si estos cambios neurológicos se producen en humanos (para ello habría que matar al..., ejem..., «espécimen»), pero se cree que es posible. Esta plasticidad ayudaría al cerebro a aprender nuevas formas de pensar. Un destacado investigador psicodélico, Robin Carhart-Harris, ha comparado la toma de drogas psicodélicas con agitar una bola de nieve o lubricar la cognición, allanando el camino a nuevos patrones de pensamiento.[30,31] Es como si las drogas llamaran a un largo dedo que, desde la estratosfera, hiciera clic en el botón de reseteo del cerebro.

Por curioso que parezca, la mayor receptividad que estimulan los psicodélicos parece conllevar una reducción, si no del neuroticismo propiamente dicho, sí de la depresión, del abuso de sustancias nocivas y de otras afecciones a menudo asociadas al neuroticismo.[32] Se ha demostrado que la psilocibina combinada con psicoterapia reduce no solo el neuroticismo en sí, sino también la depresión durante al menos un año y ayuda a dejar de fumar y quizá también a superar otros tipos de adicción.[33,34] La asociación MAPS ha descubierto que, después de tomar éxtasis, unos dos tercios de los participantes en sus estudios dejaron de cumplir los criterios diagnósticos del trastorno de estrés postraumático.

Genesee Herzberg, una terapeuta de la zona de la Bahía de San Francisco que utiliza ketamina, una droga psicodélica, junto con la terapia, dice que entre sus pacientes observa «una disminución del neuroticismo y un aumento de la receptividad en el momento, y tal vez de forma duradera». (Aunque algunos no consideran la ketamina como un verdadero psicodélico, en la actualidad es el único fármaco de este tipo aprobado por la FDA para el tratamiento de la depresión). Los pacientes no se interesan más por los museos y la música experimental. «Es más bien un cambio en sus formas de pensar profundamente arraigadas», me dijo.

Aunque todo esto pueda parecer milagroso, hay que mantener cierto escepticismo. Los estudios sobre drogas psicodélicas son pequeños, y vagos en cuanto al mecanismo de acción. Los investigadores no están del todo seguros de que no se trate de un efecto placebo. Dado que la experiencia psicodélica es tan potente (las personas que las toman suelen alucinar durante horas), es imposible ocultarle a la gente si está tomando un placebo o una sustancia psicodélica. La FDA rechazó hace poco el éxtasis como tratamiento para el trastorno de estrés postraumático porque todavía no está claro que sea seguro y eficaz.

Como todas las drogas, las psicodélicas conllevan riesgos. Las dosis terapéuticas son altas, y algunas personas que las han tomado han informado de efectos secundarios negativos, que pueden ir desde dolores de cabeza hasta un brote psicótico o la ideación suicida, aunque estos dos últimos son mucho menos frecuentes. «No son las dosis que te tomarías en un concierto», dice Matthew Johnson, destacado investigador sobre psicodélicos. Si te tomaras una dosis tan grande en el Burning Man, añade, te irías a tu tienda de campaña y te encerrarías hasta el día siguiente.

Tampoco está claro cómo un aumento de la receptividad puede conducir a una disminución de la depresión y del trastorno de estrés postraumático. Johnson afirma que, aunque todavía no está demostrado que la apertura de mente sea la responsable de los poderes curativos de las drogas psicodélicas, es probable que desempeñe un papel. Problemas como el tabaquismo y la depresión implican una rigidez de pensamiento, afirma. La gente sabe que fumar no es bueno para su salud, pero recae de todas formas porque no se imagina una vida sin tabaco. Con la psilocibina, la gente parece darse cuenta de cosas sobre sí misma que antes podían parecer obvias, «pero ahora lo entiende de verdad», dice Johnson. La droga ayuda a la gente a imaginarse a sí misma cambiando.

Más raro todavía es el motivo por el que los cambios en la disposición a experimentar persisten mucho después de que haya terminado el «viaje». Puede que se deba a que, una vez que asimilas las revelaciones de las drogas psicodélicas, tu mente recuerda lo que vio. Johnson lo compara con dar un paseo en helicóptero sobre una preciosa montaña. Después de contemplar las magníficas vistas desde el cielo, puede que te sientas inspirado para subir por el arduo sendero, porque ya sabes la recompensa final que te espera.

Parece que las drogas psicodélicas ayudan a las personas a asumir los desafíos más que a esconderse de ellos. Tal como me dijo una mujer llamada Lori, pueden ayudarte no solo a enfrentarte a tus demonios, sino a verlos también como realmente son: falsos, fugaces y superados por el héroe que llevas dentro.

Abrir la presa

Lori Tipton era estudiante universitaria en Nueva Orleans cuando su hermano Davin, que vivía en Nuevo México, fue de visita. Siempre habían estado muy unidos; de pequeños, fueron aliados en el seno de su familia disfuncional. Incluso se parecían físicamente. En aquel momento Davin fue a verla para celebrar que ella cumplía veintidós años.

Aquella noche Lori se quedó en casa porque al día siguiente tenía un examen, y Davin salió a tomarse algo con unos amigos. Llegó a casa borracho; Lori recuerda que le molestó que Davin la despertara cuando volvió. A la mañana siguiente se fue a clase como de costumbre.

Cuando estaba volviendo a casa, su novio la llamó, presa del pánico: Davin no se movía. Había muerto durante la noche por una sobredosis de alcohol y pastillas.

En los meses siguientes Lori se esforzó por hacer caso omiso de sus emociones. Se fue a vivir con su madre, que padecía una grave enfermedad mental, y trató de ayudarla con el dolor que esta sentía. No se permitió echar de menos a su hermano. «Me comportaba como si no hubiera pasado nada», recuerda. Al cabo del tiempo se fue a vivir sola.

Cuando tenía veintisiete años, transcurridos seis desde la muerte de Davin, llamó un día a casa de su madre, pero no le contestaron. Lori condujo hasta allí y se encontró con una escena macabra. Al parecer, en medio de un brote psicótico, su madre había asesinado a su antiguo amante y a un amigo de la familia, tras lo cual se había pegado un tiro en el corazón. Su madre llevaba mucho tiempo sin dormir y no se medicaba, y «fue incapaz de encontrar salida a ningún problema», dice Lori. Llamó a emergencias y le dijo a la policía que su madre estaba muerta. Lo único que recuerda sentir en aquel momento es conmoción. «Era casi como ver una película», me dijo.

Reunió como pudo el dinero para pagar el entierro y para poner en orden los asuntos de su madre. Era incapaz de pasar una sola noche sin tener sueños aterradores. Aunque más que estar triste, recuerda estar enfadada con su madre, incluso odiarla.

En aquel momento seguía viviendo en Nueva Orleans y trabajaba como asistente de un fisioterapeuta. Unas seis semanas después de la muerte de su madre, el huracán Katrina arrasó la ciudad, y Lori y muchos de sus amigos tuvieron que evacuar la zona. Al volver, descubrió que el agua que dejó a su paso el huracán había alcanzado los dos metros de altura y había destrozado su casa y la mayoría de sus pertenencias. Estuvo durante semanas sin agua ni gas en su nueva casa.

Un año después se encontraba en casa, resfriada, cuando un amigo la llamó desde un bar, borracho y nervioso. Fue al bar, sacó a su amigo de allí y lo acompañó andando a su casa. Cuando llegaron, él se inclinó hacia delante y la besó, algo que ella permitió con la convicción de que era la forma más sencilla de acabar con una situación incómoda. Pero después, asegura, la violó. En cuanto pudo, cogió sus cosas y salió corriendo en busca de su coche, donde vomitó, asqueada.

Pasaron varias semanas y descubrió que estaba embarazada. Decidió abortar, todo un reto en el sur de Estados Unidos, profundamente antiabortista. «¿Me han echado un mal de ojo o algo?», pensó. Se sentía atrapada en una vida que siempre sería dolorosa. Estaba agotada y dolorida físicamente. Tras el paso del Katrina, Nueva Orleans aullaba de dolor, todo el mundo estaba traumatizado de alguna manera. «Todo aquello me hizo caer en la toxicomanía, y llegué a odiarme, pero se consideraba socialmente aceptable, porque todo el mundo lo hacía», me dijo.

Durante un tiempo Lori ni siquiera pensó que padecía un trastorno de estrés postraumático. Mantenía sus empleos, trabajando como asesora para la recuperación después de catástrofes naturales y como gerente de un bar. Tenía amigos. Pero aunque había sido una niña de espíritu libre y confiada, de adulta comprobaba dos veces las cerraduras de las puertas. En el trabajo, cuando alguien daba una palmada o golpeaba la barra con un vaso de chupito, daba un respingo.[35] Siempre estaba en alerta máxima, vigilando en busca de posibles amenazas.

Pese a sus problemas, sintió el impulso de tener un hijo, y en 2013 se quedó embarazada de nuevo. Su pareja, Andy, y ella decidieron criar al bebé con la ayuda de una pareja gay con la que mantenían una estrecha amistad. La presencia de tres papás aligeró la carga, pero Lori seguía sufriendo una terrible ansiedad posparto. En las raras ocasiones en las que salía a la calle, se imaginaba que el perro de un vecino podría soltarse de la cadena y mutilar al bebé. Nunca llevaba sola a su hijo (que desde entonces ha salido del armario para declararse persona no binaria) a comer fuera, ni salía con él de viaje.

Tomaba antidepresivos y ansiolíticos, pero de todas formas oscilaba entre breves periodos de actividad normal y temporadas más largas de ataques de pánico y terrores nocturnos. «Mi cerebro siempre estaba en el pasado, traumatizado por recuerdos intrusivos, o se trasladaba al futuro y predecía todas las cosas horribles que podían suceder», me dijo. Bebía demasiado y tomaba alprazolam e hidrocodona. A veces pensaba que quizá se merecía todo lo que le había pasado. Otras veces se preguntaba si alguna vez volvería a sentir alegría.

En 2017 oyó hablar de un estudio donde iban a tratar a supervivientes de traumas con éxtasis. La droga parece activar el córtex prefrontal del cerebro y desactivar la amígdala orientada al miedo, cuya combinación permite a las personas revisar sus traumas pasados y procesarlos. El éxtasis también podría reforzar la conexión de la persona con su terapeuta, quien a su vez la ayuda a superar el trauma con mayor eficacia.

Con la intención de prepararse para el tratamiento, se reunió con terapeutas para hablar de su pasado y de lo que quería obtener de la experiencia. Tuvo tres sesiones de éxtasis en total, con un mes de separación entre ellas. Llegaba a las nueve de la mañana, se tomaba la droga y se pasaba el resto del día con sus terapeutas, alternando entre el llanto, conversaciones y a veces risas.

Cuando estaba drogada, repasaba una película mental de recuerdos. Revivía la alegría de ver la nieve por primera vez cuando era pequeña y el aroma de una buena taza de café. Sentía cada recuerdo en el cuerpo como si fuera real, como si lo estuviera experimentando en el momento. Pero no solo se sentía feliz. También se sentía lo bastante segura como para experimentar por fin el dolor ligado a sus traumas. «Fue como abrir la presa de un lago de dolor», me dijo.

Durante las sesiones con éxtasis, los pacientes con trastorno de estrés postraumático rememoran recuerdos traumáticos en un entorno inusualmente cálido, empático y tranquilizador, dice Matthew Johnson. A veces se codifican relatos dañinos con nuestros recuerdos, pero bajo la influencia de la droga, los recuerdos se vuelven más flexibles y abiertos a la recontextualización. La amígdala se activa menos, por lo que los traumas pasados no suscitan su habitual respuesta de lucha o huida. Mientras toman éxtasis, los pacientes pueden sacar y volver a archivar sus recuerdos problemáticos, creando una imagen que es menos desencadenante y menos crítica de sí mismos. (Esta difuminación y moderación de los recuerdos traumáticos se parece a lo que ocurre en algunas otras formas de terapia del trauma, como la desensibilización y el reprocesamiento por movimientos oculares). «Aprendes formas de responder de otra manera —dice Johnson—. De qué manera pensar en esta situación y en ti mismo de otro modo».

Lori tuvo una serie de pequeñas epifanías. Se dio cuenta de que su cuerpo sí que era capaz de sentir alegría y de ser libre; era como si una canción favorita sonara en la radio mucho después de que la hubiera olvidado. Sintió una intensa empatía hacia sí misma. Vio a su madre como a una mujer increíble y también como a una horrible asesina. No se había dado cuenta de hasta qué punto se había culpado por lo sucedido, por no haber dado antes la voz de alarma sobre la enfermedad mental de su madre. Pero con el éxtasis, la perdonó y se perdonó a sí misma.

A la mañana siguiente de tomar la droga, ya con la mente despejada, tenía una «sesión de integración» con sus terapeutas sobre su viaje, que la ayudaba a interiorizar sus epifanías. Se dio cuenta de que lo que se decía a sí misma era muy negativo: una visión deformada de una mujer que solo intentaba sobrevivir.

Después del estudio sintió una oleada de valor. Llevaba un tiempo queriendo dejar el trabajo del bar, y lo hizo por fin.

La densa espiral de temor que había inhibido su maternidad se fue desdibujando poco a poco. Una de las mayores diferencias, dice, ha sido «tener una relación mucho más hermosa, abierta y provechosa con mi hijo».

En la actualidad Lori tiene cuarenta y pocos años, el pelo rojo como una manzana y una franca seguridad en sí misma. Dedica su tiempo a escribir, a hacer yoga y a hablarles a los demás de las drogas psicodélicas. Dice que sus amigos la describen ahora como una mujer más relajada, menos enfadada y más abierta a las aventuras.

Durante un tiempo, a Lori le preocupaba que la experiencia fuera «algo en plan *Flores para Algernon*, en la que me curo y luego voy dando pasitos hacia atrás», dijo. Pero la lleva grabada, es un «gran recuerdo» de su mejor yo. Las circunstancias pusieron a prueba los poderes curativos del éxtasis unos meses antes de que habláramos, cuando vio a un hombre muerto en la calle, cerca de su casa. No hubo violencia de ningún tipo, había muerto de un ataque al corazón. Antes habría reaccionado con hipervigilancia, se habría encerrado en su casa y se habría preocupado por su hijo. Pero hoy reconoce que la muerte de ese hombre no significa que el mundo entero sea un lugar inseguro.

Algunos de estos cambios en Lori apuntan a una disminución del neuroticismo y, de hecho, podrían serlo. Los investigadores de la asociación MAPS, que me pusieron en contacto con ella, han descubierto que el neuroticismo sí disminuyó en las personas con trastorno de estrés postraumático que fueron tratadas con éxtasis, pero el neuroticismo también disminuyó entre los que simplemente recibieron terapia junto con un placebo.[36] La gran diferencia entre los dos grupos (éxtasis y placebo) era que el éxtasis aumentaba la disposición a experimentar. Y esto último fue lo que se correlacionó con una bajada de la puntuación del trastorno de estrés postraumático del paciente.[37]

Los dos rasgos (receptividad y estabilidad emocional) podrían amplificarse el uno al otro, una especie de llamada y respuesta que crea un ritmo constante. Podría ser «útil contar tanto con la reducción del neuroticismo como con un aumento de la receptividad para que la terapia sea más eficaz —dice Berra Yazar-Klosinski, directora científica de la MAPS Public Benefit Corporation, ahora conocida como Lykos Therapeutics—. Creo que el éxtasis abre a la gente, reduciendo la respuesta de miedo».

Michael Mithoefer, psiquiatra que dirige gran parte del trabajo de la asociación MAPS con el éxtasis, me dijo que nuestros trenes de pensamiento se parecen al rastro que dejamos cuando nos deslizamos por una pendiente nevada. Al deslizarte una y otra vez, haces un surco en la nieve, del que pronto te resulta imposible desviarte. El trastorno de estrés postraumático se parece mucho a un surco, o a una zanja. Cuando estás allí atrapado, todos los lugares nuevos parecen peligrosos; no se puede confiar en nadie. El éxtasis puede crear nieve recién caída, permitiendo a las personas «bajar la pendiente por otro camino —dice Mithoefer—. De repente, tienen una nueva perspectiva. Y son capaces de responder de una forma nueva, más creativa y más realista».

En el caso de Lori, el éxtasis redujo la ansiedad e hizo posible abrirse a experimentar. Antes estaba tan ocupada en sobrevivir que no podía optar a otra cosa. «No tener miedo significa que puedo interactuar con las personas que me rodean —dice—. Y al interactuar con ellas, puedo comprenderlas y cuidarlas».

El paso de Lori a tener mayor amplitud de miras al final de la treintena es inusual. La mayoría de la gente tiende a hacerlo durante los últimos años de la adolescencia y los primeros de la veintena, y a cerrarse más adelante. A medida que envejecemos, perdemos el deseo de conocer gente nueva, de probar cosas nuevas o de adoptar nuevos puntos de vista. Los callos emocionales de la mediana edad nos protegen de lo desconocido y lo arriesgado. (Este declive de la disposición a experimentar en la madurez puede ayudar a explicar una trayectoria común en la que los liberales se vuelven más conservadores a medida que envejecen). Pero era casi como si Lori hubiera redibujado los límites que marcaron sus primeros años de adulta. Tenía motivos para dudar del mundo; en cambio, encontró la forma de abrirse a él.

Quizá pase algún tiempo antes de que muchas de las personas que padecen trastorno de estrés postraumático o que solo anhelan ser más abiertas puedan acceder al éxtasis. Mientras escribo esto, la droga aún no está aprobada como medicamento. Mientras tanto, las personas con depresión y ansiedad pueden intentar tener esas pequeñas epifanías con la ayuda de un terapeuta o de una droga más accesible, como un antidepresivo o la ketamina. «Creemos firmemente que cada individuo tiene la capacidad de conectar con su propia sabiduría e intuición», dice Shannon Carlin, jefa de formación y supervisión de terapias en la asociación MAPS. Ella llama a esta capacidad la «inteligencia curativa interior», que es el potencial innato de la mente para recuperarse después de la adversidad. El éxtasis ayuda a las personas a encontrar esa inteligencia, pero no la crea de la nada.

Y aunque puede que no sea tan fácil sin una droga como el éxtasis, cualquiera puede acceder a sus propios recuerdos alegres. Cualquiera puede cambiar la forma en la que se habla a sí mismo y se cuenta las historias que se ha convencido de que son ciertas. Cualquiera puede abrirse y dejar que entre la vida a raudales.

En un momento dado Lori me comentó que «siempre cabe la posibilidad de cambiar y de hacer algo distinto». Parecía compadecer a la persona que una vez fue y también tener la sensación de haberse convertido en alguien nuevo. Después de ser siempre la madre que se quedaba en casa y cerraba la puerta con llave, se le saltaron las lágrimas cuando un día su hijo se volvió hacia ella y le dijo: «¡Qué divertida eres!». La nieve había cuajado, conformando un nuevo camino, y brillaba más que nunca.

Todo ser vivo es importante

Para ser sincera, la historia de Lori hizo que deseara probar las drogas psicodélicas. Aunque tengo la suerte de no haber sufrido tantos traumas como ella, desearía poder borrar de un plumazo todas mis distorsiones cognitivas y llenar mi pizarra mental de visiones geniales.

Hace unos años tomé una pequeña dosis de setas de psilocibina. Rich las consiguió y no hice muchas preguntas sobre cómo lo había hecho. A diferencia de Lori, yo no tenía un guía ni un terapeuta que me acompañara en la experiencia. Pero sí le supliqué a Rich que me vigilara mientras sorbía de la pequeña taza de agua caliente en la que había remojado mi rodajita de seta. Unos veinte minutos después, me mareé y me fui al sofá, desde el que se veía a la perfección nuestro colorido y abstracto cuadro, que de repente parecía palpitar ante mis ojos.

—A la calle —susurré.

Rich me acompañó con cuidado a un parque cercano, agarrándome por el brazo para mantenerme erguida. Pasamos junto a unas rosas que estallaron en sus tallos cuando aparecí.

La naturaleza nunca me había parecido tan... real. Extendí una mano y acaricié las hojas de un boj como una niña de campo en el tráiler de una película.

En el parque desplegué una manta y me tumbé en la hierba. Llevaba un número antiguo del *New Yorker*, que me puse en el regazo para que los transeúntes creyeran que estaba leyendo en vez de estar colocada.

Clavé la mirada en los árboles y me di cuenta de que se ondulaban, de que sus ramas se me acercaban y luego se apartaban. No, me estaban saludando. Me saludaban a mí. Intentaban decirme algo. Pero ¿el qué?

—¿Qué queréis que yo sepa? —pregunté en voz baja.

Pasó una mujer con su perro, que empezó a ladrar alborotado en mi dirección.

—¡Tranquilo! —gritó la mujer—. ¡Solo está leyendo!

Yo, que estaba sumida en una conversación con los árboles, no les hice caso.

Rich cogió un diente de león y me lo ofreció. Eso me entristeció muchísimo, porque ya conocía la Verdad Oculta: todo ser vivo importa. Con gesto solemne, me despedí de los árboles, porque sabía lo que se avecinaba. Unas tres horas después de que empezara, se me pasó el subidón y empezó el peor dolor de cabeza que he tenido en mi vida. A la mañana siguiente era la misma persona de siempre.

Es probable que mi viaje con las setas mágicas hubiera sido más transformador de haber tomado una dosis mayor y de haber trabajado con un terapeuta. Se me pasó por la cabeza buscar una dosis de psicodélicos que me montara en una montaña rusa y acabar este capítulo con una larga descripción de mí misma colocada, riéndome de mi propia mano. Por supuesto, después me habría curado de todos mis males e iría por la vida pisando fuerte y teniendo niños, comprando casas y recibiendo evaluaciones de rendimiento sin pestañear siquiera.

Sin embargo, aunque parecía prometedor, el trabajo de la asociación MAPS con el éxtasis también me hacía dudar. Meses después de hablar con Lori, algunos de los participantes de los estudios llevados a cabo por una empresa relacionada con la asociación, Lykos Therapeutics, dijeron que sus terapeutas parecían predispuestos a los beneficios del éxtasis y que recibieron presiones para no informar de los pensamientos suicidas que tuvieron mientras tomaban la droga, informó el *Wall Street Journal*.[38] (Lykos declaró que había informado de cualquier aumento en ideaciones suicidas). Empecé a creer que tal vez no estuviera todavía madura la idea.

Al final no tomé drogas para este libro por el mismo motivo por el que no tomé drogas mientras estuve en el instituto: me gusta cumplir las reglas. El éxtasis no era legal y yo no conocía a nadie que me lo pudiera proporcionar. Si conseguía éxtasis en un callejón oscuro, no confiaría en el producto, porque podría estar adulterado con otra cosa. No me sentiría lo bastante segura como para tomar una dosis que me cambiara la vida. Tampoco tenía acceso a un terapeuta al que le gustasen las drogas, a un chamán o a un técnico de laboratorio que pudiera ayudarme a ver a mi Dios particular. Si volvía a probar las drogas psicodélicas, me arriesgaba a una repetición de la primera vez. Tendría que darme por satisfecha con mi miniviaje.

Saudade y sardinas

En vez de eso, decidí viajar al extranjero, algo que en la literatura científica se sugiere como forma de ampliar las miras.

Si había alguna posibilidad de aumentar aún más mi puntuación en este rasgo, pensé que podría conseguirlo sumergiéndome en una nueva cultura. Atraída por las fotos y las historias de una amiga que había viajado a ese país hacía poco, reservé un billete a Portugal.

He viajado en muchas ocasiones para superar los periodos de inercia inquieta. Una vez estaba atascada con un artículo difícil, pero durante un vuelo a Dubái para otro artículo, de repente se me encendió la bombilla. Reescribí todo el borrador en ocho horas, allí sentada entre dos empresarios que no paraban de roncar. En ese momento me encontraba en un atolladero similar. No sabía qué hacer con la mudanza, en la que no habíamos avanzado nada, ni con mi fertilidad, por llamarla de alguna manera. Cada vez que me sentaba a escribir, investigaba el coste de la fecundación in vitro, le enviaba un mensaje a Rich ordenándole que aprendiera a cambiar pañales, buscaba en Google listas ridículas como «los mejores sitios para vivir en Florida» (el primero es Sarasota) o «cómo calmar el berrinche de un niño pequeño» (el niño pequeño que no existe) y volvía a empezar el proceso. Necesitaba parar el motor.

Portugal era uno de los pocos países de Europa que nunca había visitado, y esperaba que, al igual que con la expedición de surf, mi mente se quedara boquiabierta, aunque solo fuera un poquito. Recordé algunos de mis primeros viajes como reportera, durante los cuales llegaba a un pueblo remoto con una grabadora y una cámara, y tenía la sensación de que cada entrevista iba sacudiendo los cimientos de mis suposiciones previas. Quizá fuera así. Aterricé en Lisboa sintiéndome preparada para que ese lugar montañoso me absorbiera y me rehiciera.

El primer día recorrí los claustros de piedra caliza del Monasterio de los Jerónimos, del siglo XVI, que se alza en la periferia de Lisboa como una enorme tarta de vainilla. La iglesia se financió con el comercio de la pimienta y debe su nombre a los monjes jerónimos, que el rey portugués Manuel I hizo instalar allí para que rezaran por él a diario. Miré a través de sus arcos ornamentados mientras me preguntaba cómo sería vivir en el edificio.

Comí un montón de sardinas asadas para almorzar, después paseé por las orillas del río Tajo y me asomé al Monumento a los Descubrimientos, el llamativo, y algo problemático, homenaje en piedra a los primeros exploradores portugueses. («Monumento al Pillaje» habría sido más apropiado). Luego me salté la Torre de Belém, la estructura en forma de L por la que más se conoce a Portugal, porque el desfase horario había acabado pasándome factura.

Había ido sola, en parte porque Rich odia las vacaciones y yo odio hacer de guía turística para un hombre que odia las vacaciones. Pensé que tendría la rara oportunidad de entretenerme con reflexiones privadas sin tener que estar preguntándole si le parecía bien tal o cual restaurante o sin tener que asegurarme de que él se divertía. Esperaba entrar en mi tipo preferido de meditación: un largo rato a solas en un lugar donde no pudiera entender a nadie.

Lo que no había tenido en cuenta era que doce años de convivencia continua me habían dejado sin reflexiones privadas. Tenía un monólogo en marcha cuyo público se había ausentado de repente. Me sentía sola y desconcertada. ¿Para quién estaba haciendo todas aquellas fotos? Terminé el día llamando por FaceTime a Rich, conectada a la red inalámbrica del hotel y preguntándole qué estaba haciendo.

Al día siguiente cayó un aguacero fortísimo que me empapó las zapatillas deportivas mientras recorría las empinadas calles. Fui a una actuación de sentido fado portugués y comí más queso del aconsejable. Supongo que no tengo pinta de robar un iPhone, porque seis o siete parejas diferentes me pidieron que les hiciera una foto.

Me di cuenta de que estaba tachando con eficacia todos los lugares de interés de mi guía de Europa de Rick Steves. Pero al cabo de un par de días también me di cuenta con consternación de que, mirara donde mirase, estaba rodeada de otros turistas, una tendencia a la que, obviamente, yo estaba contribuyendo.

Parece que viajar fomenta lo de abrirse si te obliga a relacionarte con los lugareños. Pero la verdad es que conocí a muy pocos portugueses durante mi viaje. Fuera por culpa de la locura pandémica, de un dinámico mercado laboral o de Instagram, allá donde fuera en Portugal me rodeaba siempre gente de otros países. Vi a adolescentes holandeses en patinetes Bird. Oí a dos rusos conspirando para colarse en la fila del Palacio de la Peña. En la playa divisé a un alemán muy necesitado de vitamina D bajarse los pantalones y los calzoncillos y empezar a tomar el sol en el trasero.

Uno de los conductores de Uber que me llevó era del país, pero se pasó todo el rato escuchando rap portugués y hablando por teléfono con su colega Miguel. Al final, tuvo que hacer un gran esfuerzo para pedirme una buena propina con su mejor inglés. Ser abierto en Lisboa fue como ser abierto en Disney World: no estabas tanto observando una cultura auténtica como dejándote llevar por una economía falsa creada para ti. La diferencia entre viajar y surfear era que yo tenía que comulgar con el océano, por mal que se me diera. Pero tenía la sensación de que apenas había rascado la superficie de Portugal.

Poco después de volver, otro test de personalidad mostró que mi puntuación en la disposición a experimentar había subido un poco, de «muy alta» a «extremadamente alta».

Dado que me había pasado la semana encajada entre checas con sus palos de selfi, me alegró ver esa mejora, por pequeña que fuera. Tal vez mejoré porque había dado algunos pasitos descartando varias ideas preconcebidas sobre mí misma, como que no me iban los deportes o que solo podía ir de vacaciones en pareja.

Al final el lisboeta con quien más conecté fue el poeta más famoso de Portugal, Fernando Pessoa, cuya estatua de bronce situada delante de la cafetería A Brasileira contemplé un día. Pessoa, que vivió y escribió a principios del siglo XX, adoptó el tema de este libro en su vida: que la identidad es flexible y que dentro de cada uno de nosotros suena una sinfonía, según sus propias palabras. Escribió con más de cien pseudónimos diferentes (como Álvaro de Campos o Alberto Caeiro) y consideraba que cada uno de ellos era una persona distinta, con su propio estilo, punto de vista e incluso identidad. «Cada uno de nosotros es varios, es muchos, es una profusión de yoes», escribió.[39]

Gran parte de los escritos de Pessoa pueden leerse como una celebración de la disposición a experimentar: «La literatura —decía— es la forma más agradable de desentenderse de la vida».[40] Sin embargo, su receptividad no se extendía al deseo de viajar. La idea de viajar le resultaba nauseabunda y no veía con buenos ojos a la gente que hace turismo por diversión. En un ensayo de *El libro del desasosiego*, señala que la existencia, en sí misma, es una forma de viajar: «La vida es lo que hacemos de ella —escribe—. El viaje es el viajero. Lo que vemos no es lo que vemos, sino lo que somos».[41] Para abrirse a experimentar, parecía decir, no tienes que visitar monasterios del siglo XVI. Puedes visitar tu interior.

Ser receptivo, me di cuenta, significa comprender que un lugar no puede ser a la vez querido por todos y una joya oculta.

Las nuevas experiencias no siempre son buenas al cien por cien; pueden ser complicadas o decepcionantes. A veces lo banal puede resultar maravilloso, y lo exótico, una especie de desengaño. La verdadera amplitud de miras significa aceptar esas posibilidades. Exige ver la ambigüedad con claridad.

6

Juega bien con los demás: La capacidad de ser amable

En el test de personalidad original, el que hice en el hotel de Ocean City, obtuve una puntuación media en la capacidad de ser amable, el rasgo de las «personas sociables»: desinteresadas, cooperativas, sencillas, simpáticas, confiadas y agradables. Aunque intentaba mejorar mi simpatía, una parte de mí aceptaba mi puntuación media. Pertenecía a esa horda que no se detiene delante del grupo de Greenpeace que está haciendo campaña pero tampoco le hace la puñeta. El lema de mi vida era no ser tonta ni mala gente, y lo seguía a rajatabla.

Sin embargo, mi capacidad de ser amable disminuyó a medida que avanzaba la pandemia. Pasaba demasiado tiempo sola, dándoles vueltas a los defectos de los demás, buscando pruebas de que me habían hecho daño. En tiempos normales las interacciones buenas y malas que tenía con la gente se equilibraban, de modo que mi impresión de la humanidad era en general buena. Durante la pandemia nunca veía a nadie, ni oía el chiste que templa el insulto solapado, ni me deleitaba con una sesión de reconfortante borrachera después de un día difícil. Participaba en las horas felices a través de Zoom, y luego me sentaba sola y analizaba los comentarios sarcásticos que había oído. «¿Qué han querido decir con eso?». No era un panorama propicio para la amabilidad.

Mi antipatía aumenta cuando alguien hace algo que me genera estrés, o es irrespetuoso o grosero sin más. Me enfado con quien lo haga. Pero también, y lo más relevante, me enfado conmigo misma por las decisiones que me han llevado a ese punto. «¿Por qué sigo con un hombre que mete mis bañadores de cien dólares en la secadora? ¿Por qué no me esforcé más en la universidad para hacer amigos? ¿Por qué no me hice analista de riesgos financieros para poder vivir en una bonita casa en un estado cálido y no pasarme la vida estresada?». En ese momento llego al inevitable veredicto: «¡Mi vida sería mejor si no fuera imbécil, joder!». Esa conclusión hace que me sienta todavía más desagradable.

Aunque me grito a mí misma en silencio, también suelo gritarle en esos momentos a la persona a la que quiero, mi novio. Es como si no pudiera gritarme a mí misma lo suficiente, así que le grito a él, y solo a él. A veces le grito por verdaderos crímenes de guerra, como ponerse a tocar la guitarra en vez de hacerme caso cuando le digo que guarde las cosas que llevamos a la acampada. Pero también le grito por infracciones menores, como aquella ocasión en que se quejó de que la hamburguesería a la que nos había dirigido Google Maps estaba dentro de un centro comercial grande y complicado («¡Pues planifica tú las cosas para variar, joder!»). Es habitual que mi enfado con él acabe desplazándose a otras personas a las que no les puedo gritar, como las que me escriben para reñirme por usar demasiadas muletillas en la radio.

Aprendí este estilo de gestión de conflictos de mi padre; o posiblemente lo heredé y compartamos algún cromosoma que nos susurra que nos libraremos del agobio de la decepción si lo soltamos en forma de rabia. Mi padre era un inmigrante ruso en Texas con dos hijos, que se pasaba el día trabajando y que chapurreaba el inglés lo justo para poder comunicarse, de manera que su sistema nervioso acusó la presión. Ha cosechado las ventajas de la antipatía. Mucha gente me ha dicho que es la persona más graciosa que han conocido en su vida. Pero tiene la mecha corta, igual que yo. En mi etapa adolescente los gritos en casa eran algo habitual.

Mientras crecía, odiaba los gritos de mi padre, así que es irónico que ahora lo imite, pero en inglés. Rich y yo nos hablamos a veces de forma ridícula, pronunciando mal algunas palabras expresamente, porque en una ocasión hace diez años se me trabó la lengua y fue gracioso. Sin embargo, cada pocas semanas, algo me saca de quicio y suelto barbaridades y tacos a todo pulmón. Si me oyeran los psicólogos especialistas en terapia de pareja que afirman que el desprecio es el signo más evidente del fracaso de una relación, nos aconsejarían que empezáramos a repartirnos los muebles.

Rich, en cambio, viene de una familia que decía cosas como «bendito seas por haberlo intentado». En el colegio Montessori al que asistía la maestra les pidió que dijeran un rasgo que los describiera, y Rich, que en aquel entonces tenía cinco años, dijo: «Me gusta ser amable». Durante los más de doce años que llevamos juntos, tal vez lo haya oído levantar la voz dos veces. Lo normal es que yo grite y que él haga como que no me oye, algo que me saca todavía más de quicio. Después siempre le pido perdón, y él siempre acepta mis disculpas. Sin embargo, una vez me dijo: «Sabes que con un niño las cosas que digas no se pueden retirar, ¿verdad?».

Tiene razón. Los niños recuerdan los gritos y aprenden de ellos. Para ser un padre cariñoso y comprensivo, es importante ser diligente y amable. Me sobra diligencia (el rasgo de la meticulosidad y la organización), pero debía desarrollar mi capacidad de ser amable antes de traer más vida a este planeta tan desagradable. Los estudios indican que los padres amables son más cariñosos y menos propensos a las exageraciones.[1] Ven a sus hijos de forma más positiva, los apoyan más eficazmente y su «transición a la paternidad» es más suave.[2] Si iba a convertirme en madre, quería ser amable.

La capacidad de ser amable es el rasgo de los santos, el que te permite reaccionar con calma ante un cliente furioso y reunir a un grupo de amigos para participar en tu boda tan numeroso como un equipo de baloncesto. Las personas amables resultan simpáticas, ayudan a los necesitados y perdonan a quienes les hacen daño.[3,4,5] Suelen tener mejores relaciones con sus parejas sentimentales y amigos.[6] Se ríen, asienten con la cabeza y sonríen más a los demás.[7] Son más agradables y menos ofensivas. Piensa en el señor Rogers, el de la serie infantil, no en Míster T, de *El equipo A*.

Ser un poco desagradable, o muy desagradable en ocasiones, puede ser útil. Ciertos momentos exigen que negociemos sin piedad, que señalemos las mentiras o que defendamos a nuestros seres queridos y a nosotros mismos. Sin embargo, un nivel alto de esta característica puede convertirse en hostilidad, agresividad e insensibilidad. Los muy desagradables son psicópatas. Las mujeres tendemos a ser más agradables que los hombres, quizá porque cuando no lo somos, nos llaman víboras y nos dicen que nos calmemos.[8]

La capacidad de ser amable es otro rasgo que no promete riquezas cuando se maximiza. Las personas agradables no tienen más éxito económico que las desagradables, por término medio.[9] Le ponen menos «énfasis a los resultados» en la vida y es habitual que estén tan ocupados ayudando a los demás que se les olvida preocuparse por ascender.

Sin embargo, son ricos en otros aspectos.[10] Son más felices, tienen menos probabilidades de divorciarse y una mejor calidad de vida, y afrontan mejor la adversidad.[11] Un estudio que llevó a cabo un seguimiento de cientos de personas discapacitadas durante un periodo de cuatro años descubrió que las más amables se recuperaban psicológicamente mucho más rápido que las más antipáticas.[12] Las personas agradables no son mártires, son resistentes.

Yo quería ser así, y por los motivos correctos. Quería aumentar mi capacidad de ser amable para poder ser una buena madre algún día, pero también para poder conectar mejor con mis fuentes, empatizar más con los demás y mejorar mi escritura. Quería más y mejores amigos, y que Rich se sintiera tan querido y seguro conmigo como yo me sentía con él.

Una vez tuve una sesión online con una terapeuta tan mala que hasta tenías que reírte, y que después de contarle que acababa de morir un familiar, decidió decirme: «Creo que, por debajo de tooodo eso, eres una buena persona». Esa anécdota se ha convertido en una de mis preferidas para contar en las fiestas («¡Menuda loca!», me dicen), pero todavía me atormenta la posibilidad de que detectara mi antipatía sin necesidad de rascar mucho. ¿Qué vio en mí para decir eso? Yo tenía la sensación de que era una buena persona, pero quería estar segura.

Sin embargo, la capacidad de ser amable puede ser difícil de cambiar. Al parecer, parte de la antipatía consiste en no querer ser agradable. En los estudios sobre el cambio de personalidad la gente no acostumbra a manifestar su deseo de cambiar en lo que respecta a la capacidad de ser amable, por lo que no suele cambiar. (En este sentido el rasgo es similar a la disposición a experimentar).

Esto puede deberse a que cambiar la capacidad de ser amable puede parecer un trabajo pesado. A diferencia de la extroversión, no es una fiesta sin fin. A diferencia de la reducción del neuroticismo, no implica yoga, retiros de meditación ni días de spa. De hecho, no tiene nada divertido. Es el arduo camino de empatizar con tus enemigos, controlar tu ira y anteponer siempre a los demás. Es hacer cosas por los demás, normalmente a tu costa, y a menudo sin ningún agradecimiento a cambio. (Es posible que algunos lectores caigan en la cuenta de lo mucho que se parece esta descripción a la de la paternidad).

Una gran parte de la capacidad de ser amable tiene que ver con la empatía, y la empatía es bastante fácil con la gente que nos cae bien. Sin embargo, cuando nos enfrentamos a una postura contraria a la nuestra, sentir empatía puede parecerse a perder en una discusión. Así que cuando nos desafían, es normal que prefiramos mantenernos firmes, aunque eso signifique ser desagradables. Los estadounidenses tienden a agruparse en torno a líneas políticas similares, en parte porque es más fácil que tener que esforzarse a todas horas por ser agradable con tus oponentes ideológicos. Como dijo Donn Byrne, psicólogo de la personalidad: «El desacuerdo plantea la desagradable posibilidad de que nos mostremos estúpidos, desinformados, inmorales o dementes hasta cierto punto».[13]

Por lo tanto, intentar mejorar tu capacidad de ser amable te pondrá a prueba cuando te parezca más fácil y mejor no cambiar tu personalidad. Te interpelará cuando el cambio te resulte difícil y sientas la tentación de rendirte. Te retará a hablar en voz baja cuando lo único que quieres es gritar.

Tocar la lira

Mi primera incursión en la capacidad de ser amable fue a través de una clase de control de la ira por Zoom. Aunque la «ira» es técnicamente una faceta del neuroticismo, también es uno de los signos más visibles de una baja capacidad para ser amable.[14] Las personas amables tienden a enfadarse menos y no piensan tanto en su enfado.[15] No acostumbran a insultar a su novio por un comentario sobre una hamburguesería. La capacidad de ser amable parece ayudar a las personas a suavizar su furia cuando esta surge.[16]

Había elegido un curso que estaba bien de precio, ofrecido por el departamento de servicios sociales de mi condado y que constaba de ocho sesiones. En la primera reunión nos presentamos por turnos y describimos por qué estábamos allí. No tardé en enterarme de que era la única persona a la que no le habían exigido asistir por mandamiento judicial.

Después describimos de qué forma había afectado la ira a nuestra vida. Yo dije que había empeorado mi relación, de tal manera que a veces funcionaba menos como una relación de pareja y más como un lugar de trabajo tóxico. Otras personas parecían muy preocupadas por la posibilidad de que su ira perjudicara a sus familias. Un chico dijo que no entendía por qué hablábamos de nuestros sentimientos cuando los niños de China y de Rusia estaban aprendiendo a fabricar armas, lo que me pareció un punto interesante, porque en el control de la ira no se permite criticar a los demás.

Las sesiones estaban dirigidas por una instructora amable y sensata, y otra que actuaba como una especie de animadora. Cada vez que la instructora hacía un comentario, la animadora asentía con vehemencia y exclamaba «¡Sí!».

Las primeras reuniones no me suscitaron mucha esperanza.

—La próxima vez que os enfadéis, probad con un ejercicio de conexión a tierra —nos aconsejó la instructora.

—¡Sí! —exclamó la animadora.

No fue la única sugerencia de ese tipo. El contenido del curso le resultaría familiar a cualquiera que haya pasado alguna vez media hora en la sección de autoayuda de una librería. Aprendimos la trillada coletilla de la terapia de pareja: «Cuando tú X, yo me siento Y». Aprendimos a respirar hondo. Aprendimos que nuestros pensamientos no siempre son acertados. ¡Sí!

Aun así, no fui una alumna estrella. Durante una sesión mencioné que cuando me enfado con alguien me gusta hacerle muchas preguntas, pues me hace sentir que puedo desenmascarar su estupidez sin hacer nada malo. Es como poner la mano a un palmo de la cara de alguien mientras canturreas «No te voy a tocar», pero en versión para adultos.

«No es un mecanismo de afrontamiento del que haya oído hablar», dijo la instructora con voz tranquila y preocupada. La animadora añadió que a la gente le podía parecer un detonante, que es precisamente mi objetivo. El chico de los niños fabricantes de armas dijo que era una buena forma de que te gritaran o te despidieran. Parecía hablar por experiencia.

Todos nos enfadamos, por supuesto, pero se supone que no debemos demostrarlo. Algo que no siempre ha sido así. En distintos momentos de la historia se pensaba que la expresión de la ira estaba justificada. Los pensadores morales de la época eduardiana aseguraban que una «digna indignación» aportaba beneficios, sobre todo para los niños y los hombres. «El alma enérgica debe luchar si no quiere arriesgarse a estancarse o volverse flácida», decía un extendido consejo de paternidad de 1906.[17]

Desde entonces, la cultura estadounidense ha girado hacia la supresión de la ira como ideal justo. La idea de que no debemos expresar ira en el trabajo, por ejemplo, la inventaron los primeros expertos en recursos humanos, al estilo de Dale Carnegie. El mandato del siglo XX de «mantener la calma» simboliza «el creciente esfuerzo de nuestra cultura por la moderación», afirma el historiador Peter Stearns en *American*

Cool.[18] A principios del siglo XX los empresarios importantes y otras autoridades empezaron a animar a los estadounidenses a que sonrieran y aguantaran. «Poner buena cara y ofrecer la otra mejilla se convirtieron en un nuevo estilo de personalidad laboral, diseñado para subordinar las reacciones personales a los intereses empresariales», asegura Stearns. La idea de que «el cliente siempre tiene razón» surgió por sí sola. Los psicólogos industriales esperaban que, al sofocar la ira, el lugar de trabajo se pareciera a una máquina bien engrasada, «un motor que funciona con suavidad». Ese nuevo estilo de trabajo, dice Stearns, era «impersonal, pero amistoso».

Me resistía a someter mi vida emocional al capitalismo. ¿No tengo ya un armario lleno de rebecas de Banana Republic, no vigilo lo que digo en las redes sociales y uso expresiones como «retomando el tema», todo para apaciguar al sector corporativo?

Sin embargo, en mi caso la ira no brota en el trabajo. Brota en casa, y el afectado es Rich. A veces, cuando grito, me siento fatal por ser tan mala, como si hubiera acabado envolviendo a Rich en mi angustia. Si no puede oler el humo, abro una puerta y le enseño las llamas.

No obstante, al cabo de unos minutos sigo soltando el aire por la nariz, con los ojos desorbitados, gritando cosas que no quiero decir y que Rich no se merece. Cuando grito, él retrocede y me mira perplejo. A veces me pregunto si se está imaginando al Hipotético Hijo Futuro sentado en el suelo a su lado, viéndome perder los papeles.

La escritora Elissa Schappell resume mi miedo en un ensayo que escribió para la colección *The Bitch in the House* [«La víbora en casa»]. Una noche, después de lo que parecía el típico berrinche a la hora de acostarse, su hijo de tres años le lanzó un libro a la cabeza, golpeándola en la frente. Entonces Schappell les gritó a los niños con un «rugido sobrenatural que prometía un castigo infernal», dice. Cuando los niños chillaron que los estaba asustando, ella les gritó: «¡Genial! Hacéis bien en tener miedo». Sin embargo, reconoce que ella también tiene miedo, «miedo de hacerles daño a mis hijos, de no poder protegerlos de mí misma».[19]

Al leer eso me identifiqué mucho más con Schappell que con todos las *influencers* de la «crianza respetuosa» que las redes sociales me habían estado enseñando de un tiempo a esa parte. No me veía diciéndole a un niño pequeño en plena rabieta: «Sé que te sientes muy frustrado ahora mismo». Pero sí me imaginaba soltándole un: «¡Haces bien en tener miedo!». Llegué a la conclusión de que no necesitaba controlar mi ira por el trabajo. Necesitaba hacerlo por amor.

Una de las principales razones por las que algunas personas se enfadan más que otras es el «etiquetado incendiario», o la tendencia a ver a las personas y las situaciones de forma más negativa de lo que son en realidad.[20] Etiquetar de forma incendiaria es llamar «idiota total» a un compañero de trabajo que cometió un error sin importancia, aunque no se lo digas a la cara y solo lo pienses. En vez de lograr que te sientas mejor («Ese tío, ¡lo tengo calado!»), esas etiquetas hacen lo contrario y te dan motivos para enfadarte aún más. Acabas cayendo en una espiral tóxica en la que alguien te parece un completo inútil, te enfadas por tener que relacionarte con él y luego lo etiquetas de forma todavía más incendiaria. Los pensamientos pueden llevarnos a la ira de otras maneras, tal como escribe Ryan Martin, profesor de la Universidad de Wisconsin-Green Bay, en su libro *Por qué nos enojamos*, pero el etiquetado incendiario es una de las principales divisiones entre los adictos empedernidos a la ira y las personas capaces de controlar la ira.

El llamamiento de los psicólogos a resistirse a las etiquetas incendiarias es similar a la recomendación del estoico Séneca de no buscar formas de sentirse ofendido. El filósofo romano escribió en una guía que podría ser útil para los usuarios actuales de las redes sociales que no debemos tratar de determinar si alguien ha hablado mal de nosotros o si ha hecho algo con malicia. Asume que no ha sido así, y ya. «Conviene no verlo todo, no oírlo todo», aconsejó Séneca.[21] (Otras de sus técnicas de control de la ira eran no estar demasiado ocupado, evitar a la gente frustrante, mantenerse bien alimentado e hidratado, y tocar la lira).[22, 23]

En su libro Martin advierte también contra la «atribución errónea de causalidad», o asumir que alguien te ha desairado a propósito y no de forma involuntaria. Como la de muchos psicólogos, su investigación es una «búsqueda del yo». La ira de su padre lo asustaba cuando era niño y se interpuso entre ellos en la edad adulta. Martin describe a su padre gritándoles a los camareros y tocando el claxon con rabia mientras conducía. «Nunca me sentí totalmente cómodo a su lado», asegura.[24]

Me dijo que tiene sentido que la mayoría de las veces solo me enfade con Rich. La familia puede ser un espacio seguro para expresar la ira. Mucha gente reprime su rabia todo el día y la suelta cuando entra por la puerta de casa. En el siglo XX hemos expulsado la ira del lugar de trabajo, y de esa forma nos la llevamos a casa.

Cambiar las expectativas

Las sesiones de control de la ira, por muy correctivas que parecieran, contribuyeron a aumentar mi arsenal de herramientas para combatirla. La ira se desencadena cuando las personas y los acontecimientos que nos rodean no cumplen nuestras expectativas, decían las instructoras. Esperabas que tus hijos fregaran los platos, pero no lo han hecho y ahora estás enfadada. En vez de establecer expectativas para otras personas, nos dijeron, deberíamos intentar establecer «objetivos», que conllevan la posibilidad de no cumplirse. Por ejemplo, el objetivo es que Rich llame hoy al administrador de fincas, y si no lo hace, será como si un balón de fútbol se desviara demasiado a la derecha: algo decepcionante, pero que pasa a veces.

Según Martin, las tácticas como golpear cojines o romper cosas no reducen la ira; al contrario, la aumentan por irónico que parezca. Te enfadan más e incitan a tu cerebro a buscar razones por las que tu cuerpo está rompiendo platos y dando zapatazos. Lo que Martin recomienda son técnicas para aliviar la ira, como pasar de la reflexión a la planificación, de manera que sientas que controlas la situación hasta cierto punto. («Vale, hay mucho tráfico y voy a llegar tarde a la cena. ¿Cómo puedo compensar a mis amigos?»). Si es habitual que te enfrentes a situaciones que te enfadan, puedes practicar de antemano, cuando no estés enfadado, formas de actuar para superarlas.

A las pocas semanas de empezar con las sesiones para el control de la ira, tuve un día complicado en el trabajo y me puse a contárselo a Rich.

—¿Por qué no entras en el despacho de tu jefe y le dices exactamente lo que quieres, o amenazas con irte? —me sugirió él. La solución ideal para un programador informático, cuya página de LinkedIn recibe todos los días un bombardeo de ofertas de trabajo.

—¡Eso es lo más ridículo que he oído en la vida! —grité—. ¿Cómo íbamos a pagar la hipoteca?

Rich hizo una pausa.

—Eres igual que tu padre —replicó con sequedad, incitándome a levantar más la voz.

Cuando conté este episodio en el curso de control de la ira, los instructores dijeron que debería ser más clara sobre lo que necesito de Rich cuando estoy de mal humor, que suele ser que me escuche, no que me aconseje. Nunca se me había ocurrido hacerlo.

Una semana me salté la sesión del curso para ir a un concierto de Kesha con unas amigas, ya que era una actividad de grupo, algo bueno para la extroversión. La siguiente vez que se reunió la clase, hablamos del perdón, algo que al chico de los niños fabricantes de armas no le iba mucho.

«En vez de perdonar a alguien, prefiero invitar a todos mis enemigos a un puente y prenderles fuego», dijo.

Pensé que su sinceridad tenía mérito, porque ¿quién no ha deseado a veces prenderles fuego a todos sus enemigos? Sin embargo, parecía que las instructoras del curso empezaban a enfadarse un poco con él.

En la última sesión, sin embargo, el chico de los niños fabricantes de armas parecía arrepentido y reconoció que utilizaba la ira para enfrentarse a la vida, lo que supuso un avance mayor de lo que se esperaba de él. Mientras tanto, a mí me elogiaron por un viaje inusualmente tranquilo a casa para ver a mis padres, que según ellas era un ejemplo de buena «gestión de expectativas». «Sé exigente con tu energía y tu tiempo», me aconsejaron. Lo de no oírlo todo está bien, pero lo de no analizar las cosas más de la cuenta, también.

En última instancia, lo que me ayudó a aprender a controlar la ira hacia Rich fue algo que dijo mi psiquiatra. Me había quejado de que, de un tiempo a esa parte, Rich se negaba a hacer cualquier tarea relacionada con la mudanza, como deshacerse de algunas de sus pertenencias o investigar vecindarios. Parecía decidido a darme trabajo extra, y eso me cabreaba.

Me he dado cuenta de que la mayoría de los consejos de los terapeutas se inclinan hacia el autocuidado y establecer límites, así que me sorprendió que mi propia psiquiatra, una chica seria que fue a una universidad evangelista, me dijera que necesitaba expresar más empatía hacia Rich. «Intenta ponerte en su lugar —me aconsejó—. ¿Qué motivos pueden llevarlo a actuar así?».

Su consejo me recordó una anécdota que contó una de mis compañeras en el curso de control de la ira. La mujer, de carácter rudo y mediana edad, explicó que tenía una amiga cuya impuntualidad crónica siempre la había cabreado. Un día por fin le preguntó por qué no llegaba nunca a tiempo. La amiga le explicó que una vez se produjo un incendio en su casa y que ya no se atrevía a marcharse hasta haber comprobado que todos los electrodomésticos estaban desenchufados. Cuando terminaba de comprobarlo, ya llegaba tarde. Mientras contaba la anécdota, la dureza de mi compañera de clase se suavizó un poco, como si ese recuerdo la invitara a la compasión.

Quizá mi frustración disminuiría si comprendiera mejor a las personas que me cabrean. Las personas con una alta capacidad de ser amables tienden a prestar atención a los estados mentales de los demás y los tienen en cuenta a la hora de actuar.[25] Son conscientes de las motivaciones de los demás, y eso las tranquiliza. La baja empatía y la irascibilidad pueden parecer dos elementos distintos de la antipatía, pero están relacionados al fin y al cabo.

Tras semanas de resentimiento latente por la logística de la mudanza, y en medio de otra discusión, por fin miré a Rich en silencio durante un buen rato.

—¿No... quieres mudarte? —le pregunté.

—Pues no —reconoció—. La verdad es que no. Estoy dispuesto a hacerlo si tú te empeñas, pero no me apetece nada.

Podría haberlo adivinado por su comportamiento: estableciendo normas imposibles para nuestro futuro hogar y negándose a mover un dedo para ayudar a encontrarlo. Sin embargo, al preguntarle, descubrí la motivación oculta de su actitud, y todo cobró de repente más sentido. Si refunfuñaba sobre un viaje de exploración que yo planeaba, o si aplazaba la purga de sus instrumentos musicales, me estaba diciendo, sin decírmelo, que no tenía interés alguno en mudarse. Acceder a mudarse era una prolongación de su capacidad de ser amable, una concesión hecha a otra persona, en aras de la serenidad.

Otra forma de verlo, por supuesto, es como una agresión pasiva. Ojalá me hubiera dicho directamente que no quería mudarse. De todas formas, la confesión me ayudó a superar la frustración por su falta de ayuda. Cada vez que le asignaba una tarea relacionada con la mudanza y se desentendía, pensaba: «Bueno, me dijo que no quería mudarse». La empatía («Hecha de esfuerzo, esa prima bajita del impulso», como la definió la ensayista Leslie Jamison) fue lo que me ayudó a controlar el subidón de la ira, con suavidad y sin aspavientos.[26]

Es probable que este esfuerzo empático siempre me agote y beneficie a mis seres queridos a expensas de mi propia catarsis. Una circunstancia que no parece muy triunfal, pero quizá no deba serlo. La ira es evidente y se mueve deprisa, pero la capacidad de ser amable te invade más despacio, casi sin que te des cuenta.

El control de la ira me había ayudado a no torpedear mis relaciones. Pero también quería mejorarlas. Quería amistades profundas y abundantes. Quería estar en los «favoritos» de los teléfonos de la gente. Así que me puse a buscar otro beneficio de la capacidad de ser amable: que puede ayudarte a convertir en aliado a casi cualquier persona.

Conversaciones de madrugada a mediodía

Georgie Nightingall tiene el inusual trabajo de ayudar a la gente a tener mejores conversaciones, y yo esperaba que pudiera enseñarme. Ya en nuestra primera videollamada, me di cuenta de que Georgie, una treintañera de pelo rubio oscuro, es como un cruce entre una profesora británica de antropología entrada en años y una alegre monitora de campamento de verano. Te suelta verdades profundas, pero con una sonrisa de oreja a oreja.

Georgie creó su organización, llamada Trigger Conversations [«Iniciando conversaciones»], en 2016, cuando se cansó de tener el mismo tipo de intercambio con las personas una y otra vez: «¿A qué te dedicas, dónde vives?». Quería que las conversaciones sobre el sentido de la vida que se mantienen en los dormitorios de las residencias de estudiantes a las dos de la mañana se produjeran en su vida de adulta durante las quedadas de las horas felices, mientras disfrutaba de una porción de quiche.

Para el capítulo de la extroversión yo ya había aprendido a hablar informalmente con desconocidos, y a veces incluso a conseguir que se tomaran un café conmigo. Pero todavía me sentía incómoda en las conversaciones cara a cara que no eran entrevistas. Me preguntaba si yo sería demasiado aburrida; si la otra persona sería demasiado aburrida. Me preguntaba de qué hablaba la gente. Rara vez acababa una conversación sintiéndome más agradable con mi interlocutor, o más transformada o renovada.

Esperaba que Georgie pudiera enseñarme a mantener no solo más conversaciones, como una persona extrovertida, sino conversaciones más significativas, como una persona agradable. Mucha gente soporta como puede una charla de cinco minutos junto al microondas de la sala de descanso del trabajo, pero la amabilidad implica preocuparse por los demás y demostrarlo en tu forma de hablar con ellos. La conversación es, tal como dijo Vivian Gornick, «la forma más vital de conexión aparte del sexo».[27]

La gente subestima por sistema lo que disfrutará, y lo que disfrutarán los demás, hablando de temas profundos, o sea, manteniendo conversaciones de las dos de la madrugada. Pensamos que será incómodo. No comprendemos que otras personas prefieran conocer nuestras motivaciones y valores, en vez de conformarse con saber cómo ha ido nuestro vuelo. Aunque he investigado este fenómeno y la base de mi trabajo es mantener conversaciones profundas, cuando me reúno con amigos, no puedo evitar hacer un repaso de la lista de tópicos, como las próximas vacaciones, los problemas en el trabajo y los sinsabores de poseer una vivienda. Me parece más seguro. ¿Cómo voy a saber lo que les gusta? ¿Y si se toman mi interés como una grosería?

Sin embargo, en un estudio dirigido por Nicholas Epley, psicólogo de la Universidad de Chicago, las personas se sentían más conectadas después de preguntarse mutuamente cosas como «¿Qué es lo que más agradeces de tu vida?» en vez de «¿Cómo te va el día hasta ahora?».[28] «He repetido lo mismo con más de mil personas durante el experimento —me dijo Epley—. Los participantes me dicen a menudo: "Me sorprendió lo abierta que fue la otra persona, y que cuando yo me abrí a ella, ella también se abrió". Los psicólogos respondemos a esto con un "¡No me digas!". Así funciona la reciprocidad. La intimidad se alcanza ofreciéndola primero».

La gente calcula erróneamente lo bien que irán estas interacciones profundas, porque tendemos a evaluar nuestro propio comportamiento en términos de competencia: «¿Sé hacer esto?», aunque los demás nos evalúan en términos de calidez: «¿Es amable esta persona?». Cuando nos obsesionamos con ser agradables «como es debido», subestimamos lo importante que es serlo sin más.

Georgie me invitó a ir a Londres para participar en un taller centrado en mantener este tipo de conversaciones profundas. Me apunté, pensando que podría combinarlo con mi viaje a Portugal. En realidad, Georgie es tan persuasiva y carismática que si me hubiera dicho que el taller era debajo del agua, en Júpiter y que costaba un millón de dólares, me habría apuntado igualmente.

Antes de salir de la sala de Zoom, le hice una pregunta que llevaba rondándome desde que había empezado a experimentar con la extroversión. Georgie se enorgullece de iniciar conversaciones con desconocidos, a veces haciendo una afirmación sobre la otra persona, como «Qué gorro más chulo». Sin embargo, eso me parecía una actitud arriesgada en los tiempos que corren. Una de las razones por las que dudo a la hora de iniciar conversaciones con hombres, ya sean superficiales o no, es que si decide que no le gusto y que tampoco le gusta *The Atlantic*, puede publicar en internet que estuve tonteando con él y causarme problemas. Recordé aquella vez en que le pedí a un antiguo colega que se tomara unas copas conmigo para aconsejarme sobre mi carrera profesional, y él se pasó todo el rato interrumpiendo la conversación para preguntarme, desconfiado: «¿De qué va esto?».

Le pregunté a Georgie si la gente piensa que le está tirando los tejos.

Según ella, hay que respetar los límites, el espacio personal, el consentimiento, etc. No recomienda molestar a la gente que reacciona mal de entrada. Pero ¡a ver! «Los seres humanos son seres sexuales —dijo con voz emocionada—. Es imposible escapar a la posibilidad de que se produzca una atracción sexual a nivel energético».

Me imaginaba a mí misma malinterpretando las señales sociales británicas y ligando con alguien sin querer. Decidí llevar una alianza de casada falsa a Londres, por si acaso.

Ya en el aeropuerto de Heathrow, llevé mi maleta hasta la serpenteante fila de recién llegados, que siempre hace que te sientas sospechoso, aunque no tengas nada que ocultar. Cuando llegó mi turno, el fornido agente de aduanas me preguntó por el motivo de mi viaje al Reino Unido.

—Voy a participar en un taller —le contesté.
—¿Qué tipo de taller? —quiso saber.
Me puse muy colorada.
—¡Sobre cómo tener mejores conversaciones! —exclamé.
Hubiera preferido reconocer que pertenecía a Al-Qaeda.
El hombre se rio y dijo:
—¿En serio? A mí me parece que no tiene problemas para ser amable. —Acto seguido, me hizo una señal para que pasara, a Inglaterra y a mi nueva vida como chispeante conversadora.

Aquella noche, hambrienta de repente, no me molesté en quitarme la ropa arrugada del avión antes de ir a cenar a un restaurante en la misma calle del hotel. Mientras me tomaba la sopa, vi que el camarero hablaba y se reía a carcajadas con otro cliente.

Volví la cabeza, un gesto instintivo porque cualquier conversación puede tener interés periodístico.

—¡Hola! —me saludó el camarero. Un hombre delgadísimo que me sacaba por lo menos diez años.

—¡Hola! —dije.

—¿Estás sola? —me preguntó, sorprendiéndome, porque era evidente que lo estaba.

—Mmm..., pues sí —contesté, y me reprendí mentalmente por darle una respuesta tan tonta y sincera. Apuesto a que así fue como se llevaron a la chica de *Venganza*.

El camarero esperó un momento mientras me miraba.

—¿Eso quiere decir... que siempre estás sola? —me preguntó. Su voz rebosaba compasión, como si hablara con una huérfana tiznada de hollín en la mañana de Navidad.

«¿Será posible?», pensé. La antipatía rugió en mi interior. ¿Por qué no me he pintado los ojos antes de venir? ¿Por qué la gente siempre intenta fastidiarme?

—Es un viaje de trabajo —contesté con voz cortante mientras me volvía. Pronuncié las palabras despacio, a propósito. Quizá necesitaba ese entrenamiento de conversación más de lo que pensaba. Quizá todo el mundo lo necesite.

Georgie nos había pedido que antes de empezar con el taller rellenáramos un cuestionario sobre nuestras motivaciones, nuestras dificultades y el «equipaje» que llevamos a las interacciones sociales. A la mañana siguiente, en el metro, lo saqué y empecé a escribir mis respuestas.

¿Qué te cuesta más trabajo?
Ser yo misma sin resultar ofensiva.

¿Llevas algún exceso de equipaje del que te puedas liberar?

No le caigo bien a la gente. Soy una amiga de segunda categoría.

¿Cómo celebrarás tus éxitos en el taller?
Espero mejorar mi puntuación en el test de personalidad.

Poco después de las nueve, llegué a una sala de conferencias en Park Crescent, un reluciente edificio decimonónico de la época de la Regencia en el centro de Londres. Los demás asistentes eran en su mayoría oficinistas que buscaban conectar mejor con sus compañeros o con otras personas. Uno de ellos era un chico muy listo de dieciocho años que se estaba preparando para la experiencia social de la universidad. Aunque se suponía que íbamos a forjar una relación cálida entre nosotros, por la ventana solo se veía una lluvia intensa, un cielo gris cadavérico y, por raro que parezca, un aseo portátil de color azul intenso.

Una de las tesis del taller era similar al tema de este libro, la de que la identidad se inventa, y que puedes experimentar comportándote de forma diferente para ver si te encuentras mejor. Puesto que eres tú quien ha escrito la historia de tu vida, también puedes reescribirla con el tiempo. «Podéis crear el tipo de realidad que queráis tener —nos dijo Georgie—. Y si no os gusta, tirarla a la basura».

Georgie no desaprueba las conversaciones triviales en sí mismas, pero nos explicó que podemos usarlas para «crear avenidas y recorrerlas», por ejemplo, haciéndole preguntas directas a la gente. Preguntarle a alguien cómo «era» una ciudad que ha visitado hace poco, por ejemplo, es mejor que preguntarle qué compañía aérea eligió para volar.

Por suerte, también tratamos cómo poner fin a las conversaciones con tacto. Está bien acabarlas diciendo algo breve como «Me ha gustado hablar contigo. Sigamos en contacto en Twitter». O tal como dijo maravillosamente un participante italiano: «¡Te libero de mí mismo!».

El segundo día Georgie nos hizo probar conversaciones más largas: formábamos parejas, escuchábamos una historia que nos contaba nuestro compañero, y luego le señalábamos los sentimientos y las necesidades que expresaba. Yo hablé de mi amiga, que había tenido un hijo hacía poco, y de la admiración y el respeto que sentía por ella. Su fuerza y resistencia como madre reciente me inspiraban; fue como verla desvelar un talento que había estado oculto en su interior.

«Parece que te sientes maravillada. ¿Es así?», me preguntó mi compañero. ¡Pues sí que lo era! ¡Qué agradable era tener a alguien pendiente de cada una de mis palabras! Me estaba ahorrando una fortuna en terapia.

Una parte de las buenas conversaciones consiste en escuchar mejor, y siempre he creído que destacaba en eso, dada mi profesión. Pero escuchar es un arte delicado, más difícil de lo que parece. Tal como nos dice Kate Murphy en *No me estás escuchando*, gran parte de lo que la gente hace en una conversación es interrogar. Lanzamos preguntas rápidas como «¿A qué te dedicas?» y «¿Estás casado?», que hacen que la gente se sienta interrogada, lo que dificulta la conexión.[29]

En cambio, debes formular preguntas que inviten a tu interlocutor a ahondar en algo que ya ha dicho, aconseja Murphy, llegando a las razones más profundas del porqué te lo está contando. Esto lo ayudará a sacar a relucir sus emociones y le permitirá sentirse comprendido de verdad. Por ejemplo, si un amigo te dice que lo acaban de despedir, en vez de replicar al instante: «Pronto encontrarás otro trabajo», sería mejor decirle algo como: «¿Así que ahora tienes que darle la noticia a tu familia? Eso es difícil. ¿Cómo crees van a reaccionar?».

Georgie también nos sugirió que intentáramos escuchar el significado que se oculta detrás de las historias de la gente, en vez de recopilar hechos. A veces eso implica preguntarle a alguien qué significa para él una determinada experiencia y por qué ese significado es importante. Nos emparejamos con otro compañero para hablar de unas vacaciones recientes con este enfoque, más orientado a los sentimientos.

—Cuéntame qué tal tus últimas vacaciones —me dijo mi compañero, el chico de dieciocho años.

Ese fin de semana ya le había hablado varias veces al grupo de mi viaje a Portugal, y me sentía un poco harta, pero seguí adelante.

—He estado en Portugal, visité Lisboa y Sintra —le dije, sonriendo, consciente de que ya había oído todo eso.

—¿Con quién fuiste? —preguntó. (Nos habían dicho que hiciéramos las preguntas de esta forma sencilla y directa, que en retrospectiva parece un poco interrogatorio, pero que en aquel momento no me lo pareció).

—Fui sola —respondí.

—¿Por qué? —me preguntó.

—Quería ponerme a prueba, ver si podía viajar sola y disfrutarlo —contesté.

—¿Por qué es importante para ti comprobar si puedes viajar sola y disfrutarlo? —me preguntó.

Era una buena pregunta. Lo pensé un segundo.

—Porque cuando llevas un tiempo en una relación de pareja, como es mi caso, a menudo olvidas cómo eres individualmente —le respondí—. Te conviertes en la mitad de una unidad. Quería ponerme en contacto con esa parte de mí que soy solo yo, sin la influencia de mi pareja.

Me di cuenta de que esa era una explicación mucho mejor y más profunda del viaje a Portugal que cualquiera de mis relatos anteriores. Desde luego, ofrecía una visión más clara de mi psique de lo que habría ofrecido una lista de museos y bares de vinos. Me sentí como si estuviera escribiendo un diario en voz alta y como si hubiera aprendido algo nuevo sobre mí misma. «Entras en una conversación y sales siendo una persona nueva», nos dijo Georgie. Según asegura ella, con una buena conversación «la vida no tiene límites».

En un momento dado Georgie nos dijo que nos enfrentáramos a los «creencias limitantes» que podríamos llevar a las conversaciones; esas pulgas cerebrales que insisten en que somos demasiado aburridos o antipáticos por naturaleza. Seguramente ese sea mi mayor obstáculo para mantener mejores conversaciones, como lo demuestra algo que ocurrió la última mañana del taller.

Aquel día me desperté sintiéndome más deprimida de lo normal. Los comentarios del camarero se me habían quedado grabados. «¿De verdad parezco una especie de erizo? ¿Me tratarían mejor si me operara las tetas?». Intentando distraerme en el metro, saqué el móvil y leí un artículo sobre una escritora que había sufrido el ataque de un oso mientras investigaba en Siberia. El animal le había abierto el cráneo y le había arrancado la mandíbula. La mujer, que sobrevivió al ataque y cuya salud mental es o malísima o fuerte como un roble, llamó a la experiencia «el beso del oso»; un encuentro íntimo entre dos mamíferos, cada uno hambriento de algo.

A continuación, el artículo mencionaba una serie de penosas operaciones reconstructivas. De repente, la curiosidad me atrapó en su propio «beso». Tenía que averiguar la respuesta a una pregunta crucial: aunque el oso la hubiera desfigurado, dadas todas las operaciones a las que se había sometido, ¿estaría a esas alturas... más buena que yo?

Pronto me sentí consumida por esa pregunta. No estaba segura de si buscaba un sí o un no. Un «no» supondría el alivio enfermizo de saber que estoy más buena que al menos una persona. Un «sí» sería una gran noticia para la mujer, pero también significaría que yo tendría que vivir sabiendo que soy más fea que la víctima del ataque de un oso. (Además de saber que, por alguna razón macabra, siento el impulso de investigar estas cosas).

Busqué en Google con la intensidad de un detective de homicidios. Encontré fotos, pero luego sentí que tenía que encontrar más, desde distintos ángulos y, preferiblemente, algunas del antes y el después del ataque. La voz automatizada del metro gritó «Ladbroke Grove» y «Edgware Road» mientras yo tecleaba con frenesí en mi teléfono, agotando mi plan internacional de datos. Mientras lo hacía, me odiaba por ser competitiva en vez de compasiva. «¿Por qué me importa esto? ¡Ha estado a las puertas de la muerte!».

Había llegado a una de las razones por las que tanto yo como muchas otras personas luchamos para lograr ser agradables: la preocupación total y absoluta del ser humano por sí mismo. Cargas con una serie de creencias limitantes sobre ti mismo y acabas obsesionándote con lo malo que eres en realidad, de modo que pierdes oportunidades de demostrar interés y empatía hacia otras personas. Recordé todas las veces que alguna amiga me había contado una historia y yo me había limitado a escuchar en busca de un hueco en el que insertar mi propia historia similar. Pero también pensé en lo difícil que es consolar a alguien con un problema que a ti te resulta ajeno porque no lo has sufrido. Y rememoré aquel día en que le conté a un profesor que me habían desahuciado del piso durante el fin de semana y él respondió en plan robot: «Lo siento mucho». Y en la amiga que me pide que quedemos, pero que abre Instagram en cuanto empiezo a hablar. A nuestro alrededor se desarrolla un drama humano real, pero lo único que queremos saber es si estamos más buenas que la víctima del ataque de un oso.

Sabía que debía reescribir esta historia limitante, que me impedía no solo mantener una buena conversación, sino alcanzar la verdadera empatía. Mentalmente, intenté ampliar mi historia para incluir la remota posibilidad de que el camarero de aquella primera noche fuera solo un imbécil. Mi aspecto después del vuelo no era tan malo. Y la posibilidad de que fuera su extraña forma de ligar conmigo. Y el hecho de que la víctima del oso se preocupara más por su conexión con la naturaleza que por el estado de su cara.[30] Además del antiguo dicho de que la belleza está en el interior, y en parte procede de tu capacidad de ser agradable.

De vuelta al taller, Georgie, que es un bombón se mire por donde se mire, nos contó que hace años pensaba que solo era atractiva por dentro, más que en lo físico. Buscó datos que confirmaran esa historia. Pensaba que a sus novios solo les gustaba su mente, y que había poca gente que la sonriera.

Yo dije que había hecho algo parecido en el metro, intentando averiguar si la víctima del oso estaba ahora más buena que yo.

Georgie parecía confundida.

—Sí —replicó con tiento—. Es similar.

—¿Y cuál ha sido el veredicto? —preguntó uno de mis compañeros—. ¿Quién está más buena?

—¡Ah! —exclamé—. Pues depende del ángulo de la foto.

Durante las semanas siguientes a veces me costó recordar estas técnicas. En un mundo diseñado para mantener conversaciones superficiales, hablar de emociones, necesidades y valores compartidos puede resultar incómodo. Mientras estaba en Londres, llamé por FaceTime a Rich e intenté hacer con él uno de los ejercicios de Georgie, pero le pareció raro y colgamos. Ya en casa, salí a cenar con una compañera, pero estuvimos hablando de nuestro trabajo y de sus hijos todo el rato. Intenté hablarle del taller de Georgie, pero cuanto más le explicaba, más escéptica se mostraba. «¿Eso es una secta?», acabó preguntándome. Sin embargo, en Washington D.C. me sentía más en sintonía con los demás. Una noche quedé con otra compañera y, con la nítida voz de Georgie en mi mente, logré animarla sin sentirme competitiva. Me alegré de su éxito y me maravillé de su dedicación al trabajo. No le pregunté cuáles eran sus sentimientos, pero pude percibirlos.

En otra ocasión, una amiga se quejó del trabajo, pero me costaba seguir su historia porque tanto este como sus quejas eran muy específicos. Al final le dije: «Parece que valoras la autonomía». A lo que respondió aliviada con un «¡Sí!», tras lo cual la conversación se hizo más profunda.

Quizá estaba funcionando bien porque, gracias a los meses que había pasado intentando superarme, ya había cambiado. Quería cosas distintas y perseguía mis objetivos de otras formas. Cada nuevo rasgo de mi personalidad modificaba los demás, del mismo modo que unas pinceladas pueden cambiar un cuadro.

Los límites que nos unen

A principios de año una amiga me mandó un día un mensaje para decirme que necesitaba que me comprometiera a mandarle mensajes de texto con más regularidad. La insinuación era que soy una mala amiga, algo que me pareció un argumento válido.

El caso es que no me gustan los mensajes de control. Para mí tienen un inquietante parecido con un jefe «comprobando» que «todo va bien». Prefiero un incentivo: si me encuentro mal o necesito consejo, te llamaré, y tú deberías hacer lo mismo.

Le mandé de inmediato un mensaje a otra de mis amigas para preguntarle si le molestaba que no le mandara muchos mensajes.

«No», me respondió sin más.

Está claro que la amistad es una ciencia inexacta, pero aun así quería mejorar mis resultados. No me gustaba que muchas de mis amistades se hubieran venido abajo durante la pandemia. Una terminó con una amiga gritándome durante la cena; otra me gritó durante el almuerzo. Otra se quedó estancada en una ráfaga de historias de Instagram, y una en concreto se esfumó tras una larga cadena de mensajes de texto sin leer. Por supuesto, tenía algunas amigas, como Anastasia, pero era preocupante que fuera una de las pocas que me habían apoyado durante años.

Aunque algunos aspectos de la amistad parecen ligados a la extroversión (como la parte de «salir y conocer gente»), otros están más relacionados con la capacidad de ser amables, como anticiparse a lo que necesitan tus amigos y dárselo. Las personas agradables no se hacen necesariamente amigas de más gente, pero sus amistades son más sólidas y duraderas.[31] Como parte de mi búsqueda de la capacidad de ser amable, quería encontrar amistades y también profundizar en ellas.

Unos meses después de aquel mensaje de texto de mi amiga, viajé a California para participar como moderadora en la conferencia «En busca de la felicidad» que organizaba la revista *The Atlantic*. En la sala de actos de un hotel de Half Moon

Bay, subí al escenario junto a Miriam Kirmayer, psicóloga clínica canadiense y experta en amistad. Íbamos a hablar del cuidado y del mantenimiento que necesitan las amistades y, para mi sorpresa, el tema fue tan popular que los asistentes abarrotaron la sala y muchos tuvieron que quedarse en el pasillo.

Durante la mesa redonda me desvié del documento que había redactado y empecé a preguntar por las dudas que me generaban mis propias amistades y mi papel en su escasez e irregularidad. Kirmayer las respondió con tanto acierto que después la llamé para hacerle una entrevista más larga.

Le pregunté sobre todos los aspectos de la amistad que solo puede dominar una persona agradable, como esas ocasiones en las que los amigos te decepcionan o te cabrean como solo pueden hacerlo las personas que te conocen bien. Por ejemplo, ¿cómo te enfrentas a esos amigos que siempre dicen cosas que te cabrean?

Kirmayer me recomendó una estrategia de comunicación asertiva. Cuando saquen un tema del que acordasteis no hablar, puedes decir algo como «Dijimos que no hablaríamos de eso, y es importante que respetemos ese límite». Puede que tengas que decirlo varias veces y también repetir el motivo de ese límite, bien porque el tema sea hiriente, bien porque siempre conduce a una pelea, el que sea.

Para mí, aquí es donde las amistades empiezan a fracasar. Si alguien me rechaza, asumo que no merece la pena como amigo. La amistad implica facilidad y diversión. Considero que la negociación y la diplomacia pertenecen al ámbito de otras relaciones más obligatorias, como la familia y el trabajo. Si alguien es difícil de tratar, siempre he pensado: ¿para qué relacionarme con él? Este es otro ámbito en el que es más fácil ser desagradable. He tenido montones de amistades que se han disuelto sin hacer ruido, y ninguna en las que me haya tirado de los pelos en una conversación sobre «límites». Sin embargo, Kirmayer me explicó que los límites son una forma de preservar la amistad. La razón de dejarlos claros es que ayuda a los amigos a mantenerse unidos.

De hecho, a veces cuando parece que un amigo te está obligando a disculparte, en realidad es una oportunidad para reexaminar los límites. Con mi amiga la de los mensajes debería haber validado cómo se sentía: «Entiendo que te sientas frustrada cuando no te mando mensajes». Pero también podría haber protegido mi lado de la valla, ya que disculparse en exceso también puede dañar las relaciones. Podría haber dicho algo así como: «Pero es que no me gustan los mensajes de texto. ¿De qué otra forma podemos mantenernos en contacto?». (Lamentablemente, no lo hice).

Le dije a Kirmayer que es habitual que cuanto más tiempo llevo conociendo a alguien, más me molesta y más desagradable me vuelvo. Las rarezas que me parecían insignificantes o manejables durante los primeros almuerzos empiezan a irritarme con el tiempo. Incluso Emerson, ese gran defensor de la comunidad, escribió que «en cuanto el desconocido empieza a colar sus sesgos, sus definiciones, sus defectos, en la conversación, todo se acaba».[32] Sin embargo, tenía la impresión de que no podía llegar de repente y decirle a una amiga de hacía años que aprendiera a escuchar mejor o que dejara los insultos solapados, por ejemplo.

Kirmayer dice que esta sensación puede ser la señal de que necesitamos diversificar nuestra vida social. Distintos amigos pueden satisfacer distintas necesidades. Puedes tener un compañero de excursión y un compañero de trabajo. Volverte demasiado crítico con un amigo puede significar que lo estás presionando demasiado para que lo sea todo para ti.

Por aquel entonces me había suscrito a un servicio cuyo propósito expreso era ayudarme a hacer amigas, ¡las mejores amigas! Me uní a Bumble BFF, la app de citas para amistades. Al igual que las apps de citas normales, la aplicación te permite deslizar hacia la derecha sobre las personas con las que podrías ser compatible, pero no sexualmente, sino de forma platónica. La app me había pedido que seleccionara algunos intereses (entre las opciones estaban la astrología, el judaísmo y «la hora del vino»), y que respondiera a preguntas sobre lo que creo que son las bases de una gran amistad (dije «la vulnerabilidad, la amabilidad y el buen humor»). A continuación, le mandé mensajes a un montón diverso de mujeres y concerté citas para tomar un café con distintos niveles de incomodidad.

Le pregunté a Kirmayer si estaba siguiendo la estrategia correcta. ¿Debería quedar con muchas mujeres distintas o elegir solo a unas pocas con las que intentar desarrollar amistades más significativas? Es un poco como un equilibrio, dijo, pero que debería tener cuidado de no dispersarme demasiado. «Como sabemos que la frecuencia y el tiempo son factores importantes para que una amistad despegue, debemos estar dispuestos a dedicarle tiempo», asegura.

Este comentario me hizo recordar la obra de otra ponente de la misma conferencia, una autora y conferenciante llamada Kat Vellos, que había publicado hacía poco un libro sobre cómo hacer amigos, *We Should Get Together*.[33] Vellos aboga por algo que denomina «amistad hidropónica», que consiste en pasar periodos intensos de tiempo con otras personas en un esfuerzo por «acelerar» una amistad. Incluso recomienda una fiesta de pijamas platónica, que invites a un amigo a quedarse en tu casa durante un fin de semana, aunque residáis en la misma ciudad. El objetivo es crear muchos recuerdos pasando mucho tiempo cara a cara.

Esta idea en particular era demasiado intensa para mí. Estoy cerca de los cuarenta, y muchas de mis amigas tienen hijos. No voy a pedirles que se vengan a mi casa a pasar la noche. Bastante me cuesta quedar con ellas sin más.

Sin embargo, un día probé esta vía rápida de la amistad, en cierto modo. Algunas de mis nuevas amigas de Bumble me invitaron a un concierto de Pitbull en un lejano estadio de Virginia, al que no llegaba el transporte público. Acepté porque pensé que podría ayudarnos a estrechar lazos. (También resulta que me gusta Pitbull, siendo como soy fan de Miami y del hip-hop latino).

Así que la noche señalada metí a las otras tres mujeres en mi coche y puse mi inofensiva lista de reproducción «Pop para conducir». Llovía a cántaros y llegamos tarde. Me equivoqué en varios cruces. Soy una conductora terrible, algo que solo le cuento a la gente cuando ya llevamos un tiempo siendo amigas.

Cuando por fin llegamos, compramos unas latas de Bud Light Lime-a-Rita e inmediatamente tuvimos que ir al baño. Atravesamos la multitud de jóvenes y el barro, y encontramos nuestros asientos justo cuando Pitbull, chorreando por la lluvia, levantaba el puño y nos aseguraba que no importaba si éramos negros, blancos, rosas, morados o italianos, que esa noche nos lo íbamos a pasar bien. Cantó todos sus éxitos, rapeando de forma incansable mientras sus famosas colaboradoras (Christina Aguilera y Kesha) se contoneaban en la pantalla que tenía detrás. Entre canción y canción, nos animó diciendo que solo en Estados Unidos se podía llegar desde Miami hasta Bristow, Virginia.

La noche me recordó a las diversas conferencias y viajes de trabajo en los que había participado a lo largo de los años, durante los cuales un grupo de periodistas nos juntábamos en circunstancias inusuales durante una o dos semanas y nos convertíamos en camaradas. Sigo siendo amiga de algunas mujeres con las que viajé a Brasil hace diez años. Todas las horas pasadas entrevistando a personas en favelas y comiendo pescuezos de pollo en granjas formaron un crisol que aceleró la intimidad. La estrategia hidropónica de Vellos recrea la magia de hacer amigos como en esos viajes, o en la residencia de estudiantes de primer año, o en el parque del barrio. Si no nos hacemos amigos de verdad a menos que vivamos algo juntos, ¿por qué no vivir algo juntos?

Después del concierto las chicas de Bumble y yo pasamos cuatro horas en el coche hasta poder salir del embarrado aparcamiento, manteniendo sin querer la larga tertulia que Vellos sugiere. Mientras los vigilantes gesticulaban en vano desde las salidas del aparcamiento, nosotras hablamos de divorcios, de dificultades laborales y de citas que habían salido mal en un inesperado arrebato de sororidad.

Aunque el concierto estuviera embarrado y lleno de críos borrachos, y aunque la noche no se tradujera en una amistad eterna, me alegro de haber ido. Rara vez paso cuatro horas con alguien, y permitirme estar durante tanto rato con ese grupo de mujeres hizo que volviera a la adolescencia, hablando de cualquier tema, desahogándonos y soltando comentarios disparatados mientras delirábamos por el agotamiento. Era una conversación de las de las dos de la madrugada.

Como siempre había pensado que no era posible hacer nuevas amistades de adulta, me había aferrado a amistades con las que me sentía insatisfecha o ninguneada, pensando que si una amistad no funcionaba, debía esforzarme más, pues no tenía alternativa. Me iba de las cenas y de las horas felices, que supuestamente eran «lo mejor para mi bienestar», según los artículos sobre salud mental, sintiéndome como una actriz agotada después de una mala actuación en la matiné. Supuse que así debía de ser la amistad, que después de estar con tus amigos tienes que sentirte un poco peor. Así que ¿de verdad quería empezar de cero con alguien nuevo y volver a sentirme una incomprendida?

Bumble me ayudó a liberarme de esa mentalidad de escasez de amistades. Puede que no encontrara a mi mejor amiga a través de la app, pero sí podría encontrar candidatas a mejor amiga. Si las tensas citas para tomar un café no llegaban a nada, había muchas más mujeres a las que conocer, y podríamos encender juntas nuestras mechas de conversación para ver si chispeaban.

Por supuesto que prefería haber pasado ese tiempo en cualquier otro lugar que no fuera un aparcamiento de Virginia dejado de la mano de Dios. Pero, tal y como dicen las sabias palabras de Pitbull: «Estoy cogiendo todo lo negativo de mi vida y convirtiéndolo en positivo».[34]

Se burlaron de Jesús

Un caluroso día de septiembre me presenté a mi primer turno como voluntaria para servir la comida en un centro de acogida de personas sin hogar en Virginia, no muy lejos de mi casa. El interior del edificio era oscuro y gris, adornado con frases de la Biblia un poco raras. «Se burlaron de Jesús», rezaba un letrero decorativo. Los usuarios del centro estaban sentados en la salita, donde se habían dispuesto una serie de mesas redondas, charlando y esperando a que la colada estuviera lista.

Me dieron una etiqueta con mi nombre, un delantal morado e instrucciones firmes de no servir «segundas raciones» hasta que todo el mundo hubiera comido. «Si empezamos a servir segundas raciones demasiado pronto, nos quedamos sin nada antes de tiempo», me advirtió una voluntaria entrada en años. «No conviene que la comida se acabe demasiado pronto».

Según el estudio de Nathan Hudson, en la lista de «retos» de la personalidad que potencian la capacidad de ser amable se incluyen distintas versiones de la labor de voluntariado. Además de trabajar gratis, recomienda hacer donaciones a organizaciones benéficas y pequeños gestos de amabilidad con desconocidos. El voluntariado podría ser una de las razones por las que las personas agradables están tan contentas.[35] Según diversos estudios, el aumento de la felicidad de las personas que llevan a cabo con regularidad labores de voluntariado equivale a ganar entre mil cien y ochenta mil dólares más al año.[36] Si hemos de creernos esa cifra tan alta, yo gané el equivalente espiritual de cuatro mil dólares a la hora durante las veintitantas que pasé echando mostaza en los perritos calientes y cargando botellas de agua para mis vecinos sin techo.

Mis cinco turnos duraban unas cuatro horas cada uno, pero el verdadero «ajetreo» empezaba al mediodía, momento en el que debía anotar los pedidos de nuestros usuarios y servir bocadillos, condimentos, fruta, patatas fritas, bebidas y utensilios lo más deprisa que pudiera. El primer día, al ver la larga cola de gente hambrienta que se formaba, salió a la superficie la experiencia que había adquirido trabajando en hostelería y me moví detrás del mostrador como si fuera el día que los niños reciben bocata gratis en la charcutería. De repente, alguien me pidió un vaso de limonada e incliné la jarra con tanta fuerza que la tapa se salió y derramé la limonada por todos lados.

Algunas personas hacen labores de voluntariado porque creen que así se sentirán bien, pero la mayoría de las veces lo que yo vi hizo que me sintiera fatal. Vi lo cerca del límite que viven muchas personas, los pocos lujos que tienen. Sentí lo ridículos y absurdos que son mis problemas en comparación con los problemas reales. Una idea errónea muy extendida es que si a los pobres se les permite elegir los alimentos, elegirán comida basura, pero no había nada más popular que las verduras frescas. Un día un hombre me pidió una ensalada con todos los ingredientes que llevaba el bocadillo, luego se sentó y se puso a comer con avidez los aros de cebolla blanca cruda. Los voluntarios podíamos comer mientras trabajábamos (al fin y al cabo, era la hora del almuerzo), pero yo siempre me sentía demasiado culpable.

La experiencia también me demostró que, en muchas ocasiones, para ser agradable hay que ser desagradable. Hay que decirle a la gente que se ponga la mascarilla o que no meta la mano por debajo del mostrador. La mayoría de la gente era amable y fácil, pero hubo un hombre que cogió ración doble de todo lo que se ofrecía mientras murmuraba que tenía hambre y luego bañó la comida con salsa ranchera. Lo devoró todo y después volvió a la cola.

Por desgracia, eso iba contra las normas. Todavía había personas que no habían comido. Cuando el encargado le dijo que no se podía repetir, el hombre empezó a gritar que nadie lo escuchaba. Algo que, en cierto modo, era verdad. Ninguno de nosotros podía conocer en realidad la profundidad de su hambre y de su frustración. (Como dijo George Orwell: «Un hombre que recibe caridad casi siempre odia a su benefactor»).[37] Aquel día mi compañera me dijo que el diablo debía de estar intentando asustarme para que no volviera.

A veces tenía la sensación de que el diablo me instigaba a abandonar, alimentando mi doble odio a la monotonía y la ineficacia. Sin embargo, los momentos de tranquilidad eran mucho peores que los de más ajetreo, así que me ponía a leer artículos en el móvil o buscaba una superficie que limpiar. Una «niebla de triste falta de sentido», como la llamaba Annie Dillard, invadía mis tardes.[38]

Esta niebla se espesó poco a poco por mi incapacidad para hacer una cosa sin declararme la mejor. Solo llevaba dos días cuando salió el consultor McKinsey que llevo dentro, detectando redundancias, pero incapaz de comentarlas porque acababa de llegar, claro. Refunfuñé, para mis adentros, que deberían permitir que la gente se llevara sus cubiertos; normalmente era lo que hacían cuando no mirábamos. Seguro que las numerosas normas que imperaban en el centro tenían algún tipo de lógica práctica, pero a mí me parecía que solo contribuían, con terrible frecuencia, a que tuviera que decirle a una persona hambrienta que no podía coger otro perrito caliente.

También había partes buenas, por supuesto. Una vez un hombre se acercó al mostrador y me pidió que le echara cinco cucharadas de azúcar en el café.

—¿Estás seguro? —le pregunté. Era una taza pequeña; no quería estropearla.

Asintió con la cabeza.

—Quiero una muerte dulce —contestó.

Sonreí. ¿No la queremos todos?

En cada turno alguien soltaba un comentario desafortunado, pero otra persona decía algo agradable. Un día un hombre colocó su bandeja hacia el final de la cola, donde yo estaba repartiendo los postres. Con una tímida sonrisa, me dijo que después de ese día ya no necesitaría ir a comer. Había encontrado trabajo. En ese momento se acercó una mujer mayor al mostrador y pensé que iba a gritarnos por no servirle con más rapidez. En cambio, nos dio las gracias, diciendo que estábamos obedeciendo el mandamiento de Cristo de ayudar «a estos mis hermanos más pequeños». Descubrí que ser voluntaria es comprometerte con tus semejantes haciendo un servicio social, y tus semejantes pueden ser insoportables y entrañables a la vez. Pueden extinguir tu esperanza y reavivarla al mismo tiempo.

A través del voluntariado descubrí que en lo más profundo de mí existe una motivación para ayudar. Al principio no me sentí llamada a servir, pero en otro ejemplo de cómo puede el comportamiento cambiar la personalidad, el voluntariado me descubrió que disfruto haciéndolo. Después de pasarme el día moviendo frases en una pantalla, me sentí bien haciendo algo tangible, sirviendo ensalada de patata o dándole a alguien un bocadillo. En vez de dedicarme al insustancial mundo de las ideas, me gusta llenar un hueco en la sociedad. Me gusta que me necesiten. Como dijo la poetisa Marge Piercy: «El cántaro clama por agua que transportar, y una persona por un trabajo que sea real».[39]

«La gente es buena en general»

En la víspera de Navidad, una época destinada a ser amable, pero a menudo marcada por todo lo contrario, me sometí a otro test de personalidad, que demostró que mi puntuación en la capacidad de ser amable había subido a «muy alta». Se debía en parte a que había sido más agradable con la gente que me rodeaba de forma intencionada. Mi nivel de la faceta «altruismo», que antes era «medio», ahora se consideraba «alto». Además de hacer labores de voluntariado, elogiaba a la gente, donaba libros y llamaba a mis amigas solo para hablar.

En un momento dado organicé una conversación sobre el aborto con un grupo de mujeres proabortistas y provida, y aunque nadie cambió de opinión después de la experiencia, sí que nos hizo vernos de una forma más amable las unas a las otras. Me disculpé con una de las muchas amigas con las que me había peleado durante la pandemia. Lo dejé todo para ayudar a otra amiga cuyo familiar se había quedado sin hogar, y me volqué buscando viviendas de acogida y atendiendo sus llamadas de pánico.

Sin embargo, haber aumentado la puntuación no fue la victoria que esperaba. Ojeando la página de resultados, en el rasgo de neuroticismo, mi puntuación en la faceta «ira» seguía siendo «muy alta». Un día, durante la cena, le pregunté a Rich si últimamente me estaba mostrando más amable.

—Mmm —murmuró—. Es posible.

Deslizó su teléfono por la mesa, señalando un mensaje de texto que le había mandado unos días antes:

«a ver si limpias la casa de una puñetera vez». Así, sin más.

A lo mejor no estaba del todo preparada para ser catequista, pero había mejorado.

—Sigues oscilando entre la ira y la amabilidad —me dijo Rich—. Pero los picos parecen más pequeños y cortos. Y ahora eres menos egocéntrica.

La evolución más sorprendente que observé fue el aumento en la faceta «confianza» de la capacidad de ser amable. Mi creencia de que la gente «es buena en general» y «no quiere hacerme daño» había aumentado de «muy baja» a «en la media». Si tuviera que deducir una razón, sería que todos los programas en los que había participado (el control de la ira, el taller de Georgie, el MBSR) me habían puesto en contacto con personas que de otro modo nunca habría conocido. Pasar tiempo de calidad con personas que no se parecen a ti tiende a aumentar tu capacidad de ser amable, y tal vez el verdadero poder de aquellas sesiones interminables de Zoom fuera que llevaban a mi sala de estar a desconocidos de todo tipo y mi trabajo no consistía en entrevistarlos, sino en relacionarme con ellos.[40]

Los participantes de todos esos programas, incluso en las clases de control de la ira, a las que llegaban obligados como adolescentes malhumorados, se daban las gracias los unos a los otros por compartir sus experiencias, diciendo que se sentían menos solos y que la camaradería había sido edificante. Tras años de soledad pandémica, estábamos desvelando nuestras batallas más profundas y silenciosas, y descubriendo con alivio que otros también las estaban librando. Aunque los instructores fueran inútiles o excéntricos, lo que importaba eran los participantes.

Mi confianza en los demás normalmente se ve atenuada por mi escepticismo periodístico, por mi deber de resumir y por la exigencia de comprobar después cada palabra. Pero en estos programas no estaba investigando las confesiones de la gente, estaba dando mi testimonio. No observaba a mis compañeros a distancia, sino que estaba entre ellos. Del mismo modo que no puedes decidir si te ha encantado un libro leyendo las reseñas, no puedes confiar de verdad en alguien a quien no le has revelado nada. «La intimidad se alcanza ofreciéndola primero».

Durante los meses dedicados a mejorar mi capacidad de ser amable le abrí la puerta a la humanidad e, inconscientemente, descubrí que venía en son de paz.

7

Hazlo: Diligencia

Si eres diligente, puede que te hayas saltado algunas partes de este libro para llegar a este capítulo, en busca de trucos de productividad para tu ya de por sí ajetreada vida. Ser diligente significa sacar el trabajo adelante, no fallar ni un solo día, meterse de cabeza en la bandeja de entrada y no salir de ella hasta que no queden mensajes sin leer o hasta que el universo implosione por el calor, lo que ocurra primero. Los test de personalidad a menudo miden este rasgo preguntando por la capacidad de organización, la eficacia y la tendencia a cumplir los objetivos.

Es posible pasarse de diligente, por supuesto. Unos niveles muy elevados de este rasgo pueden llevar al perfeccionismo y la rigidez.[1] Puedes llegar a ser tan meticuloso que te olvides de disfrutar de la vida. Sin embargo, en general ser diligente es un rasgo muy apreciado.[2] Dado que se asocia con la motivación y la persistencia, la diligencia es el rasgo que mejor predice el éxito profesional, y también es el que más valoran los empresarios.[3] Además, las personas diligentes a menudo tienen mejor condición física, porque a estos titanes del control de los impulsos les gusta hacer ejercicio y comer sano. «En resumidas cuentas, ser diligente es un rasgo de la personalidad que promueve la salud, la riqueza, mejores relaciones y más éxito escolar», asegura el psicólogo Brent Roberts.[4] Este es precisamente el motivo por el que tantas personas quieren ser más diligentes.

Las personas diligentes suelen ser madrugadoras y pasan más tiempo trabajando.[5,6] No tienden a procrastinar. Pero, por irónico que parezca, a medida que me acercaba a la diligencia, el último de los cinco rasgos de la personalidad, fui posponiendo escribir sobre él.

El motivo es que soy muy diligente y lo he sido durante la mayor parte de mi vida adulta. Mi test de personalidad más reciente reveló que soy más meticulosa que el 93 por ciento de la población. Detesto llegar tarde, perder cosas o que me consideren vaga. Tengo varias listas de tareas solapadas y un calendario que miro a diario. No recuerdo la última vez que se me pasó un plazo. Cuando tengo que tomar una decisión, incluso en mi vida personal, hablo con expertos y escribo un resumen de mis conclusiones, que comparto con otros responsables clave, normalmente Rich. (Pregúntame por el subdocumento «Riesgo de huracán» de nuestra carpeta compartida de Google Drive «Mudanza a Florida»). La meticulosidad calma mi neuroticismo; puede que la desgracia me siga tendiendo emboscadas, pero al menos me he preparado para lo peor.

Valoro mi diligencia sobre todo por la ausencia de lesiones e inconvenientes leves a los que me enfrentaría si fuera menos cuidadosa. Quizá mis amigos tengan motivos para quejarse de mí, pero desde luego que echarme atrás en el último momento no está entre ellos. Me da en la nariz que el hecho de que mis jefes me permitan teletrabajar se debe a mi costumbre de cumplir los plazos con la regularidad de un metrónomo. Y me gusta que mi médica, después de chasquear la lengua por el estado de mi tiroides, de mis ovarios y de otras partes de mi cuerpo, siempre haga una pausa feliz mientras escucha los latidos constantes y fuertes de mi corazón.

—Seguro que haces mucho deporte —dice con una sonrisa.

—Sí, desde luego —replico ufana.

Aun así, me sentía rara por ponerme a hablar largo y tendido de uno de mis pocos puntos fuertes. ¿A quién le apetece oír a alguien vanagloriarse de lo mucho que trabaja? Y, evidentemente, a la hora de embarcarme en este proyecto tampoco quería cambiar mi nivel de diligencia.

Sin embargo, soy así porque antes lo no era. Aprendí a ser diligente mediante el método del ensayo y el error, y también llevándome algunos sustos, sobre todo con veintitantos años. Y aquí es donde yo, y las demás personas que acababan de convertirse en meticulosas a las que entrevisté, puedo hacer lo que más me gusta: ser instructiva.

No soy ni mucho menos la única que ha pasado de ser un desastre en la adolescencia a tener la precisión de un reloj suizo de adulta. Una mujer llamada Julia York tiene una historia parecida.

Julia me contó que durante el instituto y la universidad se guiaba por la ley del mínimo esfuerzo. Terminaba lo justo de la lectura que le mandaban para poder improvisar durante el debate en clase o hacía el trabajo de doce páginas la víspera de la entrega. Aunque sacaba buenas notas, dejaba las cosas para después y confiaba en la presión del último momento. En uno de sus primeros trabajos en prácticas, su jefe le dijo que no tomaba la iniciativa lo suficiente.

Unos tres años después de terminar la universidad, Julia dejó su trabajo de administrativa para convertirse en redactora autónoma. Durante cinco meses dijo a todo el mundo que trabajaba como redactora autónoma. El único problema era que escribía poquísimo. No sabía si estaba cualificada para escribir, de modo que no se sentaba a intentarlo. Abrumada, se pasaba las tardes viendo *Juego de tronos*. «Fue muy chocante tener la sensación de que hay algo que me interesa de verdad, pero que no hago nada al respecto», me dijo.

Julia creyó que era de naturaleza perezosa. Al fin y al cabo, así es como muchos nos fustigamos cuando metemos la pata de alguna manera. Pero la forma menos agobiante de considerar su situación es tomarla como un fallo temporal de diligencia, no como un defecto permanente del carácter. Y, por suerte para Julia, la diligencia puede desarrollarse.

Al final se quedó sin dinero. Aceptó un puesto de recepcionista en una peluquería de lujo, donde lavaba toallas, hacía recados y limpiaba los restos de comida del frigorífico. Tenía la sensación de haber retrocedido cinco pasos mientras algunos de sus compañeros empezaban cursos de posgrado. Día tras día, haciendo recados insignificantes, empezó a temer que iba a desaprovechar su potencial, que la vida se le escaparía entre los dedos.

Leyó algunos libros de autoayuda, uno de los cuales incluía una anécdota sobre el director general de una empresa que terminó de redactar un libro escribiendo durante quince minutos todos los días. Julia se sorprendió; siempre había creído que, para lograr algo, ese algo debía tomar el control de toda tu vida. Pero la historia demuestra que la mayoría de las personas acaba logrando sus objetivos, aunque sea en parte, no gracias a unos cuantos esfuerzos hercúleos, sino al esfuerzo constante. A lo mejor ella también podía hacerlo.

Hace unos años, Julia decidió volver a trabajar por cuenta propia, esta vez como diseñadora web. Pero se juró tomárselo como un negocio. Dividió su calendario diario en tramos (desde quince minutos hasta una hora) y etiquetó cada periodo con una tarea, una técnica también conocida como *timeboxing* o «cajas de tiempo». Anotaba la hora a la que debía ir al gimnasio y creaba hojas de cálculo con las entregas a sus distintos clientes.

En el despacho de su casa de Spokane, Washington, colgó un espejo enorme en la pared. Con un rotulador escribía en él todos sus objetivos para el año, la fecha de vencimiento de los impuestos que tenía que pagar, mantras para mantenerse motivada y cualquier otra cosa importante. Después se sentaba a su mesa y se miraba en el espejo, reflejada entre sus propias ambiciones. «Así me parezco a Unabomber», se decía. Pero funcionaba. Estar con sus objetivos, mirarlos allí, delante de ella, tenía algo que los hacía más tangibles.

Orientó su negocio de diseño web hacia el marketing en redes sociales y la creación de contenido, y poco después la encontró su primer cliente importante. Pronto empezó a ganar tanto como en su trabajo en la peluquería. Aunque no era mucho, «tuve la sensación de que había cruzado la línea divisoria entre intentar que la cosa marchara y que marchase de verdad», me dijo. Desde entonces ha cuadruplicado sus ingresos mensuales.

A diferencia de otros rasgos, el psicólogo Nathan Hudson ha descubierto que el simple hecho de llevar a cabo actividades propias de una persona diligente (organizar el horario semanal, dedicar horas al estudio) hace que este rasgo aumente, tanto si has decidido ser más diligente como si no.[7] (Mientras que, para ser menos neurótico, una persona tiene que quererlo). «El mero hecho de llevar a cabo comportamientos meticulosos, tanto si te das cuenta de que los haces como si no, te hará más meticuloso», me dijo Hudson. Ese fue el caso de Julia. Le bastó con usar algunas estrategias asociadas a la meticulosidad, como programar y anotar las cosas, para que adoptara esos comportamientos y cambiara su suerte como autónoma.

Cuando hablamos, Julia tenía treinta y pocos años y seguía trabajando con éxito por cuenta propia. Hoy en día, no concibe no ser quien dé el primer paso. Todos los días usa un calendario de papel, un calendario digital y una aplicación de listas de tareas llamada Todoist. Cuando escribe, pone un cronómetro online y guarda el móvil. Ha conseguido ser diligente, aunque al principio parecía estar fuera de su alcance.

El reto de la meticulosidad

Para aumentar la meticulosidad, las sugerencias del estudio de Hudson, titulado «You Have to Follow Through» [«Tienes que llegar hasta el final»], incluyen los pasos obsesivos de siempre: preparar las cosas con antelación, elegir la ropa la noche anterior, corregir los textos, escribir listas, hacer las tareas de la casa, poner recordatorios, no dejar los platos «en remojo». A tu madre le encantaría saber que haces esto. También es probable que te cueste hacerlo casi todo a menos que ya seas muy meticuloso.

Eso es lo que pasa con la meticulosidad: es difícil llevarla a cabo si todavía no lo haces. Al igual que Julia podía llamarse redactora autónoma, pero no dedicarse realmente a escribir por su cuenta, tú puedes desear ser más organizado o más productivo y, aun así, no tener ni la más remota idea de cómo lograrlo. Puede que a muchos nos convenza la idea del cambio de personalidad, pero la meticulosidad ejemplifica lo difícil que puede ser en la práctica; los mismos comportamientos que te vuelven diligente exigen cierto nivel de meticulosidad para llevarlos a cabo. La baja diligencia puede parecerse a una serie de malos hábitos (dejar las cosas para después, llegar tarde y ser demasiado indulgente) y, como ha comentado James Clear, gurú en formación de hábitos: «la tarea de acabar con un mal hábito es como arrancar de raíz un poderoso roble que llevamos dentro».[8]

Tomemos por ejemplo establecer unos horarios, un aspecto de la diligencia que nos frustra a muchos, en parte porque calcular el tiempo es en sí mismo una habilidad complicada. La verdad es que a la mayoría de la gente se le da mal saber exactamente cuánto tiempo va a tardar en hacer algo. Muchos no cronometramos nuestras actividades, por lo que tenemos poca memoria (o lo recordamos mal) de cuánto tiempo pasamos haciéndolas. Cuando el jefe nos pregunta si podemos terminar ese informe en una semana o en un mes, en realidad no lo sabemos. En cambio, hacemos una suposición y tendemos a dar hacia el plazo más corto. ¿A quién no le gusta ser optimista? Al final, ese optimismo da sensación de falta de diligencia cuando nos retrasamos.

Somos más propensos a subestimar la duración de un proyecto cuando se trata de una tarea a la vez más larga y más conocida, según Michael Roy, psicólogo de la universidad Elizabethtown College. A medida que adquieres más experiencia con una tarea, tu cerebro tiende a agrupar sus componentes en «trozos» más grandes, y después se dice (erróneamente) que tres trozos se pueden despachar más deprisa que diez. Aunque hayas escrito el mismo tipo de informe montones de veces, se te olvidará que tardas al menos una semana solo en organizar las notas.

Roy dice que el secreto para combatir este problema de subestimar el tiempo es cronometrarte mientras haces las cosas. Otra cosa que parece una gran idea, pero a la vez algo que solo una persona meticulosa se acordaría de hacer.

Incluso a los más célebres promotores de la diligencia les costaba ponerla en práctica. Benjamin Franklin, que escribió largo y tendido sobre virtudes de la diligencia como el «orden», la «limpieza» y la «moderación», luchó en la práctica por mantener ese nivel de disciplina. En su *Autobiografía* expuso lo que humildemente denominó un «plan para alcanzar la perfección moral», que incluía un horario para las «veinticuatro horas de un día natural».[9] Planeaba levantarse a las cinco de la mañana, lavarse, desayunar y encomendarse a la «poderosa bondad». De las ocho de la mañana a las cinco de la tarde, trabajaría. De las seis a las nueve de la noche, repasaría el día y tal vez se dedicaría a la «música o al entretenimiento» antes de acostarse. Sería el día meticuloso perfecto.

Sin embargo, al igual que la gente que se acuesta agotada a la una de la madrugada con el fregadero todavía lleno de platos sucios, Franklin descubrió que «mi esquema de orden era lo que más problemas me daba». Su meticulosa agenda se derrumbaba cuando tenía citas inesperadas. Además, no podía llevar un registro de sus documentos y sus pertenencias. (Un historiador dijo de Franklin que «los desconocidos que iban a verlo se asombraban al observar papeles de la mayor importancia esparcidos de la forma más descuidada por la mesa y por el suelo»). «Me descubrí incorregible en lo tocante al orden», escribió Franklin con pesar. Por lo visto, hay que hacer lo que decía Benjamin, no lo que hacía.

De hecho, al leer con detenimiento *Rituales cotidianos*, el libro de Mason Currey sobre los hábitos de las personas creativas, me di cuenta de que no se trataba tanto de rutinas que fomentaran una productividad diligente como de extraños ritos llevados a cabo en medio de la procrastinación más absoluta, entre alcohol y anfetaminas. Thomas Wolfe se animaba a escribir acariciándose los genitales; Patricia Highsmith tenía una botella de vodka junto a la cama. Los protagonistas del libro de Currey se rasgaban las vestiduras por lo poco que avanzaban en su trabajo y después no hacían nada. Muchos de ellos intentaban ser diligentes, pero, en cambio, entraban en pánico y fumaban como carreteros bajo la amenaza de los plazos de entrega. Samuel Johnson, escritor inglés del siglo XVIII, creía que «la ociosidad es una enfermedad que debe combatirse», pero reconocía que «yo mismo nunca he persistido en ningún plan durante dos días seguidos».[10]

En efecto, la falta de diligencia puede hacernos sentir de lo más «incorregibles». Pero, por suerte, hay formas de superar esta tendencia humana hacia la languidez.

Ponerte en lo mejor (y en lo peor)

Una señal de que quieres aumentar tu diligencia puede ser que busques en Google «cómo dejar de procrastinar»... y es probable que lo hagas mientras pospones algún trabajo. Para algunas personas con un bajo nivel de diligencia, las recompensas futuras por las «buenas» decisiones no importan tanto como las recompensas presentes por las «malas». Pasarte media hora buceando en las redes sociales te hace sentir bien ahora, pero seguramente tendrá consecuencias negativas más adelante. Dedicarle media hora a terminar una presentación de trabajo puede parecer aburrido ahora, pero será beneficioso más adelante. Adivina qué opción elegiría una persona con bajo nivel de diligencia.

Sin embargo, una técnica llamada «pensamiento episódico futuro» puede ayudar a corregir este error cognitivo. Las investigadoras Cristina Atance y Daniela O'Neill describen el pensamiento episódico futuro como nuestra capacidad para proyectarnos en el futuro, «preexperimentando» algo de forma parecida a como recordaríamos unas vacaciones o una discusión.[11] Sin embargo, en vez de recordar el pasado, la práctica consiste en imaginar vívidamente un escenario futuro, hasta en los detalles más explícitos, como la ropa que llevarás para la presentación del trabajo, quién estará en la sala y en qué tienda de comestibles te comprarás un bocadillo después. Este acto dirige nuestra atención a esas recompensas lejanas y a lo que podríamos hacer ahora para que fueran más probables. (Hacer clic en «nueva diapositiva» en ese PowerPoint, por desgracia).

En los estudios se ha demostrado que el pensamiento episódico futuro fomenta diversos comportamientos relacionados con la diligencia, como abstenerse del alcohol, la nicotina y las comilonas excesivas.[12] Con cuanta más frecuencia y más detalles imagines estos futuros, mejor funcionará.

Todo esto me recordó mis conversaciones con Julia, y cómo parecían estimularla distintas formas de pensamiento episódico futuro. Desde luego, siempre está planificando. Entre los primeros pensamientos que tiene cuando se despierta está: «Tengo que hacer esto para que dentro de dos años llegue a este otro punto».

Al principio me desconcertó porque, tal y como les sucedía a otras muchas personas a las que entrevisté, parecía que era el miedo lo que conducía a la meticulosidad. Estas personas no se imaginaban futuros positivos, sino que temían los negativos. «La verdad es que tengo la sensación de que me motiva más el miedo de no lograr un resultado positivo», me dijo Julia. Haría cualquier cosa por evitar volver a algo parecido a la peluquería, a un trabajo aburrido y sin autonomía.

Le planteé esta idea a Donald Edmondson, profesor de medicina conductual de la Universidad de Columbia. Me aclaró que el pensamiento episódico futuro no significa soñar despierto sobre el futuro sin más. Es imaginar posibles resultados distintos, positivos o negativos, que podrían verse influidos por las decisiones que tomes hoy.

Siempre que la negatividad no te abrume hasta el punto de paralizarte, imaginar un futuro oscuro puede ser motivador. Puede hacernos pensar: «¿Qué comportamientos tengo que llevar a cabo para minimizar el riesgo de este futuro hipotético?», me dijo Edmondson.

De hecho, añadió que «los episodios que yo uso son casi siempre negativos». Cuando hablamos, Edmondson acababa de enterarse de que era prediabético. Sabía que aquello aumentaba el riesgo de desarrollar diabetes y también alguna enfermedad cardiovascular e incluso un infarto. Se imaginaba en el futuro, con diez o quince kilos más, con problemas para subir por la cuesta que había cerca de su casa. Se imaginó la tensión en el pecho, quedarse sin aliento y la preocupación de su pareja. «¿Está teniendo un ataque al corazón?».

Después se preguntó: «¿Qué cambios tendría que hacer para evitar que esto suceda?». Esta forma de pensar, aunque negativa, hace que el comportamiento diligente de comer sano y de hacer ejercicio resulte más atractivo.

Yo sabía lo que Edmondson estaba describiendo. Antes de encontrar el camino hacia la meticulosidad, yo procrastinaba, comía fatal y deambulaba sin ningún objetivo real. Cuando empecé a darle la vuelta a la tortilla, el pensamiento episódico futuro (negativo) fue responsable en parte.

Aunque sacaba buenas notas, en la adolescencia mi diligencia flaqueaba a menudo. Era como si solo fuera capaz de sacar buenas notas; no podía hacer nada más. Cuando iba al instituto, por las mañanas me quedaba dormida hasta tan tarde que me metía en el coche justo cuando mi madre salía del garaje; iba descalza, con la mochila en una mano y mis deportivas Steve Madden en la otra. Al atravesar la cocina a la carrera, me metía lo primero que pillara en la boca. Una vez llegué tarde al instituto y el profesor dejó que la clase votara si debía castigarme. Una mayoría aplastante votó que sí.

No era solo la impuntualidad. Estando en la universidad, tenía la mala costumbre de no abrir el correo ni de ocuparme del papeleo. No tenía un archivador ni ningún otro sitio donde guardar los documentos importantes, así que me comportaba como si los formularios, las cartas y todo el sistema postal estadounidense no fueran conmigo. De adolescente, apilaba los documentos en un rincón de mi dormitorio y nunca los miraba, y así fue como casi tiré la carta en la que se me informaba de que tenía una beca completa para la matrícula de la universidad. Unos días antes de que venciera el plazo para contestar, la encontré entre un montón de cartas sin clasificar en una pila en el suelo. Aquella carta valía cien mil dólares.

Sin embargo, ahora el test de Hudson me asegura que tengo una diligencia «muy alta». ¿Qué había cambiado?

En parte, que crecí y reconocí que un trayecto de quince minutos nunca durará ocho, por muy «bueno» que parezca el tráfico. Aprendí a hacer listas de comprobación y a abrir el correo. Pero lo que de verdad me hizo ser más puntual y organizada fue la posibilidad de tener o, mejor dicho, de no tener una carrera en el periodismo.

El sector es tan competitivo y despiadado que la diligencia es esencial, lo que necesitas cuando tu editor te dice que tu borrador solo es «un buen comienzo». Y cualquier portavoz del gobierno está más dispuesto a hablar con un periodista puntual a hacerlo con uno que llega tarde, por muy buenos que sean sus borradores.

Mientras me especializaba en periodismo en Los Ángeles, falté varias veces a entrevistas con expertos porque no calculaba el tráfico de forma realista. Una vez me dejé una costosa cámara de fotos en un autobús y llegué tarde a la primera reunión de la clase que impartía mi tutor. Al final acabé dándome cuenta de que esos deslices podrían costarme la oportunidad de dedicarme al periodismo, una carrera por la que me había mudado a la otra punta del país y a la que había dedicado dos años de mi vida.

Imaginé que a pesar de haberme esforzado tanto iba a fracasar solo porque se me había olvidado que hay atasco en La Cienega Boulevard después de las cuatro de la tarde. Era mi propia versión del escenario dantesco de Julia: me imaginaba volviendo al puesto que había tenido antes de la facultad de periodismo, trabajando en una organización sin ánimo de lucro venida a menos donde mi principal responsabilidad era montar muebles de IKEA. En una ocasión todo mi día consistió en configurarle el iPhone nuevo a mi jefe.

Era impensable. Cada vez que recordaba aquel sitio, me encogía. Y entonces empecé a ser puntual.

Encontrar un modelo de conducta diligente

Zach Hambrick llegó a su primer semestre de universidad acompañado por su madre, Genie, y su padrastro, Bob. La pareja vivía en otro estado y a Genie se le llenaron los ojos de lágrimas mientras se alejaban en el coche. Iba a echar de menos a su hijo.

—No te preocupes —dijo Bob—. Es muy probable que volvamos pronto a recogerlo.

Se refería a que el joven Zach seguramente fracasaría en la universidad. En aquel momento Zach era de la misma opinión.

Había crecido en el extremo sudoeste de Virginia, en la pequeña localidad de Marion. Las clases nunca le habían llamado la atención; de hecho, de adolescente empezó a beber mucho y a jugar al golf religiosamente. Se graduó en el instituto con una media de suficiente, y ocupó el puesto setenta de una clase de ciento cuarenta alumnos. Sus notas en el examen de acceso a la universidad fueron fatales, así que cuando llegó el momento de ir a la universidad, no tenía muchas opciones.

Solicitó plaza en dos universidades pequeñas. Cuando fue a visitar una de ellas, el Marietta College, en Ohio, se pasó el fin de semana bebiendo whisky junto con los miembros de una fraternidad. «Se montó una buena», me dijo Zach.

Preocupados por su problema con la bebida, los administradores del Marietta College le advirtieron que estaría a prueba si se matriculaba, me dijo. Aquello le pareció amenaza suficiente para elegir su otra opción, el Methodist College (llamada ahora Methodist University), en Fayetteville, Carolina del Norte.

Zach se matriculó, pero no tenía grandes aspiraciones profesionales. En su remoto rincón de los Apalaches, no conocía a mucha gente con trabajos interesantes. Decidió dedicarse a lo que le gustaba y eligió especializarse en gestión de golf. Los primeros meses los pasó como pudo sin ninguna habilidad para el estudio. Nunca había redactado un trabajo.

Sin embargo, en ese momento conoció a dos personas que lo ayudarían a llevar su nivel de diligencia de cero a casi cien.

En su primer año en la universidad conoció a Ron, un estudiante de unos treinta años que por fin tenía la oportunidad de cursar estudios superiores. Zach y Ron se reconocieron como almas gemelas: dos tíos inteligentes, amantes del golf, que no tenían la menor preparación para la universidad. Empezaron a estudiar juntos, leyendo densos libros de filósofos como Martin Buber. Navegar juntos por un material tan pesado tenía mucho sentido. «En cierto modo, nos inspiramos el uno al otro», dice Zach.

La otra persona fue el director del programa de gestión de golf, Jerry Hogge, con quien le encantaba hablar sobre el futuro de la industria del golf. A diferencia de otras personas, Jerry se tomaba en serio a Zach. Alentaba sus ideas y le decía que tenía potencial académico. «Si nunca te han dicho eso, oírlo puede ser transformador —dice Zach—. Y creo que lo fue en mi caso».

Zach no tardó en procurarse un archivador y un libro de técnicas de estudio titulado *Where There's a Will There's an A* [«Si se quiere, se sacan sobresalientes»]. Empezó a seguir sus preceptos (bastante sencillos), como que hay que buscar un lugar tranquilo para estudiar y subrayar cuando se lee. Terminó el primer semestre con una media de 2,7 sobre cinco, mucho mejor de lo que se esperaba.

A través de su amistad con Ron y Jerry, Zach había descubierto de forma natural algo que parece ayudar a mucha gente a ser más diligente: recibir apoyo y consejos de otras personas. Muchos emprendedores ambiciosos confían en modelos de conducta, guías o mentores que les muestren el camino. Un concepto denominado «orientación de refuerzo mutuo» señala que la diligencia se desarrolla cuando las personas empiezan a admirar modelos de conducta que muestran persistencia y autocontrol.[13] No es el fantasma de las malas notas lo que anima a un adolescente descarriado a estudiar hasta altas horas de la madrugada, es la promesa de parecerse a alguien a quien respeta.

De hecho, confiar en el ejemplo de los demás a veces funciona mejor que intentar motivarte por tu cuenta. En un estudio reciente, unos investigadores de la Universidad de Pensilvania reunieron a un grupo de personas que afirmaban querer hacer más ejercicio.[14] Los investigadores les dijeron a algunos de los participantes que buscaran a algún conocido para aprender estrategias de motivación. Pero al otro grupo los investigadores le proporcionaron dicha estrategia de motivación (por ejemplo, «por cada hora de ejercicio que hagas, date un cuarto de hora de redes sociales»). A lo largo de una semana los participantes que aprendieron la estrategia de sus amigos acabaron haciendo ejercicio una media hora más que el grupo al que los investigadores le dieron la estrategia. Es posible que aprender de sus compañeros ayudara a los participantes a sentirse más autónomos, aumentara el compromiso con sus objetivos y creara cierta presión positiva entre compañeros. Aprender de otras personas, junto a ellas, tiene algo que inspira la diligencia.

Estos modelos de diligencia pueden ser teóricos: quizá te preguntes qué haría una persona saludable o productiva en una situación determinada. Pero a menudo se trata de alguien a quien conoces bien y tal vez envidias. Laura Loker, escritora e ilustradora afincada en las afueras de Washington D.C., me contó que empezó su transformación de persona desordenada a ordenada cuando se mudó con unas compañeras de piso que eran muy pulcras. «Nos mejorábamos las unas a las otras, como grupo», dice.

Del mismo modo, Ron y Jerry le dieron a Zach licencia para aprender. Se sintió empoderado al estar en un entorno en el que «había gente que sabía un montón de lo suyo», me dijo Zach.

Al cabo de un par de años, la gestión de golf empezó a aburrirlo un poco. Asistió a una clase de introducción a la psicología, y lo absorbió enseguida. Siempre le habían interesado las hazañas excepcionales y la medición, y por fin veía que eran aspectos del estudio del comportamiento humano.

Se cambió a la especialidad de psicología, donde conoció a más profesores que alimentaron su curiosidad. Decidió que quería graduarse en Psicología, así que se dedicó aún más a sus estudios. Pasaba una semana preparándose para cada examen y nunca entregaba nada tarde. Empezó a hincar los codos para el examen de aptitud académica que le permitiría cursar un posgrado, haciendo fichas y montones de exámenes de práctica. Lo motivaba el miedo mortal a que, si suspendía, tendría que volver a su ciudad natal y convertirse en ayudante del gerente en Wendy's. (Otra vez ese pensamiento episódico futuro).

Esta práctica deliberada es uno de los rasgos distintivos de la determinación, o la búsqueda incesante de objetivos que se correlaciona muchísimo con la diligencia, según la psicóloga y autora de *Grit*, Angela Duckworth. La práctica deliberada significa practicar para mejorar, hacer un seguimiento de los progresos y esforzarse una y otra vez para alcanzar un objetivo ambicioso: la clase de trabajo que realizaba Zach en la universidad. Pero también significa recibir comentarios de los demás sobre cómo lo estás haciendo. «Casi todos los artistas se benefician de tener alguien que los acompañe —me dijo Duckworth—. Los escritores necesitan editores, los deportistas necesitan entrenadores, los niños necesitan padres y los estudiantes necesitan profesores». Zach necesitaba a Ron y a Jerry. Es más fácil aventurarse en el desconocido mundo de la diligencia cuando hay alguien que viaja a tu lado.

La práctica deliberada de Zach dio sus frutos. Cuando le llegaron al buzón de la universidad los resultados del examen de aptitud, abrió el sobre y pensó: «Esto va a cambiar las cosas». Lo había hecho lo bastante bien como para entrar en Georgia Tech, un programa de posgrado de primera categoría. Terminó la universidad con una media de 3,9 puntos sobre cinco.

En la actualidad es profesor titular de psicología y estudia los orígenes científicos de las habilidades y de la experiencia. Básicamente cómo aprenden las personas a tener éxito. Uno de sus consejos, respaldado por la investigación, para las personas que quieren mejorar diversas habilidades (ya sean deportivas o musicales) es trabajar con un entrenador o un mentor. Busca a alguien que pueda darte indicaciones y apoyarte en el camino. Al fin y al cabo, a él le funcionó.

Mis conversaciones con Zach y con Julia me ayudaron a comprender de qué manera puede la gente volverse más diligente durante los primeros años de la edad adulta, una época flexible en la que a muchos de nosotros nos cuesta manejar el orden y la persistencia. Pero a los adultos de más edad también les cuesta ser diligentes. De hecho, algunos puntos de este rasgo pueden parecer incluso más difíciles de alcanzar cuando tienes otros aspectos de la vida ya resueltos. Para saber cómo ser diligente más adelante en la vida, fui a ver a una mujer llamada Dana K. White.

El proceso de eliminación

Dana tuvo que darme instrucciones por teléfono para llegar a su casa, porque Google todavía no había mapeado su lejano trocito en el norte de Texas. «Da la vuelta y vuelve por donde has venido hasta dar con una casa gris con un gran camino de entrada circular», me dijo.

Dana, que es rubia, tiene tres hijos y se autoproclamaba «exvaga», me recibió en la entrada con vaqueros y una camiseta fucsia. Después me hizo pasar al interior, donde todo parecía ordenado y con un aire muy navideño: el árbol decorado, los calcetines colgados, y la mesa, a diferencia de tantas mesas de comedor en Estados Unidos, limpia y lista para comer.

No siempre fue así.

Durante gran parte de su vida, Dana nunca entendió por qué era tan inteligente para casi todo, pero parecía incapaz de mantener la casa ordenada. La diligencia consiste, en parte, en ser ordenado y organizado, pero parece que incluso las personas ambiciosas y con grandes logros tienen dificultades en este sentido. Llevar una vida plena e interesante deja poco tiempo para doblar las camisetas.

En el instituto la taquilla de Dana estaba tan abarrotada que se le caía todo cada vez que la abría. El suelo de su habitación era una ciénaga de cosas que le llegaba hasta las rodillas, con un camino que serpenteaba a través de ella. «Era una de esas personas que lo dejan todo tirado por ahí», me dijo Dana. Los tiques de la compra y los productos de belleza se le escapaban de las manos e iban a parar a las estanterías, el suelo o el armario, y ella ni se daba cuenta.

Ya de adulta lo tenía todo tan abarrotado que si esperaba visita tardaba semanas en recoger. Sus hijos evitaban invitar a amigos, porque sabían que implicaría un maratón de limpieza a fondo que ponía a su madre de mal humor. Su marido estaba dispuesto a ayudarla con las tareas domésticas, pero, como él trabajaba fuera de casa, Dana tenía la sensación de que la responsabilidad era principalmente de ella. No le gustaba lo desordenado que estaba todo y ya estaba harta de perder cosas. Pero tampoco sabía muy bien cómo cambiar.

Una mañana, sentada en un banco de la iglesia y preocupada por el estado de su casa, decidió intentar organizarla y escribir un blog sobre el proceso. Llamaría a su proyecto *A Slob Comes Clean* [«Limpiando mi suciedad»]. «Me devané los sesos en busca de una palabra mejor que "suciedad" —escribió—. Pero decidí que si iba a hacerlo, no pensaba edulcorar nada».[15]

Empezó con un objetivo sencillo: fregar los platos todos los días. Fregar los platos la ayudó a comprender una de las causas de sus problemas: su tendencia a verlo todo como un proyecto. Su enfoque a la hora de afrontar otras cosas en la vida era «lanzarme a algo de cabeza y hacerlo perfecto para luego dormir durante una semana», me dijo. Pero la limpieza no funciona así; es un proceso continuo y repetitivo.

Se dio cuenta de que dejaba pasar demasiado tiempo entre limpieza y limpieza, convirtiendo la tarea de atacar el desorden acumulado en algo gigantesco que le ocupaba todo un día. Si el fregadero estaba lleno de platos, esperaba a que se llenase un poco más. Su familia bebía de tazas medidoras antes de que ella pusiera el lavavajillas. Tener el fregadero vacío le facilitaba cocinar... y ver avances.

También se dio cuenta de que guardaba demasiadas cosas. Había sido profesora de teatro creativo, por lo que había acumulado un sinfín de cosas sin valor (como ropa de ventas particulares o una bañera de hierro fundido) que no usaba.

Durante un tiempo creyó que podría encontrar un sistema para organizarlo todo. Pero resultó que necesitaba deshacerse de cosas, no organizarlas. Las cajas de almacenaje, comprendió por fin, no están pensadas para ayudarte a adquirir más cosas, sino que son un límite a la cantidad de cosas que puedes adquirir. El remedio fue contundente y sencillo: empezó a tirar cosas. Me dijo: «Ahora veo toda mi casa como una caja de almacenaje. [...] Si hay hueco, puedo quedármelo. Si no, por mucho que me encante, no puedo quedármelo».

Después de unos seis meses dedicados a deshacerse de cosas, la casa de Dana se transformó. De hecho, salió a la luz un aseo completo que antes estaba oculto porque lo usaban de trastero. Podía organizar una cena con amigos improvisada sin que la asaltara el pánico antes de la visita. Durante todo ese tiempo, siguió publicando en su blog y desde entonces ha ampliado *A Slob Comes Clean* con libros, vídeos y pódcast. Aconseja a las personas que no compren más cajas de almacenaje para guardar cosas hasta que se hayan deshecho de tantas que las que les quedan quepan sin problemas en el espacio donde están. Asegura que se pueden ver progresos en el proceso de limpieza aunque solo se disponga de unos minutos.

Durante mi visita, Dana me llevó a una habitación en un lateral de la casa para que viera una demostración de su proceso de limpieza. La habitación se usaba como almacén, pero su marido esperaba poder convertirla en un despacho. Ese día se concentró en adecentar una estantería pegada a la pared. En primer lugar, buscó la basura más evidente (tiques viejos, un marco de fotos roto) y la tiró a una bolsa enorme. Después recolocó los objetos que quedaban, como un CD de Julie Andrews, para ponerlos en sitios donde creía que los buscaría primero. Si se le pasaba por la cabeza que no iría a buscar algo, lo tiraba, como un espejo viejo decorado con ganchos que guardó en la caja para donar.

Al cabo de unos minutos había quitado suficientes cosas como para dejar a la vista una caja para guardar cables y el azul celeste de la estantería. Incluso ella parecía sorprendida por la diferencia que supone tener menos trastos. «Si miro esto ahora mismo, sigue estando desordenadísimo —dijo—. Pero si lo comparo con el aspecto que tenía hace cinco minutos, pienso: "Vale, ha merecido la pena el tiempo invertido"».

Dana había descubierto el secreto a voces de la organización doméstica: la mayor parte de la «limpieza» y la «organización» es en realidad deshacerse de trastos. Las superficies parecen más ordenadas cuando hay menos cosas sobre ellas, y es más fácil limpiar cuando no tienes un montón de táperes viejos y tonterías.

Esto parece especialmente cierto para quienes se están volviendo más organizados (es decir, diligentes) después de toda una vida de desorden. «La verdad es que en el instituto tenía demasiadas cosas para el sitio en el que intentaba meterlas», dice Laura Loker, una escritora que se volvió más ordenada al mudarse con compañeras de piso ordenadas. Cuando por fin se volvió más organizada, se dio cuenta de que el truco estaba en aceptar que «tienes que dejar mucho más espacio vacío del que crees que necesitas. Si tienes que recoger en plan Tetris, no funcionará». Andrew Weintraub, ejecutivo de seguros médicos que pasó de ser don Pocilga a ser un maniático del orden, dijo que uno de sus principales consejos es «tirar, tirar, tirar. No te preocupes por lo que puedas necesitar. [...] Usa el cubo de la basura sin compasión».

La idea de que tener demasiadas cosas puede ser una perversa forma de penuria no es nueva. En *Desear menos: viviendo con el minimalismo*, Kyle Chayka rastrea las raíces del minimalismo estadounidense hasta un filósofo del siglo XX llamado Richard Gregg, que propugnaba lo que él llamaba la «simplicidad voluntaria», o primar los «bienes psíquicos», como la amistad y el amor, por encima de las posesiones físicas. «Poseer tantas cosas como consecuencia de la riqueza genera tensión nerviosa porque nos vemos obligados a tomar muchas decisiones distintas cada día», escribe Chayka, explicando la filosofía de Gregg. Solo que el problema con las cosas no ha hecho más que empeorar desde entonces.[16] Gregg estaba preocupado por el auge de los teléfonos y los automóviles. Piensa en la tensión nerviosa provocada por una década de entregas de un día para otro.

Incluso los organizadores profesionales te dirán que el minimalismo es el arma secreta de las personas organizadas. «El mayor impedimento para que la gente guarde las cosas es la falta de espacio», dice Nicole Anzia, propietaria de una empresa de organización doméstica en Washington D.C. llamada Neatnik.

Nicole me contó que su clientela está formada en su mayor parte por atareadas madres trabajadoras que están demasiado abrumadas por todas las decisiones que toman en sus trabajos y en el seno de sus familias como para también dedicarle tiempo a organizar sus pertenencias. Washington está lleno de abogados y de periodistas cuyas mesas crujen por la cantidad de papeles y de cuadernos viejos. Los trabajadores de profesiones liberales de esta ciudad pueden permitirse comprar todo lo que necesitan... y a menudo más de lo que necesitan.

La pandemia ayudó a esta acumulación de objetos. La gente calmaba el ansia pasando horas en Amazon, haciendo clic en comprar sin pensar en dónde iban a entrar todos esos juegos de mesa y utensilios de cocina. Cuando tienes demasiado, no sabes lo que tienes, así que compras por duplicado, algo que solo consigue aumentar el desorden. También pasas mucho tiempo buscando las cosas, algo que estresa a la gente. Incapaces de manejar la situación, las personas acaban guardándolo todo como pueden. O llaman a Nicole.

El primer paso del proceso de Nicole es la purga. Para mantenerte organizado, me dijo Nicole, tienes que «estar deshaciéndote de cosas continuamente». Recomienda hacer repaso de todo lo que tienes un par de veces al año y tirar lo que no uses, o tirar una cosa por cada cosa nueva que compres.

¿La gente se siente culpable por el aparente despilfarro de esta selección? Sí, y ese es uno de los mayores obstáculos. Pero míralo de esta forma: «O lo tiras tú, o lo tirará otra persona —me dijo Nicole. Hizo una pausa—. Como cuando te mueres, que alguien va a entrar en tu casa y lo va a tirar todo». Así que más te vale hacerlo tú desde el primer momento.

Hacer más haciendo menos

Poner orden es un maravillosísimo consejo para ser diligente porque no requiere que compres material nuevo, ni trasteros enormes, ni una casa más grande. Solo exige que tires cosas. Se trata de alcanzar la productividad reduciendo, no ampliando..., y este espíritu también se traslada a otros aspectos de la diligencia.

El minimalismo, en todas sus formas, ha calado en el mundo ultrameticuloso de la superación personal de un tiempo a esta parte. Incluso algunos maestros de la productividad se han visto obligados a reconocer que ningún diario con viñetas ni ningún temporizador «pomodoro» te permitirán lograr todo lo que deseas con la rapidez que quieres. Tendrás que elegir. En su libro *Cuatro mil semanas*, el columnista Oliver Burkeman, que ofrece trucos para sobrellevar la vida, describe que una mañana de invierno se sentó en el banco de un parque, «sintiéndose más ansioso de lo habitual por el volumen de tareas pendientes de hacer y dándose cuenta de repente de que aquello no iba a funcionar en la vida». En cambio, aboga por abrazar la «finitud», lo que incluye limitar tus prioridades, asentarte en una relación y en una carrera profesional, y celebrar la «alegría de perderse cosas». «Dado que tomar decisiones difíciles es inevitable, lo importante es aprender a tomarlas de forma consciente —escribe— y decidir en qué centrarse y qué dar de lado, en vez de dejar que se tomen por inercia... o engañarte diciéndote que, si te esfuerzas lo suficiente y usas los trucos de control de tiempo adecuados, tal vez no tengas que decidir nada».[17]

Esto se parece a la filosofía propugnada por Greg McKeown en su libro *Esencialismo*, que implora a sus lectores que se preocupen por lograr las cosas «adecuadas», y no «más cosas». «Solo cuando te das permiso para no llegar a todo, para no decirle que sí a todo el mundo —escribe McKeown—, puedes contribuir de verdad a las cosas que realmente importan».[18] McKeown sostiene que deberías evaluar las decisiones de la vida mediante un método llamado la regla del 90 por ciento: si algo no obtiene al menos una puntuación de noventa sobre cien según tus criterios para saber si es importante o no, descártalo. (McKeown reconoce que puede ser complicado cuando no eres tú mismo quien te asigna las cosas, sino otra persona, como tu jefe. En esos casos merece la pena usar una pregunta pasivo-agresiva en el plano profesional: «¿Qué otro proyecto debería descuidar para prestarle atención a este nuevo proyecto?»).

El esencialismo es donde yo, una persona hipermeticulosa, quizá haya llevado el asunto al extremo. Me pongo más o menos lo mismo todos los días, casi siempre ropa de deporte para poder hacer ejercicio en mitad del día sin tener que cambiarme. No llevo bolso. Casi nunca compro decoración para el hogar, salvo para tapar agujeros raros en las paredes. Nunca organizaré una boda. No compro regalos de Navidad. No hago nada que no valore y que me ocupe un espacio, un tiempo y un dinero valiosos.

Aprendí a vivir así por ser una milenial que se graduó en plena recesión y que ha tenido que empaquetar toda su vida y mudarse de piso en un fin de semana más de una vez. «Mi generación nunca ha tenido una relación sana con la estabilidad material. Siempre se cuenta con muy pocos recursos a mano o hay demasiada competencia por lo que queda», escribe Kyle Chayka, especializado en minimalismo y también perteneciente a la generación milenial. Chayka describe que vivía en pisos subarrendados con veintitantos años, tratando cada habitación como un hotel que podía tener que abandonar a toda prisa.[19] Quizá la única ventaja que tenemos los milenial con respecto a otras generaciones es nuestra capacidad de vivir con lo justo para sobrevivir.

Claro que no todo puede girar alrededor de la eficiencia. Todas las personas tenemos nuestras preferencias, y yo, por ejemplo, me gasto una fortuna en clases de yoga, en libros y en películas. No deberías hacer que tu vida sea aburrida o incómoda en aras de la diligencia. Sin embargo, las historias de las personas que acababan de abrazar la diligencia y a las que entrevisté sugieren que lograrás más si tus objetivos son más específicos. Será más fácil limpiar si tienes menos cosas. Serás más puntual si estás menos sobrecargado de trabajo. Después de pasar toda una vida abriéndote paso entre una maraña de tareas y chismes, el minimalismo puede ser como llegar a un claro iluminado por el sol: la sensación de haber logrado algo, pero con espacio para respirar.

Poner orden y tirar cosas hizo que a Dana le resultara más fácil disfrutar de su casa, saber lo que tiene y recordar dónde está. El rendimiento académico de Zach despegó cuando se concentró en la psicología. La mayoría de la gente disfruta más en la universidad, donde elige una sola especialidad que despierte su curiosidad, que en el instituto, que es una marcha forzada a través de todo, desde el ciclo de Krebs hasta la Guerra de los Cien Años. Sarah Richards, una mujer con la que hablé, empezó a ser puntual ya con treinta y muchos años, tras toda una vida llegando tarde. Para ella un truco era dejar de encajar demasiadas tareas en cada hora. «Hacer la maleta es un buen ejemplo —dijo—. Podría hacerla en media hora sin problemas, pero, madre mía, si me doy dos horas para revisar a fondo los utensilios de aseo, elegir los zapatos y pensar bien qué tipo de actividad voy a hacer, pues me siento mucho mejor, y eso compensa todo el viaje».

De este modo, la sencillez es también la herramienta más sencilla para ser diligente. Alguien que quiera mejorar en este sentido podría empezar por deshacerse de la ropa y los libros que ya no quiere. Podría vaciar su calendario de reuniones y de compromisos que no le aportan nada. Podría llevar galletas compradas en la tienda a la fiesta, celebrar una despedida de soltera más pequeña y apuntar a su hijo a una actividad extraescolar menos. En vez de intentar que su vida absorba un universo de obligaciones en constante expansión, podría hacer que sus cosas, sus intereses y sus actividades reflejaran una vida que realmente le aportara luz.

Solo tienes que reducir un poco para empezar a notar la diferencia. «Creo que es muy empoderante una vez que empiezas y ves un poco de mejora —dice Laura Loker—. Reconocer: "Esto es algo que puedo aprender. No es como un rasgo de personalidad con el que tengo que vivir para siempre"».

Ebria de eficacia

Un día por fin le confesé a mi psiquiatra que quizá el alcohol fuera uno de los motivos por los que me despertaba con tanta frecuencia en mitad de la noche.

A ver, sufría insomnio incluso las noches que no bebía, pero de un tiempo a esa parte me había dado cuenta de que incluso una copa de vino con la cena interfería en el sueño. Aunque solo bebía las siete copas semanales que los médicos dan por buenas en las mujeres, tenía la sensación de que las necesitaba todas.

—¿Qué sentirías si tomaras tres copas a la semana y no siete? —me preguntó mi psiquiatra.

«¿Qué sentiría si cerrara la bocaza?», pensé.

—Mmm, es buena idea —respondí, aunque lo olvidé enseguida.

Siempre me he dicho que me merecía una copa por superar un día estresante..., y todos los días de una periodista son estresantes, así que me merecía una copa todos los días. Mientras estaba enfrascada en el capítulo sobre la extroversión, también me decía que merecía un bálsamo para mi intensa ansiedad social. Siempre que estaba con gente nueva me embarcaba en una especie de juego de beber conmigo misma: bebe cada vez que te sientas incómoda. Yo era la única ganadora, y también la única perdedora a la mañana siguiente.

En una barbacoa de junio en la piscina de mi barrio, me senté a una mesa de pícnic con unos vecinos a los que no conocía, algo que nunca habría hecho antes de empezar este experimento de cambio de personalidad. Todo empezó bastante bien. Nos presentamos. Mi nombre tan raro suscitó la habitual discusión sobre orígenes étnicos. Llevamos a cabo el extraño ritual de mitad de pandemia en el que cada uno decía qué vacuna se había puesto.

El maestro de ceremonias de la barbacoa anunció que yo había ganado un sorteo, y me acerqué a recoger el premio: una maceta de terracota rellena de caramelos y una botellita de Jack Daniel's, todo envuelto en celofán transparente.

Volví a sentarme a la mesa de pícnic e intenté retomar la conversación. Les pregunté a mis vecinos por su trabajo. Les pregunté dónde habían pasado el confinamiento durante la pandemia. Les pregunté cuánto tiempo llevaban viviendo en el barrio. Entonces empezaron a hablar de sus hijos y sus perros, y yo no tenía nada de eso.

Hice las únicas preguntas que se me ocurrieron: ¿Cómo se llaman tus hijos? ¿Qué tal les fue con las clases por Zoom? ¿Habéis hecho ya la ruta en bici hasta el lago?

Entonces me quedé fuera. Me di cuenta con creciente pánico de que no tenía nada que decir. Quería hacer una pregunta profunda del tipo «¿Qué es lo más triste que te ha pasado?», pero pensé que podría recibirse mal en la relajada barbacoa del viernes.

Aquel día no tenía intención de beber, pero casi de forma instintiva empecé a desenvolver frenéticamente mi premio. Luché con el celofán y después rompí una especie de cinta ondulada que lo unía todo. Sonó como si alguien hubiera hecho un agujero en un lago helado.

—¿No... prefieres un sauvignon blanc? —me preguntó uno de los padres.

—Esto me vale —mentí.

—Oye, que es rusa —terció otro padre.

Claro, cómo no, los rusos y el Jack Daniel's..., una combinación clásica. Sentí el aguijonazo de la vergüenza, la ignominia de sus miradas. Pero entonces atravesé por fin las capas de celofán. Abrí la botellita de Jack Daniel's y bebí. Dos sorbitos, lo justo para que mi cerebro funcionara bien de nuevo, alejado del código rojo y de vuelta a la conversación trivial. «¿Habéis visto las papayas que crecen junto al arroyo?». Uf. Algunas personas hablan mejor otros idiomas cuando están achispadas; yo hablo mejor, punto.

Mientras contemplaba el panorama desde lo alto de mi meticulosidad extrema, me di cuenta de que la bebida era un aspecto de este rasgo en el que tengo margen de mejora. Las personas diligentes suelen ser más saludables, lo que incluye tener una relación más sana con la bebida. Aunque la «falta de moderación» forma parte del rasgo del neuroticismo, numerosos estudios han descubierto que las personas diligentes beben menos.[20] Un estudio descubrió que ser poco diligente y no tener mucha capacidad de ser amable eran, de hecho, los indicadores «más fiables» de problemas con la bebida.[21] Muchas personas con baja diligencia son incapaces de abandonar comportamientos que antes le resultaban gratificantes después de que dejaran de serlo.[22] Esto describía mi relación con la bebida: desesperada, sin alegría.

Volvemos de nuevo al hecho de que las personas que quieren ser más diligentes muchas veces no saben cómo lograrlo. Siempre me he preguntado cómo consiguen algunas personas no beber ni una sola gota de alcohol en toda la vida o dejar de beber cuando ya han empezado. ¿Qué piensan hacer por la noche? ¿Cómo aguantan las bodas?

En un intento por comprenderlo, llamé a Annie Grace, autora de *Esta mente al desnudo* (un libro, aunque también tiene página web, *This Naked Mind*), cuyo objetivo es ayudar a las personas a dejar de beber o a reducir el consumo de alcohol. En momentos sociales incómodos, me dijo, a veces finge estar viendo cómo se desarrolla esa incomodidad en la tele. No hace nada al respecto. Se limita a observar. Piensa: «Me pregunto cuánto tiempo van a dejarlo correr». «Me pica muchísimo la curiosidad, en plan: "Si yo no rompo el silencio, ¿quién lo hará?"», me dijo. Supongo que no han echado a nadie de una barbacoa por permitir que un silencio incómodo se prolongara demasiado.

Hacia la mitad de mi proyecto de personalidad, empecé a experimentar con la sugerencia de mi psiquiatra de beber tres copas a la semana. Seguía bebiéndome un par de cervezas cuando salía con amigas, una o dos noches a la semana. Pero encontré una marca de cerveza sin alcohol que me gustaba y la cambié por mi única Corona nocturna. Cuando estaba en casa, me comían los nervios y sentía el impulso de beber, me decía que podía tomarme una copa si era capaz de decir de qué manera iba ayudarme a mejorar la situación. Lo normal era que no se me ocurriera nada.

Una noche Rich y yo nos sentamos a ver una película que nos habían recomendado mucho a ambos personas exactamente iguales a nosotros. Teníamos muchas expectativas. Ni siquiera voy a nombrar la película; le gustaba a todo el mundo. Como más disfruto es bebiendo para coger un puntillo mientras veo una buena película, así que me serví una copa de vino y me preparé para que me transportasen a otro mundo.

Rich estaba fascinado. Pasaba del llanto a asentir con la cabeza y a reírse con tantas ganas que parecía que se iba a ahogar. En cambio, yo tenía la sensación de que era una película para personas fantasiosas a las que les divierten los golpes de kárate con muchos efectos especiales. Lo que hago cuando tengo que ver una película que me parece espantosa con alguien a quien le gusta es beber más. Así soy capaz de resignarme a malgastar dos horas de mi vida, y después puedo esbozar una sonrisilla achispada y mentir diciendo que sí, ¡que ha estado muy bien!

Cuando vi que a uno de los personajes se le convertían los dedos en perritos calientes sin motivo, me serví otro chardonnay. Pero después de dos sorbos me di cuenta de que no quería estar más borracha. Simplemente no quería estar viendo esa película. Tiré el vino y me fui a la cama a leer.

Para mí el truco consistió en ver el alcohol como otra carga innecesaria que tenía que soportar por los demás, una carga de la que podía deshacerme como de una caja de adornos viejos. Beber menos era mi forma particular de esencialismo: ¿por qué hacer algo si no tienes que hacerlo? No soy tan graciosa si no bebo, pero la gente no se merece que yo sea graciosa todo el tiempo. No tengo por qué decir que me gustó una película cuando no me gustó. Y si a nadie se le ocurre ningún otro tema de conversación, a lo mejor deberíamos irnos todos a casa.

Al evaluar los resultados de mi experimento de personalidad, me di cuenta de que este era uno de los cambios que me hacían sentir más feliz y tranquila. No dejé de beber del todo, y todavía tengo semanas estresadísimas (y semanas festivas) en las que me excedo. Pero sí que bebo menos de siete copas a la semana en general. A veces son tres, a veces cuatro. A veces son cinco, porque una punzadita de incertidumbre me lleva a la cocina a por una copa de pinot de emergencia. Tal vez sea porque ya soy muy diligente, pero considerar la bebida como una forma de exceso me ha ayudado. En mi cabeza he limpiado el exceso de alcohol de mi vida, y todo lo demás parece estar más ordenado.

8

Aguantar versus llegar al final: Cómo saber cuándo abandonar

Ya oigo los murmullos de protesta. Si para ser diligente tienes que organizar tu vida, ¿cómo vas a encajar todas estas actividades de cambio de personalidad? Supongamos que quieres cambiar dos o tres rasgos. Eso puede significar que intentes meter más de doce hábitos nuevos en una vida que ya está a reventar. Y si una nueva actividad te parece aburrida, ¿cómo saber si se debe a tu tendencia a la reclusión o si deberías probar otra cosa? ¿Cómo saber cuándo insistir con los intentos de cambio... o si ya has cambiado lo suficiente?

Esa última pregunta fue la que me rondó por la cabeza un día durante el primer nivel de las clases de improvisación, cuando nuestro profesor anunció que haríamos una noche de puertas abiertas para amigos, familiares y cualquiera que pasase corriendo por delante del Pabellón n.º 1 de Rock Creek Park. Las palmas de las manos se me quedaron heladas nada más oírlo. «¡Se acabó! —pensé—. ¡Ya he cambiado bastante! ¡Debería dejar la improvisación ya!».

Olvidé la idea durante unas semanas. Cada vez que aparecía en mi conciencia, me las arreglaba haciéndome ilusiones: «A lo mejor surge otra pandemia de aquí a ese día y se cancela todo». La idea funcionó hasta la víspera del día en cuestión, cuando me desperté de golpe por culpa de las pesadillas que me causaba. Me pasé el día viendo en YouTube programas antiguos de la Upright Citizens Brigade, el famoso grupo de comediantes de improvisación, en un intento por descubrir cómo es la improvisación cuando se hace como es debido. Rich bajó por la escalera y me vio agarrada a un cojín como si fuera un salvavidas. «Estoy nervioso por ti», me dijo.

La noche en cuestión, Rich accedió a llevarme. Atravesamos a toda velocidad las silenciosas calles de las afueras de la ciudad y nos adentramos en la estruendosa autopista Beltway, uniéndonos a la multitud de los habitantes de Washington que se dirigían a algún lugar para demostrar su valía. Como eso sucedió antes de que dejara el alcohol como forma de solucionar los problemas, durante el camino me bebí un termo lleno de merlot.

Agradecí que dos de mis amigas, Marissa y Anastasia, hubieran accedido a ir y ofrecerme apoyo moral, o al menos ayudarme a pensar que me apoyaba una multitud. Cuando llegamos, los dejé a los tres en la zona de los asientos y me fui con mis compañeros. Todos tenían ojeras, pero parecían preparados, como si estuviéramos a punto de invadir Normandía. Calentamos con algunos juegos de improvisación y luego observamos desde un lateral la actuación de un grupo más experimentado que nosotros.

Por desgracia, ese otro grupo era muy bueno. Contaba con un gran número de integrantes, todos excelentes, de manera que solo intervenían unos segundos, lo suficiente para conseguir una carcajada y dar una impresión general de frescura. En un momento dado, yo, una persona a la que no le hace gracia la improvisación, me partí de risa con una escena en la que dos investigadores criminalistas se asustaban sin querer en el bosque. (Había que estar allí para entenderlo). Todos parecían muy tranquilos, sin sudar siquiera.

Entonces nos llegó el turno. Formamos una fila delante del «público», si se le puede llamar así, sentado a unas mesas de pícnic delante de nosotros. La borrachera del vino se me había pasado a esas alturas, dejando al descubierto la cruda realidad de que estaba a punto de fracasar en algo que no me gustaba, delante de gente que no conocía. Recordé mis primeros intentos de relacionarme con adultos cuando era pequeña, después de emigrar, pero antes de aprender inglés. Volví a sentir la ardiente frustración de esforzarme y no conseguirlo.

«Solo tienes que aguantar hasta que acabe —pensé—. Luego no tendrás que volver a hacerlo. De hecho, ya que solo lo vas a hacer una vez, será mejor que lo hagas bien». Esa charla conmigo misma funcionó, por sorprendente que parezca. Además de un miedo escénico extremo, mi cerebro soportaba el deseo abrumador de una niña inmigrante de hacer lo que quisiera la gente para ganarse su aprobación. Empecé a improvisar como si el resultado fueran buenas notas para el acceso a la universidad.

Comenzamos con la típica escena en la que alguien está muy poco cualificado para su trabajo. Yo interpretaba a una secretaria que se quedaba dormida en los momentos más inoportunos. Mis compañeros de improvisación me pedían que los pusiera en contacto con varios peces gordos o que les mandara documentos por fax, y yo me echaba a roncar de forma exagerada. Buscaba en mi interior el tipo de persona a la que se le daría bien aquello. Oía risas y solo el 60 por ciento me parecían por lástima. De repente, nuestro profesor le puso fin a la escena y se acabó. La policía no apareció en ningún momento para bajarme del escenario por un atentado contra el humor.

Rich nunca me había visto actuar y parecía sorprendido de que pudiera hacerlo. Después me dijo: «Ahora que te he visto hacerlo, no sé por qué creía que serías incapaz».

Yo tampoco lo sabía. Recordaba vagamente a otros novios anteriores diciéndome que no soy graciosa o que soy tan insegura que se me nota. Pero ¿por qué había vivido según sus palabras? ¿Por qué había intentado darles la razón? Me había pasado años esforzándome por estar a la altura de la idea que los demás tenían de mi personalidad cuando podría haber elegido la personalidad que me hiciera más feliz.

Después de la actuación Rich, Anastasia y yo cenamos en un restaurante mexicano donde la gente iba los viernes a bailar en mi época universitaria. Lo dije así: «Todo el mundo venía a bailar aquí los viernes». Sin embargo, yo siempre fui demasiado tímida como para hacerlo. Todos los demás salían a bailar y yo me quedaba en mi dormitorio. En ese momento deseé poder retroceder en el tiempo y decirme a mí misma que no había ninguna razón para no hacerlo.

De camino a casa en el coche el cielo de las afueras sin iluminar me pareció más amable que de costumbre, un capullo protector en vez de una caverna. El alivio y las enchiladas me invadían a partes iguales. Sobrevivir a la improvisación me había hecho sentir que podía sobrevivir a cualquier cosa, por muy infantil que pudiera parecerles a todos mis antepasados que sobrevivieron al sitio de Leningrado.

Actuar de acuerdo con tus valores

La noche de la improvisación con público fue una prueba importante de mi proyecto de personalidad justo porque me resultaba incomodísima. En muchos momentos el cambio de personalidad te va a parecer como ponerte unas mallas demasiado ajustadas o aprender una nueva lengua aglutinante. Saldrás con un grupo de posibles nuevos amigos y te sentirás tímido y nervioso. Te aburrirás tanto durante la meditación que acabarás redactando mentalmente un mensaje entero de trabajo. Puede que, como me pasó a mí, le derrames la Coca-Cola a alguien durante una quedada de Meetup y descubras que eso, para bien o para mal, no es motivo para que te expulsen de futuros encuentros.

Sin embargo, esa incomodidad no significa que debas replantearte el cambio de personalidad. Al contrario, la ansiedad puede ser una señal de que te estás liberando de las antipáticas ataduras de la costumbre y estás cambiando de verdad.[1] Casi todas las voces defensoras de la autotransformación advierten contra el abandono de una actividad solo porque no te parezca bien al principio. «No midas el éxito de una práctica extrovertida por su nivel de incomodidad», aconsejan Martin Antony y Richard Swinson en *Cuando lo perfecto no es suficiente*, su guía para superar el perfeccionismo. «Si has elegido una situación difícil a conciencia, lo normal es que estés nervioso».[2]

Es comprensible que la gente intente evitar sentimientos difíciles como la incomodidad, la tristeza o la ansiedad. Pero esos sentimientos pueden ser una señal de que algo te importa y, por tanto, de que merece la pena perseguirlo. De hecho, un tipo de psicoterapia llamada Terapia de Aceptación y Compromiso (o ACT por sus siglas en inglés) sugiere que lo que más valoramos suele ser precisamente lo que nos provoca sentimientos profundos de angustia e incertidumbre. La ACT te anima a identificar qué es lo que te importa (tus valores) y a comportarte de un modo que concuerde con ellos, aunque a veces te asuste. Me resulta más fácil recordar la ACT a través de este acrónimo: acepta tus sentimientos negativos (A), comprométete con tus valores (C) y trabaja para conseguir (T) el tipo de vida que quieres vivir. A lo mejor te resulta útil para recordarlo cuando estés probando nuevos rasgos de personalidad. En mi caso con la improvisación podría traducirse en aceptar que sentía miedo escénico, comprometerme con la realidad de que uno de mis valores era ser más extrovertida y participar en la noche con público.

Steven Hayes, profesor de psicología de la Universidad de Nevada en Reno, fue el creador de la ACT. Al principio de su carrera Hayes usó las habilidades adyacentes a la ACT para superar los ataques de pánico que a veces mermaban su capacidad para enseñar. En vez de luchar contra el pánico, lo aceptó. Un artículo de la revista *Time* de 2006 lo describe aprendiendo «a ser juguetón con sus pensamientos, a sostenerlos con ligereza.[3] ¿Sientes pánico? ¿Estás deprimido? ¿Te ves como un incompetente? "Dale las gracias a tu mente por ese pensamiento", le gusta decir». A lo largo de los años y ahondando en esa estrambótica estrategia de recuperación, Hayes desarrolló la terapia ACT, que se ha utilizado en muchos estudios clínicos.

Empecé a leer el libro de Hayes sobre la ACT, *Una mente liberada*, para intentar aplicarla conmigo misma.[4] (Hayes dice que puede hacerse con o sin terapeuta). En el libro explica que intentar evitar situaciones que incitan al miedo, como hablar en público o socializar, paradójicamente puede aumentar la intensidad de ese miedo. En cambio, debes intentar «desactivar» tus pensamientos, aconseja, o darte cuenta de que los estás teniendo sin darles credibilidad. Una forma de desactivación puede consistir en decirte: «Estoy pensando que estoy demasiado ansioso para socializar». Esto no significa que decidas que de verdad estás demasiado ansioso y te quedes en casa toda la noche. Considéralo como un consejo de alguien de quien no acabas de fiarte. Puedes elegir creer en tus pensamientos solo si te resultan útiles.

A partir de ese punto serás capaz de actuar de acuerdo con tus valores. Hayes define los valores como «guías duraderas y continuas para vivir» y los diferencia de los objetivos, que son finitos y alcanzables. Un ejemplo de valor es «ser un buen padre», mientras que un objetivo puede ser «ir a todas las funciones de baile de este año». Puedes perderte una función de baile, pero seguir siendo un buen padre en otros aspectos. Y de la misma manera asistir a las funciones de baile no significa que puedas renunciar a ser un buen padre el resto del tiempo. Hayes aconseja a la gente que haga cada día algo que encaje con sus valores.

El término «valores» puede sonar vago (y tener un tufillo religioso), pero son el centro de varias estrategias de salud mental en auge. Muchos expertos recomiendan descubrir tus valores para poder comportarte de un modo que los honre. Un tipo de terapia denominada «activación conductual» anima a las personas deprimidas a llevar a cabo actividades acordes con sus valores (como hacer ejercicio o cuidar de sus hijos) sin esperar sentirse menos deprimidas.[5] Incluso el pensamiento episódico futuro (gracias al cual mejoras tu diligencia imaginando vívidamente tu yo futuro) implica sondear primero tus valores para que tus actos te acerquen a ellos. Comprometerte con tus valores puede ayudarte a mantener la dedicación que necesita el cambio de personalidad, incluso cuando hacerlo te resulte muy desagradable.

Después de leer su libro le pedí a Hayes una entrevista para ahondar en su obra. Tiene setenta y cuatro años, está calvo y posee un vigor juvenil. Mientras hablábamos, me enteré de que su hermano había muerto de forma repentina dos meses antes. Hayes estaba pensando en el partido de baloncesto al que asistiría más tarde, durante el cual tendría que sentarse junto al asiento vacío del abono de temporada de su hermano. «Me entristece hablar de eso —dijo, antes de hacer una pausa—. Así es el amor».

La anécdota ilustra uno de los puntos principales de su filosofía, que es que «lo que te importa, duele». Si algo te duele o te entristece, a menudo es porque lo valoras. Afirma que la reacción más habitual cuando reconocemos nuestros valores son las lágrimas. Dado que todos tenemos cosas en la vida que valoramos, los malos sentimientos van a formar parte de ella. No puedes evitarlos, pero puedes aceptarlos mientras sigues haciendo lo que valoras.

Para identificar tus propios valores, recomienda que examines tu vida a través de cuatro lentes: dulce, triste, héroes e historias. Para lo «dulce», piensa en momentos de tu vida llenos de profunda vitalidad, conexión o propósito. ¿Por qué esos momentos te resultaron tan significativos? La respuesta puede apuntar a un valor importante. En «triste», ¿cuáles son los momentos más dolorosos de tu vida, los que te desgarraron el corazón? ¿Por qué crees que te importaron tanto? Como «héroe», piensa en alguien que encarne un atributo que te gustaría tener. ¿Qué te hace falta para poseer ese mismo rasgo? Y por último piensa en cómo escribirías la historia de tu vida. ¿Cómo te gustaría que te recordaran? Esas cualidades dignas de un epitafio son a menudo las que deseamos exhibir más en el día a día.

Mientras Hayes me describía esto, pensé de inmediato en un «héroe» de mi propia vida que encarna un valor que aprecio mucho. Mi amiga Kathy tiene una notable habilidad para hacer amigos allá donde va, y siempre la he admirado. (Según los Cinco Grandes, es probable que tenga un alto grado de extroversión y capacidad de ser amable). Me encanta su forma de lograr que los demás se sientan inteligentes y graciosos, y envidio la naturalidad con la que conquista incluso a personas con las que tiene poco en común. Kathy se mudó a San Luis durante la pandemia, y a las pocas semanas ya estaba cenando con nuevos amigos.

Después de descubrir el ejercicio de Hayes cada vez que me encontraba en una situación con gente nueva empecé a preguntarme: «¿Qué haría Kathy?» (Sí, como las pulseritas de «¿Qué haría Jesús?» que dan en los campamentos de la iglesia). Una vez incluso le pedí sin rodeos que me diera consejos sobre la amistad. Pues resulta que uno de ellos es la sencilla estrategia de acercarte a gente que conoces de pasada y preguntarle si quiere quedar contigo. No es que ahora actúe exactamente como ella, pero cuando estoy en la tesitura de decidir entre quedar con una amiga o encerrarme en casa para ver Netflix, sé lo que haría Kathy. E intento hacerlo.

Lo ideal sería que los valores guiaran tu comportamiento diario y te condujeran a lo correcto, independientemente de lo que esté sucediendo en tu cerebro o lo que haya sucedido en el pasado. Seguir tus valores puede ayudarte a encontrar la energía necesaria para realizar las actividades, a menudo difíciles, del cambio de personalidad, ya que es de suponer que valoras el rasgo hacia el que estás trabajando. Los valores arrojan luz sobre lo que es importante y te invitan a intervenir.

Suelta la cuerda

La historia de Robert, un joven canadiense, estudiante de Derecho, me ofreció una prueba más tangible de que la Terapia de Aceptación y Compromiso puede funcionar en la vida real. De pequeño, Robert era tímido y reservado, en parte porque le costaba pronunciar ciertas palabras. La timidez se agravó y se endureció hasta convertirse en neuroticismo e introversión cuando llegó a la adolescencia. Tenía amistades, pero eran superficiales y volubles. Pasaba mucho tiempo leyendo, viendo la tele y jugando a videojuegos, actividades que podía hacer solo.

Según me aseguró, hoy en día sigue considerándose introvertido, pero ahora se siente más cómodo comportándose como un extrovertido y también se ha vuelto más afable, cuidadoso y emocionalmente estable de lo que era antes. Atribuye todo esto a las técnicas de la ACT, que aprendió sin terapeuta, leyendo por su cuenta.

La transformación de Robert comenzó cuando descubrió la terapia ACT mientras se documentaba para un proyecto que tenía que entregar en una clase de psicología en la universidad. Se encontró con una metáfora con la que se identificó. Imagina que estás jugando al tira y afloja, y que tu oponente tira de la cuerda tan fuerte como puede. Es más fuerte que tú, así que siempre está tirando de ti hacia el centro. Sabes que no puedes ganar. Así que lo mejor que puedes hacer es resistir, clavar los pies en el suelo, pero es agotador. Para Robert, sus pensamientos negativos eran su oponente, el más fuerte, el que lo dominaba. Decidió soltar la cuerda, convivir con los pensamientos negativos y dejar de resistirse a ellos. Evitar la incomodidad no lo libraba de sentirla, pero lo sumía en una inercia agotadora.

Esto significa que decidió avanzar pese a su ansiedad, en vez de hacerlo sin ansiedad. Empezó a hacer preguntas en clase aunque no se sintiera seguro. A veces, cuando salía, se decía: «Sí, estoy ansioso». Pero salía de todos modos. En su primer año en la facultad de Derecho, se presentó a las elecciones al consejo de estudiantes, y durante el debate y el proceso de la campaña se centró en «reconocer que iba a estar nervioso y en no intentar evitarlo», asegura.

Una forma de superar los sentimientos de incomodidad es preguntarte cuando te sientas incómodo: «¿Qué pasará?». Aprendí esta técnica de Annie Grace, la autora de *Esta mente al desnudo* que ayuda a la gente a mantenerse sobria. Si te encuentras en una situación social y dices algo embarazoso, pregúntate: ¿qué pasará ahora? La persona podría juzgarte. ¿Qué pasará entonces? Puede que te sientas avergonzado. ¿Y qué pasará entonces? «Sigue tirando del hilo hasta que te des cuenta de que lo que pasa al final es que sientes algo», aconseja Grace. Ese sentimiento puede ser aburrimiento o humillación, pero añade: «Lo que me daba tanto miedo, lo que me esforzaba por evitar, era un sentimiento. Y, en realidad, la ansiedad que me provoca experimentar un sentimiento es peor que el sentimiento real». Cuando nos permitimos sentir incomodidad, es habitual que descubramos que no es tan dolorosa como temíamos.

Al permitirse sentir incomodidad, Robert prosperó en la facultad de Derecho. Consiguió unas prácticas de verano en uno de los mejores bufetes de su zona. Ha hecho amigos íntimos y se ha aficionado a la escalada, que considera una metáfora de la superación de obstáculos. Cuando hablamos, Robert tenía tal calendario social que hasta un extrovertido empedernido se metería en la cama para disfrutar de un poco de tiempo «a solas».

Aun así, había cosas que eran demasiado, incluso para él.

—En tu caso, ¿fuiste a clase de improvisación? —me preguntó—. Yo no podría.

—¿Por qué? —le pregunté.

—Me resultaría incomodísimo —contestó. Luego añadió—: Tengo mis límites. Tengo mis límites.

La noche de la improvisación con público estiró los límites de mi incomodidad, pero en otoño de 2021 logré moverlos todavía más. Fue entonces cuando decidí organizar mi propia quedada de Meetup en vez de asistir a la de otro. Esta actividad combinaba todas mis bestias negras personales: organizar una actividad, tratar con grandes grupos de personas, intentar parecer inteligente sobre la marcha y encontrar aparcamiento. Llámalo extroversión, capacidad de ser amable y estabilidad emocional, todo junto en un vigoroso ejercicio.

Organicé el grupo en torno al cine y las series extranjeras, una pasión esotérica mía que rara vez puedo compartir con los demás. Durante toda mi vida adulta me ha encantado llegar a casa del trabajo, servirme una copa de vino y sumergirme en alguna serie uzbeka de nombre impronunciable. Luego me gusta darle vueltas durante unos días, preguntándome qué haría yo si estuviera en la estepa con esos personajes, encubriendo un asesinato cometido por mi hermanastro cetrero. Se me ocurrió que lo único mejor sería lograr que gente de internet viniera a hablar de la serie uzbeka en persona.

La idea de la quedada era que viéramos series o películas por separado y luego nos reuniéramos para comentarlas. (Por razones de la COVID y de seguridad, no quería invitar a un montón de desconocidos a mi casa para una noche de cine). Me registré como organizadora en Meetup, creé el grupo y me pasé la tarde dándole a «actualizar» en mi navegador, viendo que el número de «miembros» iba aumentando a medida que nuestros solitarios corazones artísticos se encontraban.

Pensando que me daría ventaja, para la primera quedada elegí el documental *Navalny*, sobre el disidente ruso. Para el lugar de reunión, me decidí por un restaurante cuya puntuación en Yelp sugería que no era muy popular y, por lo tanto, sería más probable que toleraran a un numeroso e insoportable grupo de frikis del cine.

Mientras conducía no estaba nerviosa, pero no tardé en estarlo al sentarme a mi mesa, cuya reserva había pasado rápidamente de ocho a seis y luego a cinco. No soy una líder nata y nunca he dirigido un club, un grupo de trabajo ni ninguna otra cosa, en realidad. Me recordé a mí misma el consejo de mi psiquiatra de «permitir que los demás se sientan incómodos», no intentar llenar todos los silencios, ni arreglar todas las situaciones que se pongan difíciles. Claro que eso es más fácil de hacer cuando no has invitado a un montón de desconocidos a que vengan a sentirse incómodos contigo.

La gente tardaba en llegar, y durante un rato estuve sola detrás de un tríptico en el que se leía «Quedada de películas extranjeras», como una extraña embajadora. Cuando vino la camarera, pedí comida para varias personas con la intención de que no se mosqueara por el cambio en el número de comensales.

Aunque la gente fue llegando poco a poco, no resultó una velada tranquila. No tardé mucho en quedarme sin preguntas para el debate. Una persona odiaba el documental. Luego, dos parecían estar discutiendo. ¿Aquello estaba bien? Se me olvidaron todos los nombres y volví a señalar con la mano, al estilo de una moderadora de escenario. Luego se me olvidó lo que estaba diciendo en mitad de una frase. ¿Tenía que mantener a la gente en el tema del documental o podía permitir que se salieran por la tangente? Me sentí aliviada cuando dieron las ocho y media, el final oficial de la quedada.

Por suerte, lo siguiente en mi agenda era el club de lectura de mujeres profesionales al que me había apuntado antes. Esa sí fue una velada tranquila. La organizadora del club de lectura empezó preguntándonos a todas el nombre. Después rompió el hielo interesándose por nuestra bebida favorita y siguió con una lista de preguntas preparadas para el debate, que repasamos en orden. El libro trataba de una familia inmigrante en apuros, lo que nos hizo hablar de nuestra propia familia en apuros, inmigrante o no. A continuación, tuvimos tiempo para charlar y ponernos al día.

Tomé notas mentalmente sobre la forma adecuada de dirigir una quedada. Me di cuenta de que funcionan mejor cuando el organizador es un poco estricto. La gente quiere saber cuáles son las normas; una vez que las tienen claras, suelen seguirlas con gusto. El ser humano nace libre, pero siempre busca el orden del día.

Me puse a planificar mi próxima quedada de Meetup con más diligencia. Imprimí algunas preguntas que saqué de la página web de una clase de cine universitaria y, aunque parezca curioso, del club de cine de una iglesia presbiteriana. Simbolismo, imágenes, puesta en escena..., nada escaparía a mi erudito escrutinio. «¿Cómo refleja la película las tensiones y el optimismo de la recién creada Unión Europea?». Hice una ficha para eso.

La siguiente película de la que hablamos era una francesa de 1993 llamada *Tres colores: Azul*, y fue *un petit peu* mejor, diría yo. A lo largo de las quedadas me sorprendió la inteligencia de la gente. Yo, hija de *Padres forzosos* y *Los problemas crecen*, no siempre captaba las florituras artísticas de estas películas, pero otros miembros del club sí. «¿Os habéis dado cuenta de que los invernaderos eran una metáfora de las mujeres de su vida?», preguntó un participante en otra quedada. No, no me había dado cuenta.

Como mujer que salió (durante poquísimo tiempo) con un hombre que no sabía que Finlandia es un país (algo de lo no me enorgullezco), me sentí bendecida por vivir en una ciudad en la que podía reunir a un grupo de desconocidos expertos en cine. Veía con orgullo el hecho de haber creado un foro para mis compañeros excéntricos. El club había logrado su objetivo de ayudarme a comprender las películas más a fondo, y de ver que el cine, quizá la actividad solitaria más clásica, también era capaz de crear una comunidad.

Cambiar en exceso

Sin embargo, todo esto no significa que el cambio de personalidad requiera que te dediques a todas las actividades posibles hasta que seas un miembro permanente de *Saturday Night Live* o hagas saltos de esquí en los Juegos Olímpicos. Está permitido que no te gusten las cosas aun cuando estés probando un nuevo rasgo.

En nuestra entrevista sobre la terapia ACT, Hayes dijo que «puedes cambiar tus elecciones». Puedes darte cuenta de que persigues algo que en realidad no valoras. Muy poca gente se queda en su primer trabajo para siempre o se casa con la primera persona con la que sale. Decidir hacer algo diferente no es lo mismo que rendirse. Incluso Angela Duckworth, que alcanzó la fama con *Grit*, dijo: «Puedes renunciar».[6] Ella sugiere esperar hasta un punto de parada natural, como el final de la temporada o del semestre; o después de la noche de improvisación con público, por ejemplo.

Le pregunté a Carol Dweck, la psicóloga que desarrolló el concepto de la «mentalidad de crecimiento», cómo debería pensar la gente sobre las cosas que se le dan mal. Al fin y al cabo, si tienes una mentalidad de crecimiento, ¿no son todos tus defectos nada más que puntos fuertes esperando a gestarse? Asegura que merece la pena considerar si tu fracaso representa un conjunto de habilidades que todavía no has aprendido. ¿Es «organizar un grupo de Meetup» algo en lo que crees que podrías mejorar?

Sin embargo, también deberías preguntarte: ¿quieres mejorar en eso? Porque el tiempo es finito, y no vas a dominarlo todo. «No estamos obligados a perseguir todo aquello en lo que fracasamos solo para poder mejorar», dijo.

Este razonamiento me ayudó cuando, inevitablemente, me descubrí llevando a cabo actividades de cambio de personalidad de las que no disfrutaba. Exploraba mi valor de extroversión, de estabilidad emocional o de afabilidad, pero de un modo que me resultaba más divertido y menos parecido a un trabajo de fin de curso.

Tras seis quedadas de Meetup me vi obligada a reconocer que, aunque podía tolerar la incomodidad de dirigir el grupo de cine, por desgracia, no era una expresión de mis valores más sinceros. Para responder a la pregunta de Dweck, no se me daba muy bien y la verdad era que no quería mejorar.

Había organizado el grupo porque quería crear una comunidad de amantes del cine extranjero (para fomentar mi extroversión y mi simpatía); sin embargo, me parecía un trabajo excesivo. Creo que me habría gustado ser una mera participante; dirigir los debates no era muy agradable. Pensar en preguntas, dar la palabra a los participantes... es lo mismo que hago cuando modero conferencias, cosa que me gusta en el contexto de mi trabajo, pero no en mi tiempo libre. Ni siquiera fomentaba un valor que yo tuviera. Mi valor era «ser más extrovertida», no «moderar más encuentros». En una quedada un participante levantó la voz por encima de los demás, hasta el punto de que noté que los otros miembros del grupo se enfadaban. No supe qué hacer al respecto, pero tampoco quería saberlo.

Un día en la *happy hour* le conté a Reid, un amigo de Rich, que organizaba quedadas de Meetup sobre cine extranjero. Había olvidado que Reid ha visto dos veces todas las películas del mundo mundial, una por el argumento y otra por la fotografía. Es la personificación del organizador del grupo de Cine Extranjero y, además, vivía muy cerca del restaurante donde quedábamos.

«¿Te gustaría asumir el cargo de organizador?». Pues sí. Con unos pocos clics en la app, le transferí la propiedad del grupo.

Decidí buscar otras formas de estrechar lazos con amigos a través de intereses compartidos. Y al final lo hice de una forma inesperada. Al cabo de unos meses, volví a organizar la quedada de Meetup con Reid. Ambos fuimos preparados con preguntas. Ambos compartimos la culpa (o la gloria) de la elección de la película. Ambos llegamos cargados con nuestros mejores datos sobre Abbas Kiarostami. Juntos dirigimos un interesante debate sobre un documental que iba de dos hermanos que cuidan aves carnívoras en Nueva Delhi.

Después Reid me dijo que contar con una segunda persona lo ayudaba mucho, ya que estando él solo a veces se quedaba sin preguntas, lo que provocaba un silencio interminable. Puede que yo sea introvertida, pero por lo menos soy una profesional de las preguntas. Por mi parte, agradecí tener a un compañero que supiera tanto de cine, porque eso alivió la presión de tejer una conversación intelectual. Aquella noche la quedada me pareció real, consolidada. Era algo oficial. Nos maravillamos de lo fácil que había sido con dos personas. Como todo en la vida.

Tu «verdadero» yo

Un día de otoño me enfrenté al neurocientífico Jim Fallon en Zoom para intentar averiguar si seguía siendo un psicópata o si lo había sido alguna vez. Tendría sentido que así fuera, dado que había escrito un libro en el que reconocía que es «prácticamente un psicópata».

Sin embargo, a esas alturas reculaba. «En realidad, no soy un psicópata, ¿vale?», protestó en un momento dado. En la pantalla Jim parecía menos un psicópata y más un abuelo de barba gris. «¡Soy normal! —exclamó—. Muchos artículos sobre que soy un psicópata los hicieron por sensacionalismo. Porque decir que "casi soy un psicópata" no tiene tirón».

Asentí y sonreí de oreja a oreja al oír su afirmación, tratando de asegurarle que yo no era como esos periodistas. Porque supongo que yo también soy un poco psicópata.

—Pero... su libro se titula «El psicópata que llevamos dentro» —le recordé con tiento—, así que creo que eso quizá llevó a la gente a pensar que...

—Es cierto que comparto rasgos que se atribuyen a los psicópatas —se apresuró a añadir—, los tengo, sí.

El debate existencial sobre la psicopatía de Jim empezó hace muchos años, cuando estaba en su laboratorio de la Universidad de California en Irvine, terminando un artículo académico basado en los resultados de los TAC con contraste que había adquirido de una serie de asesinos en serie. Las imágenes revelaron bajos niveles de actividad en zonas del cerebro asociadas a la empatía y la moralidad, un patrón típico de los psicópatas.

Después de trabajar en ese artículo, Jim se puso a analizar otra serie de imágenes cerebrales que le había realizado a su propia familia y que servirían como grupo de control en un estudio sobre el alzhéimer. Y se dio cuenta de algo extraño. Se suponía que eran cerebros «normales», pero el último escáner de aquel montón (el de su familia) era igual que la imagen de los psicópatas del otro estudio. Aquello apuntaba a que «el pobre individuo al que pertenecía era un psicópata», escribiría más tarde.[7] Preocupado por haber confundido los escáneres de los dos estudios, le pidió a un técnico de laboratorio que identificara al sujeto de la imagen para saber de quién era el cerebro. Era el suyo.

Así fue como se enteró de que tiene mucho en común con los psicópatas, por decirlo de alguna manera. Tampoco fue algo tan sorprendente. En su libro asegura que «nunca se sintió plenamente conectado a nivel emocional» con su mujer y que salía mucho de fiesta, incluso después de que nacieran sus hijos. A veces se perdía reuniones profesionales para ir a bares y tontear con mujeres. Ponía en peligro a otras personas, como la vez que llevó a su hermano a una cueva de Kenia conocida por ser un reservorio del virus de Marburgo, solo porque siempre había querido visitarla. Las muertes y las lesiones que angustiaban a otras personas a él lo dejaban indiferente. «Vivo en una llanura empática», escribe. ¿Es un psicópata confirmado? Puede que no. Pero reconoce que demuestra un «leve narcisismo» y «episodios regulares de egoísmo».

Cuando se enteró de todo esto, decidió convertirse en una persona mejor, entregarle al psicópata que llevaba dentro una orden de desahucio. Dice que su deseo de cambiar procedía del impulso narcisista de superar la psicopatía, uno de los patrones de personalidad más difíciles de superar. Me dijo que quería «vencer a la psicopatía». «No conozco ningún caso de adolescente o adulto que haya revertido una psicopatía categórica y en toda regla», aseguró.[8] Su vena competitiva lo impulsó a intentar ser el primero.

Empezó preguntándose: «¿Qué haría una buena persona?». Y luego empezó a ponerlo en práctica. Fregaba los platos, llevaba a cabo las tareas familiares obligatorias, era un tío decente. Si los científicos hubieran evaluado su personalidad, habrían dicho que se estaba volviendo más agradable. Para él, ser bueno era agotador, tanto que empezó a necesitar más horas de sueño.

Sin embargo, parecía estar funcionando. Al cabo de unos meses su mujer le dijo: «¿Qué te ha pasado? Eres muchísimo más agradable».

Jim le dijo que no se lo tomara en serio, que solo estaba jugando.

«No me importa si lo estás haciendo en serio o no —replicó su mujer—. No lo dejes».

El cambio de personalidad de Jim estaba muy avanzado cuando hablé con él. Pero aquí también nos topamos con el psicópata de Schrödinger. Jim parecía incapaz de afirmar si al abandonar las características de un psicópata, su psicopatía había disminuido. A mí no me parecía un psicópata, sino más bien un hombre bastante agradable con impulsos egoístas ocasionales. Pero me dijo que si no intentaba activamente recordar que era una buena persona, volvería a las andadas. Parecía descartar la idea de que se había obrado un cambio verdadero en él y llamaba a su comportamiento «la trola de que soy una buena persona».

Sin embargo, a sus seres queridos no parece importarles que mienta. Lo único que les importa es que se ha vuelto más amable y considerado. La personalidad es, en parte, una actuación de cara a los demás, y esas personas estaban disfrutando con el nuevo espectáculo de Jim. «No tiene por qué ser algo grande y sincero —asegura—. Solo consiste en tratar mejor a la gente en el día a día».

¿En serio? Su historia plantea otra pregunta importante sobre el cambio de personalidad: ¿es real o es una actuación? ¿El cambio de comportamiento de una persona significa que ha cambiado de verdad o que en realidad no lo ha hecho porque requiere un esfuerzo continuo? ¿Tiene esto alguna relevancia?

Usar rasgos libres

A veces cuando le contaba a la gente que estaba trabajando en un libro sobre el cambio de personalidad y que me quedaba poco para acabarlo, me decían algo así como «Entonces ¿ahora eres diferente?». Yo captaba la insinuación que subyacía a la pregunta: «¿Va en serio?». Si ellos hacían algo parecido, ¿también «cambiarían»?

La respuesta a esta pregunta es sí y no, por frustrante que parezca. Depende de a quién le preguntes y de lo que pienses sobre ti mismo, sobre tu identidad y sobre la naturaleza de la experiencia humana. Es la versión psicológica de la paradoja del barco de Teseo: el experimento mental de los filósofos de la antigua Grecia sobre si un barco cuyos componentes se habían sustituido por completo seguía siendo el mismo barco. Siendo como eran los filósofos griegos, dicha paradoja nunca se resolvió de forma concluyente, como me temo que tampoco se ha resuelto la cuestión de si comportarse y pensar de forma distinta implica un cambio permanente. Según los resultados de mis test de personalidad, mis actitudes y comportamientos sí cambiaron. Pero depende de cada persona decidir si eso puede considerarse una «nueva personalidad» o no.

Algunos expertos sostienen que puedes ser diferente aunque tu personalidad no cambie. Para ellos, la pregunta «¿Eres diferente?» es discutible. Según ellos, aunque por dentro sigas siendo el mismo de siempre, si eres capaz de comportarte de forma distinta durante largos periodos de tiempo es como si hubieras cambiado. Tal como descubrió Jim Fallon, para los que te rodean el efecto puede ser el mismo.

El psicólogo Brian Little tiene la teoría de que las personas pueden emplear lo que él llama «rasgos libres», es decir, actuar de vez en cuando de forma distinta en pos de un proyecto personal importante.[9] Los rasgos libres son patrones de comportamiento elegidos, en vez de heredados o desarrollados con el tiempo. Por eso un padre muy agradable puede convertirse en alguien peligroso si, por ejemplo, la seguridad de su hijo se ve amenazada. O los introvertidos empedernidos son capaces de hablar sin problemas durante las entrevistas de trabajo importantes. No es un comportamiento hipócrita; resulta que puedes tener múltiples autenticidades, sostiene esta teoría. Puedes adaptar tus pensamientos y comportamientos a la situación.

Little afirma que adoptar un comportamiento de rasgo libre (alejarte de tu personalidad característica) durante demasiado tiempo puede ser agotador. Los introvertidos a los que se les exige a todas horas que se comporten como extrovertidos pueden acabar quemados, asegura. Retirarse a un «nicho reparador» puede contrarrestar dicho agotamiento. Imagínate al introvertido desapareciendo de la ruidosa fiesta para acariciar un rato al gato en el dormitorio.

Algunas personas cambian con frecuencia a sus rasgos libres, pero nunca te darás cuenta, porque también pasan mucho tiempo en nichos reparadores. Este concepto me recordó una semana que pasé en California durante la cual moderé dos conferencias y, entre ellas, asistí a una elegante cena en casa de un inversor de capital de riesgo. Ya cerca del final, me dolía la boca de tanto hablar. Cuando acabó la ronda de preguntas de la última charla, volví en un Uber a la habitación del hotel y, con una sobredosis de extroversión, dormí durante cuatro horas en pleno día. Después me sentí restablecida.

De hecho, Little y algunos otros afirman que la clave de una personalidad sana puede no estar en oscilar de forma permanente hacia el otro lado de la escala de la personalidad, sino en equilibrarse entre los extremos o en ajustar tu personalidad de una situación a otra. «Lo que hace que un rasgo de personalidad sea imposible de adaptar no es tener una puntuación alta o baja en algo, es más bien la rigidez respecto de las situaciones», me dijo Kathryn Paige Harden, genetista conductual.

Según ese punto de vista, una buena personalidad es la que puede estar a la altura de las circunstancias. Es la mujer capaz de pronunciar el discurso de dama de honor en una boda y de llegar puntual a sus citas, aunque su personalidad no sea «extrovertida» o diligente por naturaleza. Una persona así, dispuesta a flexibilizar su personalidad para satisfacer las exigencias del momento, se denomina de «autocontrol alto», según los psicólogos. Por el contrario, una persona de «autocontrol bajo» se mantiene fiel a sí misma, con independencia de la situación en la que se encuentre. (La jerga es un poco confusa, pero puedes pensar en una persona con autocontrol alto como alguien que se examina constantemente a sí misma, o que se controla, para asegurarse de que dice y hace lo que se espera de ella).[10] Una persona introvertida con autocontrol alto podría pasarse semanas ensayando una presentación de trabajo para intentar superar su timidez natural. En la misma situación una persona introvertida con autocontrol bajo podría negarse a hacer la presentación. Tener un autocontrol alto te permite cambiar cuando es necesario, sin reorganizar toda tu personalidad.

Me pareció una visión edificante del cambio de personalidad: aunque sea temporal, sigue siendo válido. Los rasgos libres te permiten la flexibilidad de actuar de forma diferente, sabiendo al mismo tiempo que hay algo dentro de ti que es constante y estable. Con suerte, esta cualidad interna e inmutable es algo positivo (el introvertido reflexivo que llevas dentro), pero también puede ser algo que intentas reprimir. Como el psicópata que lleva dentro, en el caso de Jim.

—Entonces, ¿está bien tener un poco de mala leche, siempre que puedas reprimirla? —le pregunté a Harden en un momento dado.

—La gente que dice que en el fondo nunca es mala, miente —contestó.

La receta

En 1948 un psicólogo llamado Bertram Forer entregó a cada uno de sus alumnos un análisis supuestamente único de su personalidad. En realidad, todos los análisis eran idénticos y contenían afirmaciones genéricas como «Tienes tendencia a ser crítico contigo mismo» y «Te enorgulleces de tu pensamiento independiente». Sin embargo, todos los alumnos creyeron que la descripción los definía de forma específica y precisa. ¿Quién no quiere tener un pensamiento independiente?

El experimento de Forer demuestra por qué puede ser difícil calibrar el alcance de tu propio cambio de personalidad. La gente ve lo que quiere ver, incluso dentro de sí misma. Supongo que muchas personas creen que son introvertidas profundas y melancólicas, y que, si se les pide, pueden transformarse en extrovertidas chispeantes por una noche. «El problema de las narrativas de la identidad es que somos nosotros quienes escribimos la historia, lo que significa que nuestros mitos están abiertos a todo tipo de distorsiones de cómo creemos que deberíamos ser», afirma Bruce Hood en *The Self Illusion* [«El espejismo de tu propia imagen»].[11]

Incluso Nathan Hudson, que seguramente sea el investigador más importante del cambio volitivo de la personalidad, reconoce que algunos cambios de personalidad pueden estar solo en la cabeza de las personas. En uno de sus estudios afirma: «Los participantes tal vez creyeran que sus rasgos de personalidad cambiaron (aunque en realidad no se produjera cambio alguno), porque interpretaron como un éxito continuado la ejecución de los retos».[12] (En mi caso, dado que mi propia mente es a veces mi mayor enemigo, yo agradecería que los cambios no solo estuvieran en mi cabeza).

Sin embargo, de la misma manera que la gente tal vez no experimente ningún cambio real de personalidad aunque crea haber cambiado mucho, también puede suceder lo contrario. Es decir, puedes haber cambiado una barbaridad y no darte cuenta de ello. La personalidad tiene un componente de identidad, me dijo Hudson. Representa quién crees que eres, y eso puede dificultar la tarea de reconocer que has superado algo. Tal vez empieces a sentirte más tranquilo, pero sigues viéndote en el fondo como una persona ansiosa. Tu test de personalidad puede decirte que eres extremadamente diligente, pero es posible que no quieras renunciar a tu excusa de «profesor chiflado». Esto explica la gran cantidad de personas capaces de trabajar sin esfuerzo en una sala llena de clientes potenciales antes de suspirar e insistir en que, en realidad, son introvertidas. Puede ser difícil renunciar a una parte de ti mismo que has mantenido durante mucho tiempo.

Podemos ir limando poco a poco las asperezas de nuestra personalidad (beber menos, salir más, ser más agradables) sin darnos cuenta de que lo estamos haciendo. O quizá salgamos a explorar de forma inconsciente al otro lado de las barreras que hemos erigido previamente. Por ejemplo, mientras yo escribía este libro, uno de mis entrevistados cambió de profesión, de abogado a terapeuta. «La identidad tiene el poder de dar forma y, por tanto, también de encorsetar —asegura la crítica cultural Sheila Liming—. Por eso los humanos dedicamos gran parte de nuestra vida a hurgar en los límites. Intentamos descubrir quiénes somos localizando los límites de lo que estamos dispuestos a ser».[13]

La conclusión a la que llegué es que la pregunta «Entonces ¿ahora eres diferente?» no tiene una respuesta universal. Si ser introvertido (o renuente a probar nuevas experiencias, o antipático, etc.) es tan importante para tu identidad que no quieres cambiar, no cambiarás. Y cuando intentes actuar en contra de tu forma de ser, lo más probable es que taches los resultados de efímeros, insignificantes o falsos.

En mi caso, sin embargo, la perspectiva de una nueva identidad no es algo que quiera evitar. Me alegra descartar las etiquetas de mi personalidad, aunque solo lo consiga durante uno o dos días. A lo mejor soy una introvertida que necesita extroversión. Soy una persona ansiosa por naturaleza que puede encontrar momentos zen si me los trabajo. Me gusta la gente y quiero lo mejor para los demás, pero siempre voy a mantener una mirada mordaz y crítica del mundo.

Empecé imaginando el cambio de personalidad como una puesta a punto. Cambiaría las bujías, rellenaría los líquidos y al final conduciría la mejor versión posible de mí misma. Y así podría quedarme tranquila durante muchos meses, pensé.

No obstante, con el tiempo empecé a ver el cambio de personalidad más como un proceso. Una serie de elecciones y de compromisos continuos que me permitiría vivir de acuerdo con mis valores, haciéndome eco de la terapia ACT. Decidí que era más importante elegir en cada momento qué acto llevar a cabo a continuación en vez de reprenderme por no «ser diferente» todavía. Al fin y al cabo, la única forma de ser diferente es hacer algo diferente.

Hudson ha descubierto que las personas que carecen de ciertos rasgos concretos de la personalidad tienden a querer mejorar en ellos.[14] Los introvertidos quieren ser más extrovertidos; los neuróticos quieren relajarse. Algunos rasgos funcionan como un bálsamo para su opuesto. Del mismo modo, hacia el final del proceso vi mi cambio de personalidad más como una receta que como una cura. Era un régimen diario, no un estado final del ser. Muchas personas toman medicamentos no para tratar una enfermedad temporal, sino para mantener un estado de salud. Yo tomo levotiroxina todos los días porque mantiene en funcionamiento mi tiroides; no dejo de tomarlo porque mi tiroides se sienta bien. Del mismo modo, sigo llevando a cabo algunas de las actividades de cambio de personalidad de Hudson (como entablar amistad con gente nueva y controlar mi ira) incluso cuando no pasa nada malo. Las hago porque ahora forman parte de mi naturaleza.

Comprender que el cambio de personalidad es un proceso continuo me permitió ver que siempre hay una salida. Nunca estoy atrapada siendo de una forma que no quiero ser. El psicólogo David McClelland afirmó que «el cambio de personalidad parece muy difícil para quienes piensan que es muy difícil [...] y mucho más fácil para quienes piensan que puede hacerse».[15] Yo creo que se puede hacer, así que me parece factible.

9

Busca tu playa: Cómo seguir cambiando

Los primeros meses de 2023 nos llevaron de nuevo a Florida, donde redoblamos esfuerzos por encontrar un nuevo hogar. Fue tan estresante como suelen ser las operaciones inmobiliarias, pero con algunos giros idiosincrásicos de Florida. Por ejemplo, la descripción de Zillow de una casa en nuestro rango de precios decía: «¡La casa se ha inundado varias veces!».

Cabría preguntarse, con toda la razón, por qué estaba tan obsesionada con la mudanza. Como adulta ya trabajando, solo he vivido en Washington D.C. y sus alrededores. Siempre lo he odiado, sobre todo el invierno, que solo dura tres meses al año pero que a mí me parecen nueve. A medida que pasa un día tras otro de luz mortecina y lluvia helada, tengo la sensación de estar nadando entre gelatina, ahogándome en su rígida frialdad. Al cabo de unas semanas empiezo a creer que nunca volveré a sentir calor ni a ser feliz.

Un enero de hace muchos años creí que me animaría un poco si quedaba con una amiga en un restaurante de mi barrio para un desayuno tardío. Me había comido la mitad de las tortitas cuando me eché a llorar de forma desconsolada sin motivo alguno..., algo que se volvió más incómodo todavía porque sonaba «Mambo N.º 5» de fondo, con su alegre melodía.

A little bit of Monica in my life...
—Es que no consigo hacer nada —balbuceé entre sollozos.
A little bit of Erica by my side...

No me cabe duda de que el impulso de mudarme estaba relacionado con mi depresión estacional. Pero es probable que también influyera la tendencia de los escritores a culpar de su bajo rendimiento a los factores ambientales, como una panorámica poco favorable o un sillón con los reposabrazos un pelín más altos de la cuenta. La ensayista Sloane Crosley dice que los escritores «nos volvemos cada vez más exigentes con nuestras condiciones hasta que una parte de nosotros llega a pensar en todo el trabajo que haríamos si nos enterraran vivos».[1] Por tonto que parezca, me dije a mí misma que el secreto para escribir bien era no volver a pasar frío.

Aunque al principio Rich no quería mudarse, al final mi necesidad de no pasar el invierno llorando lo convenció, y accedió (de buen grado) a seguir buscando. Sin embargo, desde la última vez que habíamos buscado casa en Florida, la Reserva Federal había subido los tipos de interés como nunca. Esto significaba que, además de encontrar algo que no se inundara, se cayera a pedazos, se hundiera en una zanja o acabara cosido a balazos por algún pirado, también necesitábamos una casa que costara cientos de miles de dólares menos de lo que habíamos planeado en un principio. En vez de darme la bienvenida, tuve la sensación de que Florida me echaba a patadas. Una agente de préstamos hipotecarios, recelosa con razón por la idea de que una escritora pudiera permitirse vivir en una casa, no dejaba de preguntarme cómo sabía que iba a escribir otro libro. Al parecer, la mujer no sabía que esa era una de las preguntas que no se le pueden hacer a un escritor, junto con: «¿Has escrito algo que me suene?».

Una cosa curiosa sobre este viaje: estaba a punto de cumplirse un año justo de mi gran «bloqueo dorsal». El invierno anterior también habíamos ido a Florida, donde sufrí el horrible corte de pelo antes de la sesión de fotos y demás indignidades posteriores. No fue el peor día de mi vida, pero sí me di cuenta de que mi personalidad podría convertir cualquier día en «el peor». La Olga del pasado intentaba arreglar las cosas con alcohol, gritos y parálisis nerviosa. Se aislaba, se tumbaba en el sofá y se negaba a moverse. Aunque ya había mucho más en juego, me pregunté si esa vez mi personalidad me permitiría mantenerme erguida. ¿Conservaría todos los cambios positivos que había hecho o volvería a ser mi antigua yo?

Es una pregunta difícil de contestar científicamente. Nathan Hudson me dijo que los psicólogos todavía no saben cuánto puede durar un cambio intencionado de personalidad; los estudios solo han hecho el seguimiento de los participantes durante unos meses después de que cambiaran. Todos queremos estudios a más largo plazo, pero para conseguirlo habría que derribar las puertas de los burócratas que financian la ciencia.

Hudson especula que el cambio de personalidad es un poco como la pérdida de peso: muchas personas lo recuperan, mientras que otras no. Sin embargo, si alguien recupera el peso, nunca te cuestionarías si lo perdió de verdad. Reconocerías que, al igual que ocurre con el neuroticismo o con ser antipático, cuesta perder kilos y no recuperarlos. Del mismo modo, algunas personas abandonan sus antiguos rasgos de personalidad para siempre. Otras, en cambio, acaban transitando de nuevo caminos trillados y se quedan de piedra al verse en los mismos sitios de siempre.

Unas vacaciones de noventa días que siguen en marcha

En 2021 me puse en contacto con un chico llamado Tim Curran, que vive en Omaha, Nebraska («la perla del Medio Oeste —dice—, aunque nadie la llama así, es solo cosa mía»). Me contó que tenía una historia de cambio de personalidad, pero ninguno de los dos nos dimos cuenta en aquel momento de lo radical que sería la suya.

Tim es humilde y autocrítico, pero tiene una voz potente, como de locutor de radio. A principios de 2020 tenía un trabajo prometedor, aunque estresante, como productor de un programa deportivo de radio. Cuando empezó la pandemia y el mundo del deporte se paralizó, su trabajo le dio lo que él llama eufemísticamente unas «vacaciones obligatorias de noventa días». El despido temporal fue un duro golpe para un chico ambicioso de veinticuatro años que se había volcado en cuerpo y alma en el trabajo. Incluso antes de la pandemia evitaba ver a sus amigos para poder trabajar más horas, noches y fines de semana incluidos. Pero de repente, su trabajo, el núcleo de su identidad, se evaporó. «Tuve que mirarme en el espejo y decirme: "Vale, ¿qué vas a hacer ahora?"».

Hizo un examen crítico de su vida. Tuvo que enfrentarse al hecho de que, con los años, se había vuelto obeso: la última vez que se había subido a una báscula pesaba 125 kilos, para una altura de metro ochenta. En una foto suya tomada un par de años antes parecía, según su propia descripción, un cuarentón fondón, calvo y con papada.

A menudo se sentía lento y físicamente enfermo, y el culpable más evidente era el alcohol. Cuando peor estaba, se pasaba por una tienda de camino a casa, compraba una caja de cervezas y se tomaba quince o dieciséis latas a lo largo de una noche. Se había dicho a sí mismo que no era un problema porque era capaz de mantener el trabajo.

Claro que, si no era un problema, se preguntó, ¿por qué se sentía tan mal a todas horas? Decidió cambiar su personalidad para estar más sano y, esperaba, ser más feliz. «Tienes una oportunidad para hacerlo —se dijo—. Ahora tienes tiempo para un minirreseteo».

Decidió aprovechar el despido temporal para reducir mucho la ingesta de alcohol, solo con la intención de ver lo que pasaba. Casi de inmediato se sintió otra vez lleno de energía, que canalizó saliendo a correr todos los días. Pronto volvieron a abrir los gimnasios de Nebraska, de modo que añadió entrenamiento de fuerza tres veces a la semana, reduciendo a dos los días que salía a correr.

Perdió más de cuarenta y cinco kilos en un año. Con la pérdida de peso (y quizá también con el cierre de las peluquerías por la pandemia) llegó la decisión de aceptar su calvicie y de empezar a afeitarse la cabeza. (Tim lo llamó con mucho tacto adoptar una actitud de «a la mier...»).

Todos estos cambios reflejan un mayor cuidado. Beber menos, comer de forma más saludable y hacer ejercicio son cosas que hacen las personas diligentes y meticulosas. Pero luego empezó a reevaluar otras facetas de su vida. Por ejemplo, quizá en realidad no era tan introvertido como siempre había creído. A menudo se enfadaba y se volvía esquivo si un amigo tardaba en responder a un mensaje de texto o en hacer planes. A veces solo era cuestión de que no aceptaba su cuerpo, así que se quedaba en casa. Pero tal vez estaba siendo demasiado duro, pensó. Decidió volverse más extrovertido, conectar más con su familia a través de llamadas de FaceTime, hablar con desconocidos y, en cuanto la situación con la COVID lo permitiera, dar el primer paso para reunirse con sus amigos.

Por supuesto, Tim es un ejemplo extremo de automejora durante la pandemia. No todo el mundo tiene tiempo, dinero o medios para renovarse de forma tan drástica durante una emergencia de salud pública. Pero quizá lo más notable es que haya mantenido todos estos nuevos rasgos. Lo entrevisté por primera vez en abril de 2021, y cuando volví a hablar con él casi dos años después, mantenía su nueva personalidad, mucho más diligente, extrovertida y emocionalmente estable.

Sigue bebiendo mucho menos que antes. Hace ejercicio cinco días a la semana. Cuando alguien lo invita a algo, aunque no esté seguro de que le vaya a gustar, acepta sin más. «No me gusta la música electrónica, pero iré», dice. A veces se engaña a sí mismo diciéndose: «Soy la clase de persona a la que le gusta».

En una ocasión fue maestro de ceremonias para un gran acto corporativo de un ayuntamiento ante un público de mil personas. Llevaba una chaqueta de lentejuelas de color rojo chillón e hizo muchas bromas. «No habría podido hacer algo así hace cinco años», me dijo.

El cambio de personalidad a largo plazo tiene más probabilidades de éxito si está al servicio de un «proyecto personal» o de una meta significativa en tu vida.[2] Puede ser criar a tus hijos, ayudar a detener el cambio climático o, en mi caso, ser una buena periodista y compañera. Lo que hace que Tim siga adelante es que con cada cosa que hace, ya sea comer sano o relacionarse socialmente, tiene «la sensación de estar construyendo algo mayor», dice.

Sin embargo, le costó precisar qué era ese algo mayor. Cuando le insistí, lo describió como mantener la tradición, como estar a la altura de un inefable sentido del deber. Procede de un hogar del Medio Oeste donde la virtud está en el ambiente. Su abuelo se deslomó trabajando y formó una familia. Su padre se deslomó trabajando y formó una familia. Él no iba a romper con esa herencia sentándose en el sofá y bebiendo a solas. Se dio cuenta de que las personas de su alrededor pasaban la pandemia trabajando con ahínco o viniéndose abajo. Tenía claro a qué categoría quería pertenecer.

El culto a la propiedad inmobiliaria

Quería creer que yo también me había transformado tanto como Tim. Y había algunos indicios de que estaba viviendo de acuerdo con mi nueva personalidad. La gente que me rodeaba decía que ya había cambiado. Anastasia comentó que había aumentado mi «disposición a hacer cosas» y que me había vuelto más asertiva. Esto entraría bajo el paraguas de la extroversión, la faceta de mi personalidad a la que ella está expuesta con regularidad.

Mi amiga Kathy se dio cuenta de que cada vez aceptaba mejor el hecho de que «mola quedar contigo, y la gente querrá ser tu amiga». Kathy y yo tenemos una pequeña tradición llamada «¿Puedo llamarte y desahogarme un momento contigo?», que es tal cual lo que parece. Pero de un tiempo a esta parte se ha dado cuenta de que no la he llamado mucho para desahogarme, ni siquiera un momentito. ¿Quizá he reducido el neuroticismo? «Parece que tienes una relación más saludable con el trabajo en general», me comentó.

Aunque lo más importante es que Rich me dijo que me encontraba más relajada, que mi estado de ánimo era más estable (o menos neurótico) y que me comunicaba mejor (me había vuelto más agradable). Yo misma me di cuenta de que socializaba más, dormía mejor, bebía menos y me cabreaba con Rich, todavía a menudo, pero con muchísima menos frecuencia.

Cuando llegamos a Florida, les mandé de inmediato mensajes a algunas periodistas de la zona para quedar. Al cabo de unas semanas estaba patinando con una de ellas. Fui a una clase de taichí y pagué una suscripción ilimitada en un estudio de yoga. Quedé con gente unas cuantas veces a través de Bumble FF, la app para encontrar amigos, y solo una ocasión fue tan mala como para resultar memorable.

Sin embargo, también había indicios de lo que los economistas llaman «regresión a la media», y de lo que yo llamo mi «precaria inmigrante interior», que volvía a la vida, retorcía un pañuelo entre las manos y me suplicaba que pensase más en la supervivencia. Hubo momentos en los que tuve la sensación de que el neuroticismo me arrastraba de nuevo a sus turbias profundidades.

Para facilitar nuestra búsqueda, llamé a una agente inmobiliaria que me recomendaron mucho. Cuando contestó al teléfono, me alegró oír que tenía un acento muy culto, y eso constituyó el 80 por ciento del motivo por el que nos decantáramos por ella.

Resultó no ser la cosmopolita mundana que yo imaginaba. «Llevo mi pistola hasta en un Home *Diiipó*», comentó con voz melodiosa un día.

Participo a regañadientes en el sector inmobiliario porque estoy convencida de que el sector inmobiliario es una secta. Primero viene la privación de sueño. Si aparece una «buena», te levantas a cualquier hora para verla primero, no sea que alguien aparezca de la nada con una oferta en efectivo y te la quite. Comprometerse a fondo con una casa en Florida significa hacer un cálculo combinatorio del riesgo de inundación, el distrito escolar, el coste de la reforma y el valor de reventa. Toda esta trigonometría debe hacerse de pie en la entrada de la propia casa, en veinte minutos o menos. Cualquier intento de resistirse a esta presión, por ejemplo sugiriendo que vivamos en un piso, recibe el solemne conjuro de la secta: «Alquilar es tirar el dinero».

Fue poner un pie en la arenosa tierra del estado y pasarnos como mínimo seis horas a la semana conduciendo con la agente inmobiliaria, viendo casas con los ojos entrecerrados mientras intentábamos imaginarnos viviendo en ellas. Entre otras cosas, vimos una casa en la que abrí el cuadro eléctrico y descubrí tablones podridos a través de los cuales se veía el exterior. Otra parecía increíble en las fotos, pero por dentro olía como si hubiera cuatro animales orinando a la vez. Una la habían reformado por completo, se encontraba en una zona estupenda y parecía perfecta, salvo por la piscina del jardín trasero, que había brotado físicamente del suelo y se había llenado de agua de lluvia, convirtiéndose en un criadero de renacuajos. «Estos contratistas solo quieren sacarte la pasta», dijo la agente inmobiliaria, al tiempo que meneaba la cabeza.

Desanimada, llamé a mi padre, que me dijo que me limitara a comprarme una casa grande y nueva en mitad de la nada..., una opción que no nos gustaba y, quizá lo más importante, que tampoco nos podíamos permitir. Hablé con mi mentor, que me dijo que estaba loca por querer mudarme tan lejos del epicentro del periodismo. «Además, ¿hay algún judío por ahí?», refunfuñó. Mi nivel de neuroticismo iba subiendo como un taxímetro con cada kilómetro.

Justo cuando nos habíamos resignado a vivir en medio del océano en una plataforma que se balanceara sobre el agua, un día Rich entró en la cocina con el móvil en alto para enseñarme una notificación de Redfin. Había aparecido una casa nueva en una zona que no era ni nuestra primera ni nuestra segunda opción, pero que nos parecía aceptable. Tan barata que parecía increíble. Le mandamos un mensaje a la agente inmobiliaria y allá que fuimos mientras intentábamos contener las expectativas.

Al llegar, vimos salir por la puerta a otro posible comprador. «He tenido que salir corriendo del gimnasio para verla», dijo. Cuando pongas tu casa a la venta, una buena estrategia por tu parte sería decirles a tus amigos que entren y salgan de la casa diciendo justo esto mismo.

En el jardín delantero la agente inmobiliaria nos llevó a un aparte y susurró: «Va a haber muchas ofertas —dijo—. Lo que significa que no vais a tener tiempo para tomar una decisión. Unos minutos para echar un vistazo y tendréis que decirme hoy si queréis hacer una oferta o no».

Dado que estoy intentando ser más positiva, diré que la casa tenía una bonita piscina, además de las juntas de los azulejos de la cocina de color marrón cuando deberían ser blancas, por los años de salpicaduras de salsa barbacoa; una moqueta del color del vómito añejo; encimeras de color beis que debieron de estar de oferta en 2002, y una extraña pátina negra en las dos bañeras. A la mujer que vivía allí parecían encantarle las manualidades (tenía una habitación para las manualidades muy organizada), y es una pena que coger de vez en cuando una bayeta con lejía no se considere «una manualidad».

La agente inmobiliaria me aseguró que todo eso podría resolverse pagándoles unos cincuenta mil dólares a unos contratistas conocidos suyos. La casa era tan oscura por dentro que, mientras Rich y la agente inmobiliaria permanecían de pie en la estrecha cocina, mirándolo todo, pensé que me recordaban a dos costureras macilentas en un cuadro renacentista.

Rich, al que le gusta todo, dijo que le gustaba. La agente inmobiliaria, que estaba harta de llevarnos de una punta a otra del Estado del Sol, dijo que le gustaba. A mí no me gustaba, pero en aquel momento me costó verbalizar por qué. Un cuarto de hora después de que hubiéramos entrado, le llegó el turno al siguiente comprador.

La agente inmobiliaria nos indicó que saliéramos.

—¿Queréis hacer una oferta? —preguntó—. Esta se va a vender deprisa.

Sigo sin entender lo que pasó a continuación. Los dos me miraban expectantes. Quería que fueran felices. Quería que todos fueran felices. Podía hacer a todo el mundo muy feliz con solo decir que sí.

—Sí —contesté.

—¡Genial! —exclamó la agente inmobiliaria. Se subió a su colosal todoterreno y se fue a casa para hacer la oferta.

Me llamó la tarde siguiente.

—Tengo buenas noticias —dijo.

—Mmm, vale —repliqué, titubeando.

—Han aceptado vuestra oferta. Pero ¿por qué me da en la nariz que eso te pone un pelín nerviosa?

Debió darle en la nariz porque yo estaba hiperventilando. No en el buen sentido, en plan «tenemos una casa», sino en plan «creo que me va a dar algo». Porque significaba que tendría que gastarme todo mi dinero en algo que no quería. De inmediato.

La acribillé a preguntas, porque quería saber cuánto tiempo teníamos para echarnos atrás y si la casa valía de verdad el precio que tenía.

—¡No se me da bien tomar decisiones bajo tanta presión! —protesté.

—Para mí que lo tuyo es algo psicológico —replicó, recalcando la última palabra.

Me dijo que extendiera el cheque para la «señal», es decir,

los dos mil dólares que los vendedores de viviendas exigen para reservar la casa.

Como comprar una casa es negociar con una pistola en la cabeza, había que hacerlo enseguida.

Bajé y le dije a Rich que habían aceptado nuestra oferta. Y me eché a llorar. Se me agarrotó el pecho y no podía respirar. Salí a correr solo para tener algo que hacer con las piernas. Mientras corría, probé todas las técnicas de mi práctica para reducir el neuroticismo: asegurarme a mí misma que solo era mi ansiedad la que hablaba, que la casa era un buen negocio; darme cuenta de lo que me estaba pasando en el cuerpo; respirar mientras todo pasaba. Me dije que tendría ansiedad eligiéramos la casa que eligiéramos.

Aunque no me había tranquilizado del todo, volví para encontrarme con un nuevo problema: a Rich y a mí se nos había olvidado llevarnos el talonario a Florida.

Volví a llamar a la agente inmobiliaria, que estaba ocupada con otro cliente, de modo que dividía la conversación entre quien fuera y yo. Me di cuenta de que yo era la parte menos importante para ella, la que era incapaz de decidirse por comprar una casa. Me dijo que hiciera una transferencia y se acabó. Casi como un milagro, gracias al tema del horario con las transferencias entre bancos, esta opción nos brindó un día más para decidirnos.

La vida en la casa de huéspedes

Aquel día fui en coche a la casa que técnicamente ya era nuestra. Aparqué un poco más abajo e intenté recorrer uno de los paseos posibles por el vecindario: junto a una carretera muy transitada o junto a otra carretera transitada.

Mientras caminaba, intenté otra manera de pensar en mi ansiedad, una que supongo que no recomendarían los investigadores que creen que la ansiedad es mala de por sí. No me percaté de que era presa del pánico ni sentí curiosidad por el efecto de la ansiedad en mi cuerpo. En cambio, le presté atención a lo que me decía la ansiedad.

Por si no lo sabías, hay una teoría contraria a la idea de que la ansiedad nunca es beneficiosa. Algunos psicólogos creen que la ansiedad puede ser útil, ya que estimula la creatividad y nos motiva para solucionar problemas. Como afirma la psicóloga Tracy Dennis-Tiwary en su libro *El futuro es imperfecto*, la ansiedad puede ayudar a aguzar la atención y a aumentar la concentración y la orientación al detalle.[3] La ansiedad puede ser una forma de atención, de que nuestra mente destaque lo que importa. Nos dice que alcanzar nuestros objetivos requerirá esfuerzo y nos empuja a pensar exactamente qué esfuerzos debemos llevar a cabo. Algunos estudios apuntan incluso a que replantear la ansiedad como un beneficio puede ayudar a las personas a sentirse menos incapacitadas por el nerviosismo.[4] «La ansiedad evolucionó para ayudarnos a transitar por la incertidumbre en la vida —me dijo Dennis-Tiwary en una entrevista—. Evolucionó para ayudarnos a centrarnos en un posible peligro potencial en nuestro futuro. Pero también para recordarnos que los resultados positivos todavía son posibles».

Se trata de una nueva forma de ver la ansiedad y, por extensión, el neuroticismo. Yo todavía quería desinflar mi neuroticismo, pero a veces parecía que la mejor forma de conseguirlo podía ser escuchar a mi ansiedad en vez de pasar de ella.

Dennis-Tiwary rechazaba la idea de que debamos llevar una vida libre de ansiedad. «La salud mental no es la ausencia de estos sentimientos incómodos —dijo—. Es la presencia de dichos sentimientos. Es nuestra capacidad de enfrentarnos a la adversidad». A veces seguirás sintiéndote neurótico. Volverse menos neurótico depende de lo que hagas con ese sentimiento.

Con esta idea, Dennis-Tiwary se hace eco de los sentimientos de Rumi, poeta persa del siglo XIII que describió al ser humano como una «casa de huéspedes» a la que hay que invitar a todas las emociones: «una alegría, una depresión, una mezquindad». Incluso una «multitud de penas» debe ser bienvenida, dice, porque cada invitado es enviado «como guía desde el más allá».[5] Si vas a tener ansiedad, el truco está en aprender de ella para después dejar que siga su camino.

Mientras paseaba por el barrio, intenté ver hacia dónde me guiaba mi ansiedad. ¿Por qué sentía que cada vez que me acercaba a esa casa, quería salir de mi piel y correr en la dirección contraria? Imposible saber si se debía a que había heredado el miedo de mi padre a gastar dinero, si mi neuroticismo se estaba exacerbando de un modo innecesario o si de verdad no era la casa para mí.

Recordé algunas decisiones de las que había estado segura al cien por cien. La primera vez que mi madre conoció a Rich y me preguntó si «todo en él me satisfacía».

—¡Sí! —contesté con la sonrisa bobalicona de una persona que lleva seis meses de relación.

—Pero ¿todo, todo? —insistió ella.

—¡Todo! —le aseguré con emoción.

Recordé la alegría que sentí cuando acepté la oferta de trabajo para la revista *The Atlantic*, e ir al día siguiente a mi trabajo anterior para firmar mi baja voluntaria. En aquel momento no me acobardé ni lloré. Me sentía segura, tranquila. Y no me estaba sintiendo así ante la compra de aquella casa.

Volví a casa y deshice el trato, y la agente inmobiliaria

fingió no cabrearse conmigo. Aquella noche dormí como un bebé. O como una muerta.

Sin embargo, aquí va lo que no hice aquel día: no le grité a Rich. No me emborraché. No me puse en lo peor. En cambio, mientras estuve en Florida me centré en el apoyo emocional de mis amigas, esas personas cuya existencia recordé durante mi trabajo con la extroversión.

—Tengo la sensación de que todos mis conocidos critican mis decisiones, pero nadie me ofrece una solución —me quejé un día hablando con Anastasia—. ¡Es que no puedo más! ¡Estoy al borde de un ataque de nervios!

—Bueno, es que para nuestra generación es muy duro oír eso, porque no tenemos opciones buenas —replicó—. Hacemos lo que podemos con lo que tenemos a mano. Ni que fijáramos nosotros los tipos de interés.

Nuestras personalidades se dieron un abrazo a través del teléfono.

Consideré una mejora que ya pudiera suavizar mi neuroticismo sin alcohol y sin tener una crisis emocional. Era una señal de que, parafraseando lo dicho durante la clase de meditación, pasarían cosas que no me gustaban y podría manejarlas. La ansiedad sigue ahí, un magma abrasador bajo la superficie, y seguramente siempre lo estará. Como me enseñó Steven Hayes, me duele porque me importa, y, como me enseñó Tracy Dennis-Tiwary, estoy ansiosa porque me importa. El neuroticismo seguirá viniendo de visita, aunque su presencia no sea una carga tan pesada. Sin embargo, el cambio de personalidad no es cosa de todo o nada. Al igual que los propios rasgos de personalidad, es un espectro. Tienes que aprender a valorar el trasiego a través de sus gradientes.

Durante aquellos meses en Florida, acepté que no sabía con exactitud cuándo encontraríamos una casa que pudiéramos permitirnos, y también acepté que el estrés de la incertidumbre era intrínseco a la búsqueda. Hay pocas alegrías en la vida que no se encuentren al otro lado de la incertidumbre.[6] Como dijo Virginia Woolf, parte de «la belleza del mundo» es que «tiene dos filos, uno de risa, y otro de angustia, que parte el corazón en dos». La risa de la seguridad suele ir detrás de la angustia de la duda.

Y algunas de estas dudas se resolverían pronto. En aquel momento no sabía que, pocos meses después de nuestro regreso de Florida, me daría cuenta una tarde de que la regla se me estaba retrasando un poco. En cuestión de minutos estaba mirando fijamente un pequeño signo más de color azul. El «puñetero niño» al que había renunciado asomaba la patita..., un día, con treinta y tantos ya, cuando más me convenía, de hecho. Al parecer, al igual que la única encuesta que importa es la del día de las elecciones, la única prueba de fertilidad que importa es la que te haces dos semanas después de mantener relaciones sexuales sin protección. Temblando, llamé a Rich para que subiera del sótano, y él corrió escaleras arriba para abrazarme con fuerza. «Vas a ser una madre estupenda», me dijo.

Quedarse embarazada te reprograma de inmediato el cerebro para darle prioridad a cualquier cosa que pueda mejorar la vida de tu hijo, aunque sea un 1 por ciento. Me sentía imbuida de una responsabilidad increíble, como si a cada paso estuviera transportando el maletín nuclear. Al cabo de unos meses, Rich y yo nos casamos. Reduje mi consumo de cafeína de «preocupante» a «casi nulo». Desarrollé opiniones firmes e inamovibles sobre los méritos relativos de las sillitas de coche infantiles. Hice todo lo que pude para reducir el estrés y la ansiedad, que en el embarazo se limita sobre todo a «dar paseos». Sentía que mi personalidad y yo teníamos que ser lo bastante buenas para dos.

Durante ese periodo incierto de espera, recordé algo que Angela Duckworth, la autora de *Grit*, había mencionado sobre qué hacer cuando la motivación flaquea. Si te sientes reacio a emprender alguna tarea latosa, aunque necesaria, como buscar casa, por ejemplo, puedes intentar encuadrarla en un objetivo más amplio y significativo en tu vida. (Esto es parecido a la teoría sobre el poder motivador de los «proyectos personales»). Duckworth me contó que usa esta estrategia para animarse a revisar sus diapositivas de PowerPoint, un proceso que le resulta tedioso hasta que se recuerda que está relacionado con su proyecto más amplio de enseñar psicología a los demás. «Cuando reviso esta diapositiva de PowerPoint, estoy siendo mejor profesora. Cuando soy mejor profesora, aumento mis conocimientos en psicología», me dijo. En mi caso, esto podría significar reconocer que el esfuerzo de la búsqueda de casa está relacionado con el objetivo superior de vivir en un nuevo hogar y de entrar en la siguiente fase de mi vida.

Este proceso de pensamiento me resultó útil cuando todavía estábamos en Florida, durante otra tarea irritante que hacía a diario. Aunque nuestro Airbnb se anunciaba como «casa en la playa», para llegar a la playa desde la vivienda había que cruzar una autopista de cuatro carriles con mucho tráfico. Como estábamos en Florida, el lugar donde muere la planificación, no había paso para los peatones. Por eso, si ibas a pie, tenías que cruzar a toda velocidad cuando había un claro en el tráfico. Normalmente, esto requería esperar de tres a siete minutos, correr como alma que lleva el diablo hacia la mediana, esperar allí mientras los coches pasaban a ochenta kilómetros por hora y después atravesar a la carrera el otro sentido.

Lo detestaba. Para mí era un momento angustioso durante lo que debería haber sido una tranquila carrera matinal. El proceso para cruzar parecía poner de manifiesto todas mis debilidades: indecisión, lentitud, ansiedad. Algunos días pensaba que si fuera más valiente, no esperaría a que hubiera un hueco tan amplio y podría cruzar antes. Otros días me imaginaba que empezaba a cruzar y me plantaba delante de una camioneta, me imaginaba el metal aplastándome el cuerpo, haciendo que saliera disparada por los aires. Una vez, después de llegar al otro lado de la autopista, me llevé un susto enorme al darme cuenta de que tenía la zapatilla izquierda desatada.

Cambiar mi personalidad ha sido en su mayor parte como este precario equilibrio con el tráfico. Avanzaba a toda velocidad (¡una clase de improvisación de dos horas y media!) para después tener que detenerme a descansar en la mediana un rato. Nunca estaba segura de si una nueva actividad iba a darme impulso o a ponerme en peligro. A veces me negaba a moverme y veía con perplejidad a otras personas cruzando sin problemas. Desde el otro lado, se regodeaban de que, por ejemplo, la meditación les había funcionado de maravilla. Yo envidiaba sus pasos tranquilos, sin complicaciones.

Sin embargo, un mes tras otro, aunque temía la autopista, la clase de improvisación o la situación estresante del día, me iba hacia ella de todas formas. Y es que así era el cambio de personalidad: periodos de actividad y otros de parón, con el objetivo de que los periodos de actividad fueran más numerosos que los de parón. El camino del cambio no es constante, ni siempre es poético. Puede estar plagado de mesetas y obstáculos, y también de objetos que están más cerca de lo que parecen.

Más o menos una manzana más adelante, llegaría a la playa, que, pese a los muchísimos defectos de Florida, es la joya de la corona del estado. La playa que teníamos cerca era una amplia extensión de alabastro que se fundía suavemente con el ondulante Atlántico. De vez en cuando el viento agitaba la arena nacarada, y la gente corría por ella sin inmutarse, como si revolotearan entre las nubes.

En 2010 Corona lanzó una campaña publicitaria con el eslogan «Fin your beach» [«Busca tu playa»]. Es probable que hayas visto los anuncios: la botella de cerveza dorada, la arena, el cielo turquesa. Cada anuncio es una llamada para robarle un poco de felicidad a lo cotidiano (con la ayuda, se supone, de la cerveza). Entiendo que esta premisa llegue a irritar; la escritora Zadie Smith, que durante un tiempo vivió frente a un anuncio gigante de Corona, la calificó de «una mezcla ligeramente amenazadora de formas imperativas y posesivas».[7] Pero también entiendo el razonamiento que subyace en la campaña. Para mí y para otras muchas personas, no hay nada mejor que la playa, que funciona tanto como un lugar físico como un estado mental aspiracional, un ideal tranquilo al que lanzarse. Es cierto que tu «playa» pueden ser las montañas de Colorado o Central Park en un fresco día otoñal, pero mi playa es la playa de verdad.

En cuanto tocaba la arena con los pies, me detenía y miraba fijamente las místicas aguas azules. En la playa me sentía rescatada y renovada. Veía indicios de vida entre los centros comerciales y los restaurantes Olive Garden, y sentía un compromiso reforzado con la búsqueda de casa, pero también con la extroversión, la estabilidad emocional y la capacidad de ser amable. Al fin y al cabo, el mundo no parecía tan horrible. Esa era la razón por la que había cruzado la horrible autopista. Esquivaba el tráfico para poder llegar a la playa y toleraba el estrés inmobiliario para poder encontrar una casa nueva. Estaba cambiando mi personalidad para poder vivir mejor. Cuando por fin conseguía cruzar, me sentía una persona distinta.

Agradecimientos

Este libro le debe la vida a muchas personas que creyeron en la idea antes que yo... y que en su mayoría tienen mejor personalidad que yo.

Gracias a mi increíble agente Howard Yoon, que es emocionalmente estable y, más importante si cabe, brillante. Gracias por estar a mi lado.

Stephanie Hitchcock, de Simon Element, es una de las mejores escritoras de libros de no ficción del mundo, y me siento muy afortunada de que se haya hecho cargo de este libro y le haya dado forma con su increíble pericia. Ella es el motivo de que este libro tenga corazón. Gracias también a Erica Siudzinski por ser siempre tan amable, imperturbable y rápida.

Todo el equipo de Simon & Schuster se ha esforzado con ahínco para que este libro tenga éxito. Estoy muy agradecida a los correctores y a otros héroes anónimos de la edición que tanto hacen para que los lectores se enamoren de los libros y para que los libros encuentren a sus lectores.

Gracias a Carrie Frye, que es como esa desconocida despampanante del funeral que tiene toda la pinta de ser la amante, y también la que sabe el momento exacto en el que un capítulo se precipita hacia la perdición. Gracias por tu sabiduría, tus ánimos, tu orientación y carácter afable. Michael Gaynor, te estaré eternamente agradecida por tus rápidas comprobaciones de datos, que de algún modo son siempre minuciosas y nunca puntillosas. Vivo temiendo el día en el que ya no estés disponible para otro «pequeño encargo de comprobación».

Denise Wills y Honor Jones: gracias por asignarme la historia del cambio de personalidad, por ser las mejores del gremio de la edición y por creer en mí. Todavía os debo una invitación a la noche de improvisación. De hecho, gracias a todos mis jefes de la revista The Atlantic por permitirme tomarme una excedencia para escribir el libro y por darme tantas oportunidades.

Les estoy muy agradecida a Nathan Hudson, a Brent Roberts, a Matthew Johnson, a Kathryn Paige Harden y a los muchos otros investigadores que sacaron tiempo de su ajetreada vida para explicarme su trabajo. No tengo palabras para agradecerles su esmerada dedicación y su tiempo. (Y un agradecimiento muy especial a Jim Fallon, que falleció poco después de que habláramos). También me siento en deuda con las personas que compartieron sus historias de cambio de personalidad; vuestra vulnerabilidad y franqueza ayudan a los lectores a sentirse menos solos.

Gracias a mis padres, que aportaron entre el 30 y el 50 por ciento de la variabilidad de mi personalidad, y que se ofrecieron a cuidar de mis hijos cuando me quedé embarazada un poco antes de lo esperado durante el proceso del libro.

Julie Beck editó varios capítulos de este libro cuando yo tenía los ojos demasiado vidriosos como para darle otra pasada. Es una de las mejores escritoras y pensadoras de la revista The Atlantic, y su penetrante mirada ha sido indispensable. Kathy Gilsinan, la tía con más mala leche y más inteligente que conozco, ¡lee el puñetero libro principio a fin! Te estoy muy agradecida, guapa, y te debo una, aunque insistirás en que no.

Gracias a todos los lectores del artículo sobre el cambio de personalidad, mis artículos en la plataforma Substack y mis otros trabajos en la revista *The Atlantic*. Hay muchísimos artículos muy buenos publicados por ahí, por lo que siento un profundo agradecimiento hacia las personas que le dedican tiempo a mi trabajo. Es un honor que me leáis.

Rich, mi compinche y tantas otras cosas, ¿cómo puedo comprimir quince años de gratitud en una sección de agradecimientos? Gracias por tus primeras lecturas, por tu apoyo y por escuchar. Gracias, de todo corazón, por el uso de tu coche. Simplemente, gracias. Te quiero.

Anexo

Una lista parcial de las actividades que llevé a cabo para cambiar mi personalidad, una adaptación parcial del estudio «You Have to Follow Through: Attaining Behavioral Change Goals Predicts Volitional Personality Change» [«Tienes que llegar hasta el final: alcanzar los cambios de comportamiento predice el cambio voluntario de personalidad»], de Nathan W. Hudson, Daniel A. Briley, William J. Chopik y Jaime Derringer.
(Todavía las tengo pegadas en mi mesita de noche).

Capacidad de ser amable 😀

- Participa en labores de voluntariado
- Hazle un cumplido a alguien
- Mándale un mensaje de ánimo a un amigo
- Discúlpate aunque la otra persona no lo haga
- Escribe algo agradable que alguien haya hecho por ti

- Reflexiona sobre las buenas cualidades de las personas que quieres
- Haz una lista de las veces que la gente ha cumplido las promesas que te ha hecho
- Dedica tiempo a pensar en las buenas cualidades de alguien que no te cae bien
- Elige perdonar a alguien
- Reflexiona sobre las circunstancias que pueden estar contribuyendo al mal comportamiento de alguien

Estabilidad emocional 🔔

- Escribe algo positivo que te haya pasado ese día y lo que te ha hecho sentir
- Enumera las cosas por las que estás agradecido
- Escribe sobre tus buenas cualidades
- Escribe tres pensamientos positivos por cada pensamiento negativo
- Escribe pruebas que vayan en contra de los pensamientos negativos
- Cuando te despiertes, di: «¡Hoy elijo ser feliz!»
- Medita
- Haz yoga

Notas

Introducción

1. Nathan W. Hudson *et al.*, «You Have to Follow Through: Attaining Behavioral Change Goals Predicts Volitional Personality Change», *Journal of Personality and Social Psychology*, vol. 117, n.º 4, octubre de 2019, pp. 839-857, <https://doi.org/10.1037/pspp0000221>.

2. Jorge Luis Borges, *Selected Non-fictions* (Nueva York, Viking, 1999), 3; y Maria Popova, «The Nothingness of Personality: Young Borges on the Self», *The Marginalian*, 10 de abril de 2017, <https://www.themarginalian.org/2017/04/03/the-nothingness-of-persona lity-borges/>.

3. Nathan W. Hudson y Brent W. Roberts, «Goals to Change Personality Traits: Concurrent Links between Personality Traits, Daily Behavior, and Goals to Change Oneself», *Journal of Research in Personality*, vol. 53, diciembre de 2014, pp. 68-83, <https://doi.org/10.1016/j.jrp.2014.08.008>.

4. Erica Baranski *et al.*, «Who in the World Is Trying to Change Their Personality Traits? Volitional Personality Change among College Students in Six Continents», *Journal of Personality and Social Psychology*, vol. 121, n.º 5, noviembre de 2021, pp. 1140-1156, <https://doi.org/10.1037/pspp0000389>.

5. Martin Seligman, «Agency and Progress: Efficacy, Optimism, and Imagination with Martin Seligman», *MIT Media Lab*, 11 de junio de 2021, <https://www.media.mit.edu/videos/ml-perspecti ves-2021-06-10/?autoplay=true>.

1. El océano interior: ¿Qué es la personalidad?

1. Gordon Allport, *The Person in Psychology*, Boston, Beacon Press, 1968, p. 382.
2. Jeffrey A. Lieberman y Ogi Ogas, *Shrinks: The Untold Story of Psychiatry*, Nueva York, Little, Brown Spark, 2016.
3. Gordon Allport, *The Person in Psychology*, pp. 383-384.
4. *Ibidem*, p. 383.
5. *Ibidem*.
6. «Department of Psychology: About», consultado el 2 de julio de 2022, <https://psychology.fas.harvard.edu/about>.
7. «The Characters of Theophrastus», *Eudaemonist.com*, 2016, <https://www.eudaemonist.com/biblion/characters/>.
8. Frank Dumont, *A History of Personality Psychology: Theory, Science, and Research from Hellenism to the Twenty-First Century*, Cambridge, Cambridge University Press, 2010, p. 15.
9. Joseph Stromberg y Estelle Caswell, «Why the Myers-Briggs Test Is Totally Meaningless», *Vox*, 15 de julio de 2014, <https://www.vox.com/2014/7/15/5881947/myers-briggs-personality-test-meaningless>.
10. Merve Emre, *The Personality Brokers: The Strange History of Myers-Briggs and the Birth of Personality Testing*, Nueva York, Doubleday, 2018, p. 123.
11. *Ibidem*, p. 134.
12. Joseph Stromberg y Estelle Caswell, «Why the Myers-Briggs Test Is Totally Meaningless».
13. Emma Goldberg, «Personality Tests Are the Astrology of the Office», *The New York Times*, 17 de septiembre de 2019, <https://www.nytimes.com/2019/09/17/style/personality-tests-office.html>.
14. Annie Murphy Paul, *The Cult of Personality Testing: How Personality Tests Are Leading Us to Miseducate Our Children, Mismanage Our Companies, and Misunderstand Ourselves*, Nueva York, Free Press, 2005, p. 36.
15. Gordon Allport y Henry Odbert, «Trait-Names: A Psycho-Lexical Study», *Psychological Review Publications* 47, n.º 1, 1936, p. 24.
16. Frank Dumont, *A History of Personality Psychology*, p. 172.

17. Lewis R. Goldberg, «The Structure of Phenotypic Personality Traits», *American Psychologist*, vol. 48, n.º 1, enero de 1993, pp. 26-34, <https://doi.org/10.1037//0003-066x.48.1.26>.

18. Cody Delistraty, «Untangling the Complicated, Controversial Legacy of Sigmund Freud», *The Cut*, 5 de septiembre de 2017, <https://www.thecut.com/2017/09/sigmud-freud-making-of-an-illusion-book.html>.

19. M. Brent Donnellan y Richard E. Lucas, *Great Myths of Personality*, Hoboken, New Jersey, Wiley Blackwell, 2021, p. 150.

20. Daniel Nettle, *Personality: What Makes You the Way You Are*, Oxford, Oxford University Press, 2007, p. 82.

21. Margaret Avison y Adrian Furnham, «Personality and Voluntary Childlessness», *Journal of Population Research*, vol. 32, n.º 1, noviembre de 2015, pp. 45-67, <https://doi.org/10.1007/s12546-014-9140-6>.

22. Daniel Nettle, *Personality: What Makes You The Way You Are*, p. 243.

23. Kristina M. DeNeve y Harris Cooper, «The Happy Personality: A Meta-Analysis of 137 Personality Traits and Subjective Well-Being», *Psychological Bulletin*, vol. 124, n.º 2, septiembre de 1998, pp. 197-229, <https://doi.org/10.1037/0033-2909.124.2.197>; y Piers Steel et al., «Refining the Relationship between Personality and Subjective Well-Being», Psychological Bulletin, vol. 134, n.º 1, enero de 2008, pp. 138-161, <https://doi.org/10.1037/0033-2909.134.1.138>.

24. Robert D. Richardson, *William James: In the Maelstrom of American Modernism: A Biography*, Boston, Mariner Books, 2007.

25. William James, *The Principles of Psychology*, Nueva York, Henry Holt, 1918.

26. Olivia E. Atherton et al., «Stability and Change in Personality Traits and Major Life Goals from College to Midlife», *Personality and Social Psychology Bulletin*, vol. 47, n.º 5, mayo de 2021, pp. 841-858, <https://doi.org/10.1177/0146167220949362>.

27. Rodica Ioana Damian et al., «Sixteen Going on Sixty-Six: A Longitudinal Study of Personality Stability and Change across 50 Years», *Journal of Personality and Social Psychology*, vol. 117, n.º 3,

septiembre de 2019, pp. 674-695, <https://doi.org/10.1037/pspp 0000210>.

28. Ravenna Helson *et al.*, «Personality Change over 40 Years of Adulthood: Hierarchical Linear Modeling Analyses of Two Longitudinal Samples», *Journal of Personality and Social Psychology*, vol. 83, n.º 3, septiembre de 2002, pp. 752-766, <https://doi.org/10.1037/0022-3514.83.3.752>.

29. Sanjay Srivastava *et al.*, «Development of Personality in Early and Middle Adulthood: Set like Plaster or Persistent Change?», *Journal of Personality and Social Psychology*, vol. 84, n.º 5, mayo de 2003, pp. 1041-1053, <https://doi.org/10.1037/0022-3514.84.5.1041>.

30. Alan Watts, *This Is It: And Other Essays on Zen and Spiritual Experience*, Nueva York, Vintage, 1973, p. 70. [Hay trad. cast.: *Esto es eso*, Barcelona, Kairós, 1997].

31. Jean-Paul Sartre, «Existentialism Is a Humanism», en *Existentialism from Dostoevsky to Sartreed*, editado por Walter Kaufmann, Nueva York, Penguin, 1956, p. 349.

32. Friedrich Nietzsche, *Thus Spoke Zarathustra*, Project Gutenberg, 1999, <https://www.gutenberg.org/files/1998/1998-h/1998-h.htm>. [Hay trad. cast.: *Así habló Zaratustra*, Barcelona, Penguin Clásicos, 2022].

33. Wiebke Bleidorn *et al.*, «Personality Maturation Around the World: A Cross-Cultural Examination of Social-Investment Theory», *Psychological Science*, vol. 24, n.º 12, diciembre de 2013, pp. 2530-2540, <https://doi.org/10.1177/0956797613498396>.

34. Brian Lowery, *Selfless: The Social Creation of «You»*, Nueva York, Harper, 2023.

35. Bruce Hood, *The Self Illusion: How the Social Brain Creates Identity*, Nueva York, Oxford University Press, 2012, p. xv.

36. Christian Jarrett, *Be Who You Want: Unlocking the Science of Personality Change*, Nueva York, Simon & Schuster, 2021, p. 36. [Hay trad. cast.: *Conviértete en quien quieras. La ciencia del cambio personal*, Córdoba, Pinolia, 2024].

37. Nathan W. Hudson *et al.*, «Personality Trait Development and Social Investment in Work», *Journal of Research in Personality*, vol. 46, n.º 3, junio de 2012, pp. 334-344, <https://doi.org/10.1016/j.jrp.2012.03.002>.

38. Jenny Wagner *et al.*, «The First Partnership Experience and Personality Development», *Social Psychological and Personality Science*, vol. 6, n.º 4, enero de 2015, pp. 455-463, <https://doi.org/10.1177/1948550614566092>.
39. Jordi Quoidbach *et al.*, «The End of History Illusion», *Science*, vol. 339, n.º 6115, enero de 2013, pp. 96-98, <https://doi.org/10.1126/science.1229294>.
40. Dan Gilbert, «The Psychology of Your Future Self», *TED*, marzo de 2014, <https://www.ted.com/talks/dan_gilbert_the_psychology_of_your_future_self/transcript?language=en>.
41. Philip Larkin, «This Be the Verse» en *Collected Poems*, Nueva York, Farrar, Straus and Giroux, 2003.
42. John J. Kaag, *Sick Souls, Healthy Minds: How William James Can Save Your Life*, Princeton, NJ, Princeton University Press, 2021.
43. William James, *The Principles of Psychology*, p. 127.
44. David E. Leary, «New Insights into William James's Personal Crisis in the Early 1870s: Part I. Arthur Schopenhauer and the Origin & Nature of the Crisis», *William James Studies*, vol. 11, febrero de 2015, pp. 1-27, <https://williamjamesstudies.org/wp-content/uploads/2015/05/Leary-New-Insights-Part-I-3-12-15.pdf>.

2. ROMPER EL VOLANTE DE INERCIA: EL «CÓMO» DEL CAMBIO DE PERSONALIDAD

1. Pamela Colloff, «Lip Shtick», *Texas Monthly*, 20 de enero de 2013, <https://www.texasmonthly.com/articles/lip-shtick/>.
2. Olivia E. Atherton *et al.*, «Personality Correlates of Risky Health Outcomes: Findings from a Large Internet Study», *Journal of Research in Personality*, vol. 50, junio de 2014, pp. 56-60, <https://doi.org/10.1016/j.jrp.2014.03.002>; y Margaret L. Kern y Howard S. Friedman, «Do Conscientious Individuals Live Longer? A Quantitative Review», *Health Psychology*, vol. 27, n.º 5, 2008, pp. 505-512, <https://doi.org/10.1037/0278-6133.27.5.505>.
3. Michael P. Wilmot y Deniz S. Ones, «A Century of Research on Conscientiousness at Work», *Proceedings of the National Aca-*

demy of Sciences, vol. 116, n.º 46, octubre de 2019, pp. 23004-23010, <https://doi.org/10.1073/pnas.1908430116>.

4. Christian Jarrett, «Why Are Extraverts Happier?», *British Psychological Society*, 13 de marzo de 2014, <https://digest.bps.org.uk/2014/03/13/why-are-extraverts-happier/>.

5. Alison Carper, «The Importance of Hide- and-Seek», *The New York Times*, 30 de junio de 2015, <https://archive.nytimes.com/opinionator.blogs.nytimes.com/2015/06/30/the-importance-of-hide-and-seek/>.

6. Kevin C. Stanek y Deniz S. Ones, «Meta-Analytic Relations between Personality and Cognitive Ability», *Proceedings of the National Academy of Sciences*, vol. 120, n.º 23, mayo de 2023, e2212794120, <https://doi.org/10.1073/pnas.2212794120>.

7. Rebecca L. Shiner, «Negative Emotionality and Neuroticism from Childhood through Adulthood», en *Handbook of Personality Development*, editado por Dan P. McAdams, Rebecca L. Shiner y Jennifer L. Tackett, Nueva York, Guilford, 2019, p. 375.

8. Daniel Nettle, *Personality: What Makes You the Way You Are*, Oxford, Oxford University Press, 2007, p. 32.

9. Isabelle Hansson *et al.*, «The Role of Personality in Retirement Adjustment: Longitudinal Evidence for the Effects on Life Satisfaction», *Journal of Personality*, vol. 88, n.º 4, septiembre de 2019, pp. 642-658, <https://doi.org/10.1111/jopy.12516>; y Morton M. Hunt, *The Story of Psychology*, Nueva York, Anchor, 2007, p. 395.

10. Christopher J. Boyce *et al.*, «Is Personality Fixed? Personality Changes as Much as "Variable" Economic Factors and More Strongly Predicts Changes to Life Satisfaction», *Social Indicators Research*, vol. 111, n.º 1, febrero de 2012, pp. 287-305, <https://doi.org/10.1007/s11205-012-0006-z>.

11. Amanda Jo Wright y Joshua James Jackson, «Do Changes in Personality Predict Life Outcomes?», *Journal of Personality and Social Psychology*, vol. 125, n.º 6, diciembre de 2023, pp. 1495-1518, <https://doi.org/10.1037/pspp0000472>.

12. Nathan W. Hudson y R. Chris Fraley, «Changing for the Better? Longitudinal Associations between Volitional Personality Change and Psychological Well- Being», *Personality and Social Psy-*

chology Bulletin, vol. 42, n.° 5, marzo de 2016, pp. 603-615, <https://doi.org/10.1177/0146167216637840>.

13. Raymond J. Corsini y Danny Wedding, *Current Psychotherapies*, Boston, Cengage, 2011, p. 12.

14. William R. Miller y Janet C'de Baca, «Quantum Change: Toward a Psychology of Transformation», en *Can Personality Change?*, editado por Todd Heatherton y Joel Weinberger, Washington D.C., American Psychological Association, 1994, pp. 253-280.

15. William R. Miller y Janet C'de Baca, *Quantum Change: When Epiphanies and Sudden Insights Transform Ordinary Lives*, Nueva York, Guilford Press, 2001, p. 49.

16. Janet C'de Baca y Paula Wilbourne, «Quantum Change: Ten Years Later», *Journal of Clinical Psychology*, vol. 60, n.° 5, marzo de 2004, pp. 531-541, <https://doi.org/10.1002/jclp.20006>.

17. Nathan W. Hudson *et al.*, «You Have to Follow Through: Attaining Behavioral Change Goals Predicts Volitional Personality Change», *Journal of Personality and Social Psychology*, vol. 117, n.° 4, octubre de 2019, pp. 839-857, <https://doi.org/10.1037/pspp0000221>.

18. Nathan W. Hudson *et al.*, «Change Goals Robustly Predict Trait Growth: A MegaAnalysis of a Dozen Intensive Longitudinal Studies Examining Volitional Change», *Social Psychological and Personality Science*, vol. 11, n.° 6, junio de 2020, pp. 723-732, <https://doi.org/10.1177/1948550619878423>.

19. Soy consciente de que ha habido problemas en el mundo de la psicología de un tiempo a esta parte. Durante los últimos años los investigadores han intentado, a menudo con fallos, replicar muchos estudios psicológicos..., lo que quiere decir que muchas de las conclusiones de los estudios originales podrían ser casualidades. Comprensiblemente, esto puede hacer que las personas se fíen menos de estudios como los de Hudson. Pero la psicología de la personalidad está mucho más asentada que algunas de las otras ramas de esta disciplina. Según un reciente análisis de los distintos subcampos de la psicología, los estudios sobre la psicología de la personalidad aguantan en general mucho mejor el paso del tiempo y el escrutinio de distintos investigadores. Ver Wu Youyou *et al.*, «A Discipline-Wide Investigation of the Replicability of Psycholo-

gy Papers over the Past Two Decades», *Proceedings of the National Academy of Sciences*, vol. 120, n.º 6, enero de 2023, e2208863120, <https://doi.org/10.1073/pnas.2208863120>.

20. Mirjam Stieger *et al.*, «Changing Personality Traits with the Help of a Digital Personality Change Intervention», *Proceedings of the National Academy of Sciences*, vol. 118, n.º 8, agosto de 2021, e2017548118, <https://doi.org/10.1073/pnas.2017548118>.

21. F. Scott Fitzgerald, *The Great Gatsby*, Nueva York, Scribner, 1925, p. 2. [Hay trad. cast.: *El gran Gatsby*, Barcelona, Alfaguara, 2019].

22. Raj Raghunathan, *If You're So Smart, Why Aren't You Happy?*, Nueva York, Portfolio, 2016, p. 225. [Hay trad. cast.: *Si eres tan listo, ¿por qué no eres feliz?*, Madrid, DV Chavín, 2017].

23. «Aristotle and John Locke: Conversation», *Lapham's Quarterly*, consultado el 8 de julio de 2022, <https://www.laphamsquarterly.org/conversations/aristotle-%08John-locke>.

24. Karina Schumann *et al.*, «Addressing the Empathy Deficit: Beliefs about the Malleability of Empathy Predict Effortful Responses When Empathy Is Challenging», *Journal of Personality and Social Psychology*, vol. 107, n.º 3, septiembre de 2014, pp. 475-493, <https://doi.org/10.1037/a0036738>.

25. Richard Wiseman, *The As If Principle: The Radically New Approach to Changing Your Life*, Nueva York, Free Press, 2013, p. 216.

26. Nigel Beail y Stacey Parker, «Group Fixed-Role Therapy: A Clinical Application», *International Journal of Personal Construct Psychology*, vol. 4, n.º 1, 1991, pp. 85-95, <https://doi.org/10.1080/08936039108404762>.

27. Stefano Tasselli *et al.*, «Personality Change: Implications for Organizational Behavior», *Academy of Management Annals*, vol. 12, n.º 2, julio de 2018, pp. 467-493, <https://doi.org/10.5465/annals.2016.0008>.

28. Jessica Schleider y John Weisz, «A Single-Session Growth Mindset Intervention for Adolescent Anxiety and Depression: 9-Month Outcomes of a Randomized Trial», *Journal of Child Psychology and Psychiatry*, vol. 59, n.º 2, septiembre de 2017, pp. 160-170, <https://doi.org/10.1111/jcpp.12811>.

29. Hans S. Schroder *et al.*, «Growth Mindset of Anxiety Buffers the Link between Stressful Life Events and Psychological Distress and Coping Strategies», *Personality and Individual Differences*, vol. 110, mayo de 2017, pp. 23-26, <https://doi.org/10.1016/j.paid.2017.01.016>.

30. Adriana Sum Miu y David Scott Yeager, «Preventing Symptoms of Depression by Teaching Adolescents That People Can Change», *Clinical Psychological Science*, vol. 3, n.° 5, septiembre de 2014, pp. 726-743, <https://doi.org/10.1177/2167702614548317>.

31. Hudson *et al.*, «You Have to Follow Through».

3. BAILA COMO SI TODO EL MUNDO TE ESTUVIERA MIRANDO: EXTROVERSIÓN

1. Luke Smillie *et al.*, «Extraversion: Description, Development, and Mechanisms», en *Handbook of Personality Development*, editado por Dan P. McAdams, Rebecca L. Shiner y Jennifer L. Tackett, Nueva York, Guilford, 2019, p. 326.

2. Catharine R. Gale *et al.*, «Neuroticism and Extraversion in Youth Predict Mental Wellbeing and Life Satisfaction 40 Years Later», *Journal of Research in Personality*, vol. 47, n.° 6, diciembre de 2013, pp. 687-697, <https://doi.org/10.1016/j.jrp.2013.06.005>.

3. Zack M. van Allen *et al.*, «Enacted Extraversion as a Well-Being Enhancing Strategy in Everyday Life: Testing across Three, Week-Long Interventions», *Collabra: Psychology*, vol. 7, n.° 1, diciembre de 2021, p. 29931, <https://doi.org/10.1525/collabra.29931>.

4. William Fleeson y Joshua Wilt, «The Relevance of Big Five Trait Content in Behavior to Subjective Authenticity: Do High Levels of Within-Person Behavioral Variability Undermine or Enable Authenticity Achievement?», *Journal of Personality*, vol. 78, n.° 4, agosto de 2010, pp. 1353-1382, <https://doi.org/10.1111/j.1467-6494.2010.00653.x>.

5. Doug Gordon, «Author Sam Wasson Explains How America Invented Improv», *Wisconsin Public Radio*, 8 de agosto de 2020, <https://www.wpr.org/author-sam-wasson-explains-how-america-invented-improv>.

6. Peter Felsman *et al.*, «The Use of Improvisational Theater Training to Reduce Social Anxiety in Adolescents», *Arts in Psychotherapy*, vol. 63, abril de 2019, pp. 111-117, <https://doi.org/10.1016/j.aip.2018.12.001>.

7. Jerome S. Bruner, *On Knowing: Essays for the Left Hand*, Cambridge, MA, Belknap Press of Harvard University Press, 1962, p. 24.

8. Shigehiro Oishi y Ulrich Schimmack, «Residential Mobility, Well-Being, and Mortality», *Journal of Personality and Social Psychology*, vol. 98, n.° 6, junio de 2010, pp. 980-994, <https://doi.org/10.1037/a0019389>.

9. George Eliot, «The Spanish Gypsy», en *The Works of George Eliot*, Cabinet Edition, Londres y Edimburgo, William Blackwood and Sons, 1878, p. 227.

10. Deborah Tannen, *Conversational Style: Analyzing Talk among Friends*, Oxford, Oxford University Press, 1984, p. 4.

11. Gillian Sandstrom y Ashley Whillans, «Why You Miss Those Casual Friends So Much», *Harvard Business Review*, 22 de abril de 2020, <https://hbr.org/2020/04/why-you-miss-those-casual-friends-so-much>.

12. Daniel Nettle, *Personality: What Makes You the Way You Are*, Oxford, Oxford University Press, 2007, p. 81.

13. Viola Spolin, *Improvisation for the Theater: A Handbook of Teaching and Directing Techniques*, Evanston, Northwestern University Press, 1999, p. 4.

14. Tannen, *Conversational Style*, pp. 77-78.

15. *Ibidem*, p. 121.

16. *Ibidem*, p. 62.

17. Melissa Dahl, *Cringeworthy: A Theory of Awkwardness*, Nueva York, Portfolio/Penguin, 2018, p. 119.

18. Thomas Gilovich *et al.*, «The Spotlight Effect in Social Judgment: An Egocentric Bias in Estimates of the Salience of One's Own Actions and Appearance», *Journal of Personality and Social Psychology*, vol. 78, n.° 2, marzo de 2000, pp. 211-222, <https://doi.org/10.1037/0022-3514.78.2.211>.

19. Thomas Gilovich *et al.*, «The Spotlight Effect Revisited: Overestimating the Manifest Variability of Our Actions and Appea-

rance», *Journal of Experimental Social Psychology*, vol. 38, n.º 1, enero de 2002, pp. 93-99, <https://doi.org/10.1006/jesp.2001.1490>.
20. Ralph Waldo Emerson, *The Complete Works of Ralph Waldo Emerson*, vol. 8: *Letters and Social Aims*, Nueva York, Houghton, Mifflin, 1903, p. 91.

4. DEL AGOBIO AL OM: NEUROTICISMO

1. Alfred Adler y Colin Brett, *Understanding Human Nature: The Psychology of Personality*, Londres, Oneworld Publications, 1992, p. 132. [Hay trad. cast.: *Comprender la vida*, Barcelona, Paidós, 2014].
2. Shannon Sauer-Zavala y David H. Barlow, *Neuroticism: A New Framework for Emotional Disorders and Their Treatment*, Nueva York, Guilford Press, 2021, p. 13.
3. Jessica M. Grusnick *et al.*, «The Association between Adverse Childhood Experiences and Personality, Emotions and Affect: Does Number and Type of Experiences Matter?», *Journal of Research in Personality*, vol. 85, abril de 2020, p. 103908, <https://doi.org/10.1016/j.jrp.2019.103908>.
4. Roman Kotov *et al.*, «Linking "Big" Personality Traits to Anxiety, Depressive, and Substance Use Disorders: A Meta-Analysis», *Psychological Bulletin*, vol. 136, n.º 5, septiembre de 2010, pp. 768-821, <https://doi.org/10.1037/a0020327>.
5. Andrew M. Seaman, «Don't Worry: Neuroticism Linked to Alzheimer's Risk in Women», *Reuters*, 1 de octubre de 2014, <https://www.reuters.com/article/business/healthcare-pharmaceuticals/dont-worry-neuroticism-linked-to-alzheimers-risk-in-women-idUSKCN0HQ56V/>.
6. Erik E. Noftle y Phillip R. Shaver, «Attachment Dimensions and the Big Five Personality Traits: Associations and Comparative Ability to Predict Relationship Quality», *Journal of Research in Personality*, vol. 40, n.º 2, 2006, pp. 179-208, <https://doi.org/10.1016/j.jrp.2004.11.003>.
7. Rebecca L. Shiner, «Negative Emotionality and Neuroticism from Childhood through Adulthood», en *Handbook of*

Personality Development, editado por Dan P. McAdams, Rebecca L. Shiner y Jennifer L. Tackett, Nueva York, Guilford, 2019, p. 373.

8. Shannon Sauer-Zavala y David H. Barlow, *Neuroticism*, p. 25.

9. Nathan W. Hudson y Brent W. Roberts, «Goals to Change Personality Traits: Concurrent Links between Personality Traits, Daily Behavior, and Goals to Change Oneself», *Journal of Research in Personality*, vol. 53, diciembre de 2014, pp. 68-83, <https://doi.org/10.1016/j.jrp.2014.08.008>.

10. Andrea Petersen, *On Edge: A Journey through Anxiety*, Nueva York, Crown, 2017, p. 77.

11. *Ibidem*, p. 80.

12. John Berryman, «A Point of Age», en *Collected Poems*, Kate Donahue Berryman, 1942.

13. Dan Harris, *10 % Happier: How I Tamed the Voice in My Head, Reduced Stress without Losing My Edge, and Found Self-Help That Actually Works - A True Story*, Nueva York, It Books, 2014, p. 53. [Hay trad. cast.: *10 % más feliz*, Madrid, Anaya Multimedia, 2014].

14. *Unwinding Anxiety*, Semana 3, Módulo 19, «The Committee in My Head».

15. Shannon Sauer-Zavala y David H. Barlow, *Neuroticism*, p. 71.

16. Judson Brewer, *Unwinding Anxiety*, Nueva York, Avery, 2021, p. 112. [Hay trad. cast.: *Deshacer la ansiedad*, Barcelona, Planeta Pub Corp, 2022].

17. *Unwinding Anxiety*, 11 de agosto de 2022, <https://www.unwindinganxiety.com/>.

18. Andrea Petersen, *On Edge*, p. 167.

19. Judson Brewer, *Unwinding Anxiety*, p. 80.

20. Daisetz Teitaro Suzuki, *Essays in Zen Buddhism*, Nueva York, Grove Press, 1949, citado en Maria Popova, «D. T. Suzuki on What Freedom Really Means and How Zen Can Help Us Cultivate Our Character», *The Marginalian*, 20 de marzo de 2021, <https://www.themarginalian.org/2015/01/30/d-t-suzuki-essays-in-zen-buddhism/>. [Hay trad. cast.: *Ensayos sobre budismo zen*, Buenos Aires, Kier, 1975].

21. Andrea Petersen, *On Edge*, p. 165.

22. Tony Z. Tang *et al.*, «Personality Change during Depression

Treatment», *Archives of General Psychiatry*, vol. 66, n.º 12, 2009, p. 1322, <https://doi.org/10.1001/archgenpsychiatry.2009.166>.

23. Katherine A. Duggan *et al.*, «Personality and Healthy Sleep: The Importance of Conscientiousness and Neuroticism», *PLoS One*, vol. 9, n.º 3, marzo de 2014, <https://doi.org/10.1371/Journal.pone.0090628>.

24. Daniel Goleman, «Relaxation: Surprising Benefits Detected», *The New York Times*, 13 de mayo de 1986, <https://www.nytimes.com/1986/05/13/science/relaxation-surprising-benefits-detected.html?searchResultPosition=10>.

25. Paul Grossman *et al.*, «Mindfulness-Based Stress Reduction and Health Benefits», *Journal of Psychosomatic Research*, vol. 57, n.º 1, julio de 2004, pp. 35-43, <https://doi.org/10.1016/s0022-3999(03)00573-7>.

26. Bassam Khoury *et al.*, «Mindfulness-Based Stress Reduction for Healthy Individuals: A Meta-Analysis», *Journal of Psychosomatic Research*, vol. 78, n.º 6, junio de 2015, pp. 519-528, <https://doi.org/10.1016/j.jpsychores.2015.03.009>.

27. April Fulton, «Daily Meditation May Work as Well as a Popular Drug to Calm Anxiety, Study Finds», *NPR*, 12 de noviembre de 2022, <https://www.npr.org/sections/health-shots/2022/11/09/1135211525/anxiety-medication-meditation-lexapro>.

28. Jon Kabat-Zinn, *Full Catastrophe Living: Using the Wisdom of Your Body and Mind to Face Stress, Pain, and Illness*, Nueva York, Bantam Books, p. 201. [Hay trad. cast.: *Vivir con plenitud las crisis*, Barcelona, Kairós, 2016].

29. *Ibidem*, p. 27.

30. Thich Nhat Hanh, *Taming the Tiger Within: Meditations on Transforming Difficult Emotions*, Nueva York, Riverhead Books, 2005, p. 99.

31. Jack Kornfield, «The Wisdom of Insecurity», *JackKornfield.com*, 15 de septiembre de 2021, <https://JackKornfield.com/the-wisdom-of-insecurity/>.

32. Sigmund Freud, *The Complete Letters of Sigmund Freud to Wilhelm Fliess: 1887-1904*, editado por Jeffrey Moussaieff Masson, Cambridge, MA, Belknap Press of Harvard University Press, 1985, p. 274.

5. ESTAR ABIERTO A LO QUE SEA: DISPOSICIÓN A EXPERIMENTAR

1. Alan S. Gerber et al., «The Big Five Personality Traits in the Political Arena», *Annual Review of Political Science*, vol. 14, n.º 1, junio de 2011, pp. 265-287, <https://doi.org/10.1146/annurev-polisci-051010-111659>.
2. Vassilis Saroglou, «Religion and the Five Factors of Personality: A Meta-Analytic Review», *Personality and Individual Differences*, vol. 32, n.º 1, enero de 2002, pp. 15-25, <https://doi.org/10.1016/s0191-8869(00)00233-6>.
3. Oscar Lecuona et al., «Does "Open" Rhyme with "Special"? Comparing Personality, Sexual Satisfaction, Dominance and Jealousy of Monogamous and Non-Monogamous Practitioners», *Archives of Sexual Behavior*, vol. 50, n.º 4, 2021, pp. 1537-1549, <https://doi.org/10.1007/s10508-020-01865-x>.
4. Michael Schredl y John Rauthmann, «Dream Recall, Nightmares, Dream Sharing, and Personality: A Replication Study», *Dreaming*, vol. 32, n.º 2, marzo de 2022, pp. 163-172, <https://doi.org/10.1037/drm0000200>.
5. Jonathan W. Roberti, «A Review of Behavioral and Biological Correlates of Sensation Seeking», *Journal of Research in Personality*, vol. 38, n.º 3, junio de 2004, pp. 256-279, <https://doi.org/10.1016/s0092-6566(03)00067-9>.
6. Julia M. Rohrer y Richard E. Lucas, «Only So Many Hours: Correlations between Personality and Daily Time Use in a Representative German Panel», *Collabra: Psychology*, vol. 4, n.º 1, enero de 2018, p. 1, <https://doi.org/10.1525/collabra.112>.
7. Brian R. Little, *Who Are You, Really?: The Surprising Puzzle of Personality*, Nueva York, Simon & Schuster/TED, 2017, p. 16.
8. Christopher J. Soto y Oliver P. John, «The Next Big Five Inventory (BFI-2): Developing and Assessing a Hierarchical Model with 15 Facets to Enhance Bandwidth, Fidelity, and Predictive Power», *Journal of Personality and Social Psycholog*, vol. 113, n.º 1, 2017, pp. 117-143, <https://doi.org/10.1037/pspp0000096>.
9. Ted Schwaba, «The Structure, Measurement, and Development of Openness to Experience across Adulthood», en *Handbook of Personality Development*, editado por Dan P. McAdams,

Rebecca L. Shiner y Jennifer L. Tackett, Nueva York, Guilford, 2019.

10. Daniel Nettle, *Personality: What Makes You the Way You Are*, Oxford, Oxford University Press, 2007, p. 192.

11. *Ibidem*, p. 199.

12. Molly Shannon y Sean Wilsey, *Hello, Molly!: A Memoir*, Nueva York, HarperCollins, 2022.

13. Colin G. DeYoung, «Openness/Intellect: A Dimension of Personality Reflecting Cognitive Exploration», en *APA Handbook of Personality and Social Psychology*, editado por Mario Mikulincer *et al*, Washington D.C., American Psychological Association, 2015, pp. 369-399.

14. *Ibidem*, p. 385.

15. Julia Zimmermann y Franz J. Neyer, «Do We Become a Different Person When Hitting the Road? Personality Development of Sojourners», *Journal of Personality and Social Psychology*, vol. 105, n.º 3, septiembre de 2013, pp. 515-530, <https://doi.org/10.1037/a0033019>.

16. David J. Sparkman *et al.*, «Multicultural Experiences Reduce Prejudice through Personality Shifts in Openness to Experience», *European Journal of Social Psychology*, vol. 46, n.º 7, abril de 2017, pp. 840-853, <https://doi.org/10.1002/ejsp.2189>.

17. Lia Naor y Ofra Mayseless, «How Personal Transformation Occurs Following a Single Peak Experience in Nature: A Phenomenological Account», *Journal of Humanistic Psychology*, vol. 60, n.º 6, junio de 2017, pp. 865-888, <https://doi.org/10.1177/0022167817714692>.

18. Alvin Chang, «Your Politics Aren't Just Passed Down from Your Parents. This Cartoon Explains What Actually Happens», *Vox*, 22 de noviembre de 2016, <https://www.vox.com/policy-and-politics/2016/11/22/13714556/parent-child-politics-research-cartoon>.

19. Emma Goldberg, «"Do Not Vote for My Dad": When Families Disagree on Politics», *The New York Times*, 27 de agosto de 2020, <https://www.nytimes.com/2020/08/27/us/family-politics-children-democrat-republican.html>.

20. Robert R. McCrae, «Social Consequences of Experiential

Openness», *Psychological Bulletin*, vol. 120, n.º 3, noviembre de 1996, pp. 323-337, <https://doi.org/10.1037/0033-2909.120.3.323>.

21. Schwaba, «The Structure, Measurement, and Development of Openness to Experience across Adulthood», p. 506.

22. Mark T. Wagner et al., «Therapeutic Effect of Increased Openness: Investigating Mechanism of Action in MDMA-Assisted Psychotherapy», *Journal of Psychopharmacology*, vol. 31, n.º 8, agosto de 2017, pp. 967-974, <https://doi.org/10.1177/0269881117711712>.

23. Katherine MacLean et al., «Mystical Experiences Occasioned by the Hallucinogen Psilocybin Lead to Increases in the Personality Domain of Openness», *Journal of Psychopharmacology*, vol. 25, n.º 11, noviembre de 2011, pp. 1453-1461, <https://doi.org/10.1177/0269881111420188>.

24. A. V. Lebedev et al., «LSD-Induced Entropie Brain Activity Predicts Subsequent Personality Change», *Human Brain Mapping*, vol. 37, n.º 9, septiembre de 2016, pp. 3203-3213, <https://doi.org/10.1002/hbm.23234>.

25. Nige Netzband et al., «Modulatory Effects of Ayahuasca on Personality Structure in a Traditional Framework», *Psychopharmacology*, vol. 237, n.º 10, octubre de 2020, pp. 3161-3171, <https://doi.org/10.1007/s00213-020-05601-0>.

26. Taylor Lyons y Robin Carhart-Harris, «Increased Nature Relatedness and Decreased Authoritarian Political Views after Psilocybin for Treatment-Resistant Depression», *Journal of Psychopharmacology*, vol. 32, n.º 7, enero de 2018, pp. 811-819, <https://doi.org/10.1177/0269881117748902>.

27. Rachel Nuwer, «How a Dose of MDMA Transformed a White Supremacist», *BBC Future*, 20 de junio de 2023, <https://www.bbc.com/future/article/20230614-how-a-dose-of-mdma-transformed-a-white-supremacist>.

28. Bill Hathaway, «Psychedelic Spurs Growth of Neural Connections Lost in Depression», *Yale News*, 9 de julio de 2021, <https://news.yale.edu/2021/07/05/psychedelic-spurs-growth-neural-connections-lost-depression>.

29. Romain Nardou et al., «Psychedelics Reopen the Social Reward Learning Critical Period», *Nature*, vol. 618, n.º 7966, junio

de 2023, pp. 790-798, <https://doi.org/10.1038/s41586-023-06204-3>.

30. Nicola Davison, «The Struggle to Turn Psychedelics into Life-Changing Treatments», *Wired UK*, 12 de mayo de 2018, <https://www.wired.com/story/psychedelics-lsd-depression-anxiety-addiction/>.

31. Michael Pollan, «The New Science of Psychedelics», *Trippingly*, 23 de septiembre de 2020, <https://www.trippingly.net/lsd-studies/2018/5/5/the-new-science-of-psychedelics>.

32. Brandon Weiss *et al.*, «Examining Psychedelic-Induced Changes in Social Functioning and Connectedness in a Naturalistic Online Sample Using the Five-Factor Model of Personality», *Frontiers in Psychology*, vol. 12, noviembre de 2021, <https://doi.org/10.3389/fpsyg.2021.749788>.

33. D. Erritzoe *et al.*, «Effects of Psilocybin Therapy on Personality Structure», *Acta Psychiatrica Scandinavica*, vol. 138, n.º 5, junio de 2018, pp. 368-378, <https://doi.org/10.1111/acps.12904>.

34. Natalie Gukasyan *et al.*, «Efficacy and Safety of Psilocybin-Assisted Treatment for Major Depressive Disorder: Prospective 12-Month Follow-Up», *Journal of Psychopharmacology*, vol. 36, n.º 2, febrero de 2022, pp. 151-158, <https://doi.org/10.1177/02698811211073759>.

35. Henrick Karoliszyn, «The Agony and the Ecstasy: Using the "Party Drug" MDMA to Combat PTSD», *Gambit*, 13 de mayo de 2019, <https://www.nola.com/gambit/news/the_latest/article_9daca885-f64d-53bf-b586-afd9ddb7a918.html>.

36. Michael C. Mithoefer *et al.*, «3,4-Methylenedioxymethamphetamine (MDMA)-Assisted Psychotherapy for Post-Traumatic Stress Disorder in Military Veterans, Firefighters, and Police Officers: A Randomised, Double-Blind, Dose-Response, Phase 2 Clinical Trial», *Lancet Psychiatry*, vol. 5, n.º 6, junio de 2018, pp. 486-497, <https://doi.org/10.1016/s2215-0366(18)30135-4>.

37. Wagner *et al.*, «Therapeutic Effect of Increased Openness».

38. Liz Essley Whyte, «Ecstasy Drug Trials Missed Suicidal Thoughts of Subjects», *The Wall Street Journal*, 5 de agosto de 2024, <https://www.wsj.com/health/healthcare/ecstasy-drug-trials-missed-suicidal-thoughts-of-subjects-888ebfa1>.

39. Fernando Pessoa, *The Book of Disquiet*, Londres, Penguin Books, 2001, p. 327. [Hay trad. cast.: *El libro del desasosiego*, Barcelona, Acantilado, 2013].
40. *Ibidem*, p. 107.
41. *Ibidem*, p. 371.

6. Juega bien con los demás: La capacidad de ser amable

1. Amaranta D. de Haan *et al.*, «Mothers' and Fathers' Personality and Parenting: The Mediating Role of Sense of Competence», *Developmental Psychology*, vol. 45, n.º 6, noviembre de 2009, pp. 1695-1707, <https://doi.org/10.1037/a0016121>.
2. Peter Prinzie *et al.*, «Personality and Parenting», en *Handbook of Parenting*, editado por Marc H. Bornstein, Nueva York, Routledge, 2019, pp. 797-822.
3. Dimitri van der Linden *et al.*, «Classroom Ratings of Likeability and Popularity Are Related to the Big Five and the General Factor of Personality», *Journal of Research in Personality*, vol. 44, n.º 5, octubre de 2010, pp. 669-672, <https://doi.org/10.1016/j.jrp.2010.08.007>.
4. Meara M. Habashi *et al.*, «Searching for the Prosocial Personality», *Personality and Social Psychology Bulletin*, vol. 42, n.º 9, julio 2016, pp. 1177-1192, <https://doi.org/10.1177/0146167216652859>.
5. Jennifer L. Tackett *et al.*, «Agreeableness», en *Handbook of Personality Development*, editado por Dan P. McAdams, Rebecca L. Shiner y Jennifer L. Tackett, Nueva York, Guilford, 2019, p. 459.
6. Kelci Harris y Simine Vazire, *Encyclopedia of Personality and Individual Difference*, «On Friendship Development and the Big Five Personality Traits», *Social and Personality Psychology Compass*, vol. 10, n.º 11, noviembre de 2016, pp. 647-667, <https://doi.org/10.1111/spc3.12287>.
7. Marta Doroszuk *et al.*, «Personality and Friendships», en *Encyclopedia of Personality and Individual Differences*, editado por Virgil Zeigler-Hill y Todd K. Shackelford, Londres, Springer Nature Switzerland, 2019, pp. 1-9, <https://doi.org/10.1007/978-3-319-28099-8_712-1>.

8. Jennifer L. Tackett *et al.*, «Agreeableness», p. 443.
9. Angela L. Duckworth *et al.*, «Who Does Well in Life? Conscientious Adults Excel in Both Objective and Subjective Success», *Frontiers in Psychology*, vol. 3, septiembre de 2012, <https://doi.org/10.3389/fpsyg.2012.00356>.
10. Harris y Vazire, «On Friendship Development and the Big Five Personality Traits», p. 656.
11. Michael P. Wilmot y Deniz S. Ones, «Agreeableness and Its Consequences: A Quantitative Review of Meta-Analytic Findings», *Personality and Social Psychology Review*, vol. 26, n.° 3, febrero 2022, pp. 242-280, <https://doi.org/10.1177/10888683211073007>.
12. Christopher J. Boyce y Alex M. Wood, «Personality Prior to Disability Determines Adaptation», *Psychological Science*, vol. 22, n.° 11, octubre de 2011, pp. 1397-1402, <https://doi.org/10.1177/0956797611421790>.
13. Donn Byrne, «Interpersonal Attraction and Attitude Similarity», *Journal of Abnormal and Social Psychology*, vol. 62, n.° 3, 1961, pp. 713-715, <https://doi.org/10.1037/h0044721>.
14. Ryan Martin, *Why We Get Mad: How to Use Your Anger for Positive Change*, Change, Londres, Watkins, 2021, p. 167. [Hay trad. cast.: *Por qué nos enojamos*, Buenos Aires, VR Editoras, 2024].
15. Fangying Quan *et al.*, «The Longitudinal Relationships Among Agreeableness, Anger Rumination, and Aggression», *Current Psychology*, vol. 40, n.° 1, agosto de 2020, pp. 9-20, <https://doi.org/10.1007/S12144-020-01030-6>.
16. Scott Ode *et al.*, «Can One's Temper Be Cooled? A Role for Agreeableness in Moderating Neuroticism's Influence on Anger and Aggression», *Journal of Research in Personality*, vol. 42, n.° 2, abril de 2008, pp. 295-311, <https://doi.org/10.1016/j.jrp.2007.05.007>.
17. Peter N. Stearns, *American Cool: Constructing a Twentieth-Century Emotional Style*, Nueva York, Nueva York University Press, 1994, p. 30.
18. *Ibidem*, p. 1.
19. Elissa Schappell, «Crossing the Line in the Sand» en *The Bitch in the House*, editado por Cathi Hanauer, Nueva York, William Morrow, 2002, p. 202.

20. Ryan Martin, *Why We Get Mad*, p. 69.

21. John W. Basore, *Seneca: Moral Essays*, Nueva York, Putnam's Sons, 1928, p. 281. [Hay trad. cast.: *Tratados morales*, Barcelona, Austral, 2012].

22. Simon Kemp y K. T. Strongman, «Anger Theory and Management: A Historical Analysis», *American Journal of Psychology*, vol. 108, n.º 3, 1995, pp. 397-417, <https://doi.org/10.2307/1422897>.

23. Séneca, *On Anger*, Montecristo Publishing LLC, 2020. [Hay trad. cast.: *Sobre la ira*, Tenerife, Artemisa, 2007].

24. Ryan Martin, *Why We Get Mad*, p. 17.

25. Daniel Nettle, *Personality: What Makes You the Way You Are*, Oxford, Oxford University Press, 2009, p. 162.

26. Leslie Jamison, *The Empathy Exams*, Minneapolis, Graywolf Press, 2014, p. 23.

27. Vivian Gornick, *The Odd Woman and the City: A Memoir*, Nueva York, Farrar, Straus and Giroux, 2015, p. 99.

28. Michael Kardas et al., «Overly Shallow? Miscalibrated Expectations Create a Barrier to Deeper Conversation», *Journal of Personality and Social Psychology*, vol. 122, n.º 3, 2022, pp. 367-398, <https://doi.org/10.1037/pspa0000281>.

29. Kate Murphy, *You're Not Listening: What You're Missing and Why It Matters*, Nueva York, Celadon Books, 2019, pp. 61-63. [Hay trad. cast.: *No me estás escuchando*, Barcelona, Aguilar, 2022].

30. Leslie Jamison, «The Bear's Kiss», *The New York Review of Books*, 7 de noviembre de 2022, <https://www.nybooks.com/articles/2022/10/20/the-bears-kiss-in-the-eye-of-the-wild/>.

31. Harris y Vazire, «On Friendship Development and the Big Five Personality Traits».

32. Ralph Waldo Emerson, *Essays: First Series*, Boston, Phillips, Sampson, 1857. [Hay trad. cast.: *Ensayos*, Madrid, Cátedra, 2014].

33. Kate Murphy, *You're Not Listening: What You're Missing and Why It Matters*, Kat Velios, 2019.

34. Judy Faber, «Pitbull Sinks His Teeth into New Album», *CBS News*, 16 de julio de 2007, <https://www.cbsnews.com/news/pitbull-sinks-his-teeth-into-new-album/>.

35. Elizabeth Hopper, «Want to Be Happier? Try Volunteering, Study Says», *The Washington Post*, 28 de julio de 2020, <https://

www.washingtonpost.com/lifestyle/2020/07/29/volunteer-happy-mental-health/>.
36. Francesca Borgonovi, «Doing Well by Doing Good: The Relationship between Formal Volunteering and Self-Reported Health and Happiness», *Social Science & Medicine*, vol. 66, n.º 11, junio de 2008, pp. 2321-2334, <https://doi.org/10.1016/j.socscimed.2008.01.011>.
37. George Orwell, *Down and Out in Paris and Londres*, Nueva York, Houghton Mifflin Harcourt, 1933, p. 184. [Hay trad. cast.: *Sin blanca en París y Londres*, Barcelona, Debolsillo, 2016].
38. Annie Dillard, *Teaching a Stone to Talk*, Nueva York, HarperCollins, 2007, p. 34.
39. Marge Piercy, «To Be of Use», *Poetry Foundation*, consultado el 21 de noviembre de 2022, <https://www.poetryfoundation.org/poems/57673/to-be-of-use>.
40. Christian Jarrett, *Be Who You Want*, Nueva York, Simon & Schuster, 2021, p. 146. [Hay trad. cast.: *Conviértete en quien quieras*, Córdoba, Hestia, 2024].

7. HAZLO: DILIGENCIA

1. T. A. Widiger y W. L. Gore, «Personality Disorders», *Encyclopedia of Mental Health*, 2016, pp. 270-277, <https://doi.org/10.1016/b978-0-12-397045-9.00092-6>.
2. Michael P. Wilmot y Deniz S. Ones, «A Century of Research on Conscientiousness at Work», *Proceedings of the National Academy of Sciences*, vol. 116, n.º 46, septiembre de 2019, pp. 23004-23010, <https://doi.org/10.1073/pnas.1908430116>.
3. Paul R. Sackett y Philip T. Walmsley, «Which Personality Attributes Are Most Important in the Workplace?», *Perspectives on Psychological Science*, vol. 9, n.º 5, 2014, pp. 538-551, <https://doi.org/10.1177/1745691614543972>.
4. Brent W. Roberts y Patrick L. Hill, «The Sourdough Model of Conscientiousness», en *Building Better Students: Preparation for the Workforce*, editado por Jeremy Burrus *et al.*, Nueva York, Oxford University Press, 2017

5. Christoph Randler *et al.*, «Chronotype, Sleep Behavior, and the Big Five Personality Factors», *SAGE Open*, vol. 7, n.º 3, agosto de 2017, <https://doi.org/10.1177/2158244017728321>.

6. Julia M. Rohrer y Richard E. Lucas, «Only So Many Hours: Correlations between Personality and Daily Time Use in a Representative German Panel», *Collabra: Psychology*, vol. 4, n.º 1, enero de 2018, p. 1, <https://doi.org/10.1525/collabra.112>.

7. Nathan W. Hudson, «Does Successfully Changing Personality Traits via Intervention Require That Participants Be Autonomously Motivated to Change?», *Journal of Research in Personality*, vol. 95, diciembre de 2021, p. 104160, <https://doi.org/10.1016/j.jrp.2021.104160>.

8. James Clear, *Atomic Habits*, Nueva York, Avery, 2018, p. 22. [Hay trad. cast.: *Hábitos atómicos*, Barcelona, Planeta, 2020].

9. Benjamin Franklin, *Autobiography of Benjamin Franklin*, Nueva York, Henry Holt and Company, 1916. [Hay trad. cast.: *Autobiografía*, Madrid, Cátedra, 2012].

10. Mason Currey, *Daily Rituals: How Artists Work*, Nueva York, Knopf, 2013. [Hay trad. cast.: *Rituales diarios: Cómo trabajan los artistas*, Madrid, Turner, 2014].

11. Cristina M. Alance y Daniela K. O'Neill, «Episodic Future Thinking», *Trends in Cognitive Science*, vol. 5, n.º 12, 2001, pp. 533-539, <https://doi.org/10.1016/s1364-6613(00)01804-0>.

12. Kristin N. Javaras *et al.*, «Psychological Interventions Potentially Useful for Increasing Conscientiousness», *Personality Disorders: Theory, Research, and Treatment*, vol. 10, n.º 1, enero de 2019, pp. 13-24, <https://doi.org/10.1037/per0000267>.

13. Roberts y Hill, «The Sourdough Model of Conscientiousness», p. 16.

14. Katie S. Mehr *et al.*, «Copy-Paste Prompts: A New Nudge to Promote Goal Achievement», *Journal of the Association for Consumer Research*, vol. 5, n.º 3, mayo de 2020, pp. 329-334, <https://doi.org/10.1086/708880>.

15. Dana White, «About Me», *A Slob Comes Clean*, consultada el 14 de diciembre de 2022, <https://web.archive.org/web/20110609044251/http:/www.aslobcomesclean.com:80/about-me/>.

16. Kyle Chayka, *The Longing for Less: Living with Minimalism*, Londres, Bloomsbury, 2020. [Hay trad. cast.: *Desear menos: viviendo con el minimalismo*, Barcelona, Gatopardo, 2022].
17. Oliver Burkeman, *Four Thousand Weeks*, Nueva York, Farrar, Straus and Giroux, 2020. [Hay trad. cast.: *Cuatro mil semanas*, Barcelona, Planeta, 2022].
18. Greg McKeown, *Essentialism: The Disciplined Pursuit of Less*, Nueva York, Currency, 2014, p. 4. [Hay trad. cast.: *Esencialismo*, Barcelona, Conecta, 2024].
19. Chayka, *The Longing for Less*, pp. 12-13.
20. Christian Hakulinen *et al.*, «Personality and Alcohol Consumption: Pooled Analysis of 72,949 Adults from Eight Cohort Studies», *Drug and Alcohol Dependence*, vol. 151, junio de 2015, pp. 110-114, <https://doi.org/10.1016/j.drugalcdep.2015.03.008>.
21. P. Priscilla Lui *et al.*, «Linking Big Five Personality Domains and Facets to Alcohol (Mis)Use: A Systematic Review and Meta-Analysis», *Alcohol and Alcoholism*, vol. 57, n.º 1, enero de 2022, pp. 58-73, <https://doi.org/10.1093/alcalc/agab030>.
22. Daniel Nettle, *Personality: What Makes You the Way You Are*, Oxford, Oxford University Press, 2009, p. 141.

8. AGUANTAR VERSUS LLEGAR AL FINAL: CÓMO SABER CUÁNDO ABANDONAR

1. Parafraseado del poema de John Gillespie Magee Jr. «High Flight», *Poetry Foundation*, <https://www.poetryfoundation.org/poems/157986/high-flight-627d3cfb1e9b7>.
2. Martin M. Antony y Richard P. Swinson, *When Perfect Isn't Good Enough*, Oakland, CA, New Harbinger Publications, Inc., p. 141.
3. John Cloud, «The Third Wave of Therapy», *Time*, 13 de febrero de 2006, <https://content.time.com/time/subscriber/article/0,33009,1156613,00.html>.
4. Steven C. Hayes, *A Liberated Mind: How to Pivot Toward What Matters*, Nueva York, Avery, 2019. [Hay trad. cast.: *Una mente liberada*, Barcelona, Paidós, 2020].

5. Jessica F. Magidson *et al.*, «Theory-Driven Intervention for Changing Personality: Expectancy Value Theory, Behavioral Activation, and Conscientiousness», *Developmental Psychology*, vol. 50, n.º 5, mayo de 2014, pp. 1442-1450, <https://doi.org/10.1037/a0030583>.

6. Angela Duckworth, *Grit: The Power of Passion and Perseverance*, Nueva York, Scribner, 2016, p. 241. [Hay trad. cast.: *Grit*, Barcelona, Urano, 2016].

7. James H. Fallon, *The Psychopath Inside: A Neuroscientist's Personal Journey into the DarkSide of the Brain*, Nueva York, Current, 2013.

8. James Fallon, «How I Discovered I Have the Brain of a Psychopath», *The Guardian*, 2 de junio de 2014, <https://www.theguardian.com/commentisfree/2014/jun/03/how-i-discovered-i-have-the-brain-of-a-psychopath>.

9. Brian R. Little, *Who Are You, Really?: The Surprising Puzzle of Personality*, Nueva York, Simon & Schuster/TED, 2017.

10. Stefano Tasselli *et al.*, «Personality Change: Implications for Organizational Behavior», *Academy of Management* Annals, vol. 12, n.º 2, 2018, pp. 467-493, <https://doi.org/10.5465/annals.2016.0008>.

11. Bruce M. Hood, *The Self Illusion*, Nueva York, Oxford University Press, 2012, p. 236.

12. Nathan W. Hudson *et al.*, «You Have to Follow Through: Attaining Behavioral Change Goals Predicts Volitional Personality Change», *Journal of Personality and Social Psychology*, vol. 117, n.º 4, octubre de 2019, pp. 839-857, <https://doi.org/10.1037/pspp0000221>.

13. Sheila Liming, *Hanging Out*, Nueva York, Melville House, 2023, p. 50.

14. Nathan W. Hudson y Brent W. Roberts, «Goals to Change Personality Traits: Concurrent Links between Personality Traits, Daily Behavior, and Goals to Change Oneself», *Journal of Research in Personality*, vol. 53, diciembre de 2014, pp. 68-83, <https://doi.org/10.1016/j.jrp.2014.08.008>.

15. Stefano Tasselli *et al.*, «Personality Change».

9. BUSCA TU PLAYA: CÓMO SEGUIR CAMBIANDO

1. Sloane Crosley, *Look Alive Out There: Essays*, Nueva York, MCD, 2018.
2. Brian R. Little, *Who Are You, Really?: The Surprising Puzzle of Personality*, Nueva York, Simon & Schuster/TED, 2017.
3. Tracy Dennis-Tiwary, *Future Tense: Why Anxiety Is Good for You (Even Though It Feels Bad)*, Nueva York, Harper Wave, 2022, p. 7. [Hay trad. cast.: *El futuro es imperfecto*, Barcelona, Planeta, 2023].
4. Jeremy P. Jamieson et al., «Changing the Conceptualization of Stress in Social Anxiety Disorder», *Clinical Psychological Science*, vol. 1, n.º 4, agosto de 2013, pp. 363-374, <https://doi.org/10.1177/2167702613482119>.
5. Rumi, «The Guest House», *All Poetry*, consultada el 14 de diciembre de 2023, <https://allpoetry.com/poem/8534703-The-Guest-House-by-Mewlana-Jalaluddin-Rumi>. [Hay trad. cast.: «La casa de huéspedes»].
6. Virginia Woolf, *A Room of One's Own*, Londres, Hogarth Press, 1931. [Hay trad. cast.: *Una habitación propia*, Barcelona, Penguin Clásicos, 2024].
7. Zadie Smith, «Find Your Beach», *The New York Review of Books*, 9 de junio de 2022, <https://www.nybooks.com/articles/2014/10/23/find-your-beach/>.

Partes de este libro aparecieron por primera vez en un artículo titulado «I Gave Myself Three Months to Change My Personality» (*The Atlantic*, 10 de febrero de 2022). Reimpreso con el permiso de *The Atlantic*.

«To be of use», de *Circles on the Water* de Marge Piercy, © 1982, Middlemarsh, Inc. Utilizado con el permiso de Alfred A. Knopf, una impresión del Knopf Doubleday Publishing Group, una división de Penguin Random Casa LLC. Todos los derechos reservados.

«This Be the Verse», de *Collected Poems* de Philip Larkin, © 1983, 2003, patrimonio de Philip Larkin. Publicado originalmente en 2003 por The Marvell Press, Australia, y Faber and Faber Limited, Gran Bretaña. Publicado en Estados Unidos por Farrar, Straus y Giroux. Utilizado con el permiso de Farrar, Straus y Giroux y Faber and Faber Ltd. Todos los derechos reservados.

«A Point of Age», de *Collected Poems of Berryman* de John Berryman, © 1989, Kate Donahue Berryman. Utilizado con el permiso de Farrar, Straus y Giroux. Todos los derechos reservados.